INOVAÇÕES DA IGREJA CATÓLICA ROMANA

Dados Internacionais de Catalogação na Publicação (CIP)
(Câmara Brasileira do Livro, SP, Brasil)

Collette, Carlos H.
Inovações da igreja católica romana / Carlos H.
Collette ; [tradução Valter Graciano Martins, Frankle
Brunno]. -- 2. ed. -- São José dos Campos, SP :
Editora Fiel : João Calvino Publicações, 2024.

ISBN 978-65-5723-380-1

1. Catolicismo 2. Igreja Católica Romana
3. Heresias cristãs I. Título.

24-237925   CDD-228.09

Índices para catálogo sistemático:

1. Igreja Católica : História 228.09

Eliete Marques da Silva - Bibliotecária - CRB-8/9380

Inovações da Igreja Catolica Romana

Edição baseada na tradução da versão espanhola de
Guilherme Dias, quarta edição, publicada por Livraria
Evangélica, Lisboa, 1912.

■

Copyright © 2024 Editora Fiel
Primeira edição em português: 2001 (Edições Parakletos)
Segunda edição em português: 2024

Este livro foi preparado em coedição com
João Calvino Publicações.

Todos os direitos em língua portuguesa reservados por
Editora Fiel da Missão Evangélica Literária.

Caixa Postal 1601
CEP: 12230-971
São José dos Campos, SP
PABX: (12) 3919-9999
www.editorafiel.com.br

FIEL Editora

PROIBIDA A REPRODUÇÃO DESTE LIVRO POR QUAISQUER
MEIOS, SEM A PERMISSÃO ESCRITA DOS EDITORES, SALVO
EM BREVES CITAÇÕES, COM INDICAÇÃO DA FONTE.
Os textos das referências bíblicas foram extraídos
da versão Almeida Revista e Atualizada, 2ªed.
(Sociedade Bíblica do Brasil), salvo indicação específica.

■

Diretor: Tiago J. Santos Filho
Editor-chefe: Vinicius Musselman Pimentel
Coordenadora gráfica: Gisele Lemes
Editor: Eline Alves Martins e Frankle Brunno
Tradutor: Valter Graciano Martins (1ª e 2ª partes) e
          Frankle Brunno (3ª parte)
Revisor: José André (1ª e 2ª partes) e
          Danny Charão (3ª parte)
Diagramador: Tiago Elias
Capista: Tiago Elias
ISBN Físico: 978-65-5723-380-1
ISBN Digital: 978-65-5723-379-5

SUMÁRIO

Prefácio à Edição Brasileira............................ 7
Prefácio.. 17
Introdução... 21

PRIMEIRA PARTE
DESENVOLVIMENTO E REFUTAÇÃO
DAS DOUTRINAS

1. A Supremacia do Papa **29**
2. O Cânon da Escritura **39**
3. O Cânon da Escritura (Continuação) **47**
4. A Interpretação da Escritura.............................**57**
5. A Transubstanciação **69**
6. A Invocação aos Santos **85**
7. O Culto às Imagens **103**
8. O Culto às Imagens (Continuação) **113**
9. O Purgatório **121**
10. A Penitência **131**
11. As Indulgências..**139**
12. A Tradição **161**
13. A Imaculada Conceição **173**
14. A Infalibilidade do Papa.................................**185**

SEGUNDA PARTE
ORDEM CRONOLÓGICA

15. Ordem Cronológica **199**

Século Apostólico **199**

Século Segundo **200**

Século Terceiro **205**

Século Quarto **210**

Século Quinto **220**

Século Sexto **230**

Século Sétimo **234**

Século Oitavo **242**

Século Nono **252**

Século Décimo **257**

Século Décimo Primeiro **258**

Século Décimo Segundo **267**

Século Décimo Terceiro **272**

Século Décimo Quarto **281**

Século Décimo Quinto **285**

Século Décimo Sexto **294**

Século Décimo Nono **302**

TERCEIRA PARTE
O CREDO ANTIGO COMPARADO
COM O CREDO MODERNO

16. O Credo Antigo e o Novo Comparados **307**

PREFÁCIO À EDIÇÃO BRASILEIRA

Tive contato com o livro do autor Carlos H. Collette, *Inovações da Igreja Católica Romana*, há algum tempo, e ele me foi de grande serventia para a minha caminhada na fé. O desconhecimento dos Pais da Igreja e da teologia histórica não é algo que pertence somente aos protestantes, mas ao mundo cristão como um todo. Porém, desde a Reforma Protestante, há a acusação de que os reformadores não gozam do favor dos primeiros teólogos da Igreja, sendo a nossa teologia uma inovação. João Calvino, ao defender a Reforma contra essa acusação, escreve em seu prefácio dedicatório das Institutas: "os papistas acusam-nos de oposição aos pais, refiro-me aos escritores das idades anteriores e mais puras, como se esses escritores fossem cúmplices de suas impiedades; enquanto, se a disputa fosse determinada por essa autoridade, a vitória na maior parte da controvérsia – para falar de modo bem modesto – estaria do nosso lado". Nessa citação, há três pontos:

1. A declaração da existência da acusação de inovação por parte dos reformados;
2. O reconhecimento da autoridade dos Pais da Igreja, principalmente como pessoas piedosas e pertencentes a uma época de maior pureza na Igreja;
3. A afirmação de que não somos inovadores, mas os papistas sim, esses são os inovadores.

Com a acusação de inovação, os papistas querem dizer não só que somos uma seita revolucionária que criou uma nova religião, mas que não temos o interesse nem o apoio dos pais da Igreja. A partir disso, surge uma nova acusação: a de que qualquer pessoa honesta que estude os pais da Igreja fatalmente se tornará católica romana. Como mostraremos a seguir, essa afirmação carece de veracidade.

Kenneth Stewart, professor emérito de estudos teológicos no Covenant College, Lookout Mountain, Geórgia, em seu livro *In Search of Ancient Roots: The Christian Past and the Evangelical Identity Crisis*, no capítulo 6, diz:

> "O quadro geral é que aqueles que retornam ao catolicismo romano ou à ortodoxia oriental quase certamente retornaram a essas direções como resultado da leitura da patrística do segundo século, dos chamados pais apostólicos ou escritos pós-apostólicos, em traduções feitas por protestantes. Além disso, o renascimento do interesse pela patrística não veio de estudiosos ou líderes católicos, mas do Renascimento e dos protestantes".

Os protestantes são os responsáveis por essa busca pelas origens, não os católicos romanos. A própria Editora Paulus, na apresentação de sua coleção de publicações de obras dos Pais da Igreja (os famosos "verdinhos" da Paulus), admite que o interesse da Igreja de Roma pelos Pais da Igreja é recente. A editora escreve:

> "Surgiu, pelos anos 40, na Europa, especialmente na França, um movimento de interesse voltado para os antigos escritores cristãos e suas obras, conhecidos tradicionalmente como 'Padres da Igreja' ou 'Santos Padres'. Esse movimento, liderado por Henri de Lubac e Jean Daniélou, deu origem à coleção 'Sources Chrétiennes', hoje com mais de 300 títulos, alguns dos quais com várias edições. Com o Concílio Vaticano II, ativou-se em toda a Igreja o desejo e a necessidade de renovação da liturgia, da exegese, da espiritualidade e da teologia a partir das fontes primitivas. Surgiu a necessidade de 'voltar às fontes' do cristianismo".

PREFÁCIO À EDIÇÃO BRASILEIRA

Muito antes desse movimento de renovação, os protestantes, como o clérigo irlandês James Usher (1581-1656), que foi simplesmente a maior autoridade em Inácio em sua época, descobriram que apenas sete cartas de Inácio eram autênticas. Grandes estudiosos dos pais apostólicos eram protestantes: Kirsopp Lake, E. J. Goodspeed, Robert Grant, Michael Holmes e Philip Schaff.

A Igreja de Roma acusa os protestantes do que ela mesma é e faz. A Igreja de Roma é inovadora, como prova este livro. Ora, se as doutrinas da Igreja de Roma realmente gozassem do favor dos Pais da Igreja, por que a Igreja de Roma recorreu a falsificações para provar a jurisdição universal do papado? Se os Pais da Igreja apoiavam a infabilidade papal e sua jurisdição universal, não haveria necessidade de recorrer a falsificações. Portanto, do efeito para a causa, é natural pensar que não há apoio patrístico para a principal doutrina de Roma. William Webster escreve:

"Em meados do século IX, uma mudança radical começou na Igreja Ocidental, que alterou dramaticamente a constituição da Igreja e lançou as bases para o desenvolvimento completo do papado. No entanto, no século IX, ocorreu uma falsificação literária que revolucionou completamente o antigo governo da Igreja no Ocidente. Ela forneceu uma base legal para a ascendência do papado na cristandade ocidental. Essa falsificação é conhecida como os Decretos Pseudo-Isidorianos, escritos por volta de 845 d.C. Os decretos são uma fabricação completa da história da Igreja. Eles estabelecem precedentes para o exercício da autoridade soberana dos papas sobre a Igreja universal antes do século IV e fazem parecer que os papas sempre exerceram domínio soberano e tinham autoridade máxima até mesmo sobre os Concílios da Igreja. Nicolau I (858–867) foi o primeiro a usá-los como base para promover suas reivindicações de autoridade. Mas foi somente no século XI, com o Papa Gregório VII, que esses decretos foram usados de forma significativa para alterar o governo da Igreja Ocidental. Foi nessa época que os decretos foram combinados com duas outras grandes falsificações, a doação de Constantino e o Liber Pontificalis, juntamente com outros escritos falsificados, e codificados em um sistema de lei da Igreja que elevou Gregório e todos os seus sucessores como monarcas absolutos sobre a Igreja no Ocidente".[1]

O mais escandaloso de todos foi o caso de Tomás de Aquino que, sob a tutela do Papa Urbano IV, escreveu a obra *"Contra os Erros dos Gregos"*. Suas fontes foram os textos falsificados dos decretos Pseudo-Isidorianos, além de uma obra chamada *Thesaurus Graecorum Patrum*, fabricada por um falsificador latino. Essa obra visava ser um compilado de citações dos Pais da Igreja, mas continha uma série de textos antigos falsificados que defendiam a infalibilidade e a jurisdição universal do Bispo de Roma, misturados com textos genuínos. Importante ressaltar que Tomás de Aquino não estava ciente das falsificações; ele recebeu essas obras do Papa para escrever o tratado. Os decretos de Pseudo-Isidoro tiveram autoridade indiscutível por cerca de setecentos anos, ou seja, até o tempo da Reforma.

Agora, a pergunta que fica no ar é: como uma Igreja que não erra, pois é ensinado que a Igreja de Roma não pode estar completamente errada por ser infalível, pode ser enganada por 700 anos por documentos falsos? A resposta óbvia nos prova que essa Igreja nada tem de infalível. O Cardeal Jean-Yves Congar, dominicano e grande historiador católico romano, afirma que o papado universal foi a maior revolução que já aconteceu na história da Igreja, transformando uma Igreja-comunidade em uma instituição-sociedade monárquica e absolutista.[2]

Uma observação importante a ser feita é que um dos maiores intelectuais da Idade Média não soube diferenciar um documento falso de um verdadeiro. Isso prova que a Igreja medieval tinha pouca familiaridade com os documentos dos Pais e, antes da existência da crítica textual, que teve origem protestante, os católicos romanos não tinham a mínima

---

[1] WEBSTER, William. Forgeries and the Papacy: The Historical Influence and Use of Forgeries in Promotion of the Doctrine of the Papacy. Disponível em: https://christiantruth.com/articles/forgeries/ . Acesso em 07/07/2024.

[2] BOFF, Leonardo. A Igreja-instituição como "casta meretriz". Disponível em: https://leonardoboff.org/2013/02/23/a-igreja-instituicao-como-casta-meretriz/. Acesso: 07/07/2024.

PREFÁCIO À EDIÇÃO BRASILEIRA

defesa contra falsificações, moldando muitas de suas crenças com base em documentos apócrifos.

Outros dogmas romanos, além da infalibilidade papal, são totalmente inovadores, como, por exemplo, o dogma da Assunção de Maria. De acordo com o maior especialista católico romano em mariologia, Frei J. B. Carol, essa doutrina não existe nos Pais da Igreja. Ele afirma:

"Nestas condições, não buscaremos o pensamento patrístico – como alguns teólogos ainda hoje, de uma forma ou de outra, buscam – para nos transmitir, a respeito da Assunção de Maria, uma verdade recebida tal como no início e comunicada a eras subsequentes. Tal atitude não corresponde aos fatos".[3]

Frei J. B. Carol cita vários outros trabalhos que confirmam seu pensamento:

"M. Jugie, por exemplo, em sua monumental La mort et l'Assomption de la sainte Vierge (Cidade do Vaticano, 1944), não apenas afirma que não há testemunho patrístico sobre a Assunção antes de Niceia, mas insiste que, nos primeiros cinco séculos, não há um testemunho absolutamente claro e explícito da gloriosa Assunção como entendida na teologia católica hoje em dia (cf. pp. 56, 101). Essa conclusão foi aprovada por B. Altaner, Zur Frage der Verfugbarkeit der Assumptio B.V.M., na Theologische Revue, Vol. 45, 1949, p. 135. Cf. também Enrico Recla, Il silenzio e la dottrina dei Padri sull'Assunzione, em Atti del Congresso Nazionale Mariano [1947] dei Frati Minori d'Italia (Roma, 1948), pp. 33-72"..[4]

Qual é a base histórica da Assunção de Maria? Segundo o Frei J. B. Carol, "o primeiro testemunho expresso no Ocidente de uma assunção genuína

---

[3] CAROL, J. B. Mariology. vol. I. The Bruce Publishing Company Milwaukee. 1955. p. 154. Disponível em: https://archive.org/details/mariology/page/n11/mode/2up . Acesso em 05/07/2023.

[4] Ibid 3

INOVAÇÕES DA IGREJA CATÓLICA ROMANA

chega até nós em um evangelho apócrifo, o *Transitus beatae Mariae* de Pseudo-Melito, que pode ter origem em meados do século VI".[5] O argumento da Igreja de Roma é que esse documento expressa uma crença comum da época, porém as evidências mostram o contrário, pois, se essa afirmação fosse verdadeira, o Papa Gelásio, em 495 d.C., em seu *Decretum de Libris Canonicis Ecclesiasticis et Apocryphis*, não teria condenado tal documento. Roma usa um documento apócrifo condenado como a base mais antiga de seu dogma, mas não apresenta um só documento dos Pais da Igreja. No entanto, não se enxerga como inovadora. Ela cobra de nós o que ela mesma não faz.

A doutrina da veneração e construção de imagens de escultura é outro exemplo de inovação. O estudioso de Cambridge, Robert Grigg, ensina que os primeiros Pais da Igreja rejeitavam qualquer culto a imagens:

"É sabido que os porta-vozes da igreja cristã primitiva eram hostis às imagens religiosas (1). Eles consideravam a proibição do Antigo Testamento contra imagens (Êxodo 20:4 e Deuteronômio 5:8) como obrigatória para os cristãos (2). Apologistas cristãos como Clemente de Alexandria e Orígenes citaram a autoridade dessa proibição. Eles defenderam o culto anicônico dos cristãos contra os ataques pagãos tomando emprestado [argumentos] de escritores pagãos. Os argumentos que eles tomaram emprestado descreviam o culto das imagens como uma forma de adoração ridiculamente inadequada que degradava os próprios deuses que buscavam honrar, comparando-os com o material de formação moldado por meros artesãos. Em contraste, a proibição do Antigo Testamento geralmente desempenhou um papel menor em suas apologias, mesmo quando sua autoridade era citada [I Apologia 9:1-5 de Justino Mártir, mas também Clemente de Alexandria em Exortação aos Pagãos 4:44-47, que anteciparia a maioria dos argumentos de Arnóbio em Contra os Pagãos 6:24]".[6]

---

[5] Ibid 3, pág 149.

[6] GRIGG, Robert. Aniconic Worship and the Apologetic Tradition: A Note on Canon 36 of the Council of Elvira. Church History. Cambridge University Press: 28 de julho de 2009. Vol 45. Ed 4. Disponível em: https://www.cambridge.org/core/journals/church-history/article/abs/aniconic-worship-and-the-apologetic-tradition-a-note-on-canon-36-of-the-council-of-elvira/94A84B47B8E29A2DD7CAC08AB406B05F. Acesso em 07/07/2024.

PREFÁCIO À EDIÇÃO BRASILEIRA

A própria Enciclopédia Católica reconhece:

"Também explica o fato de que, nas primeiras eras do cristianismo, quando os convertidos do paganismo eram tão numerosos e a impressão de adoração de ídolos era tão nova, a Igreja achou aconselhável não permitir o desenvolvimento desse culto de imagens; mas mais tarde, quando esse perigo desapareceu, quando as tradições cristãs e o instinto cristão ganharam força, o culto se desenvolveu mais livremente".[7]

Mesmo entre os opositores dessa ideia, ou seja, aqueles que defendem que o culto às imagens foi defendido desde o começo da Igreja cristã, reconhecem que não há apoio acadêmico para afirmar que há apoio patrístico para a doutrina do uso de imagens. O padre Steven Brigham escreveu um livro chamado *Early Christian Attitudes toward Images*, publicado pelo Orthodox Research Institute, em 2004, defendendo que há apoio patrístico para o uso de imagens de escultura na Igreja. Porém, logo no início de sua exposição (p. 1-2), ele prontamente admite que a academia está toda contra ele, assim diz:

"Existe uma teoria, então, constatando que os antigos cristãos não tinham imagens e eram hostis a elas porque sua religião proibia arte figurativa. Esta teoria, que podemos chamar de teoria da hostilidade, é aceita como um fato estabelecido por quase todos os pesquisadores do campo. Nós não conseguiríamos listar todos os livros que adotam este ponto de vista, mas podemos mencionar alguns que mostram o quanto esta ideia domina o panorama intelectual: no geral, escritores cristãos até meados do século quarto ou repudiam o uso de arte na Igreja, ou a ignoram completamente de tal maneira que se poderia supor que ela não existia".

---

[7] Enciclopédia Católica. The True Cross. Disponível em: https://www.newadvent.org/cathen/04529a.htm. Acesso em: 07/07/2024.

INOVAÇÕES DA IGREJA CATÓLICA ROMANA

Outra doutrina inovadora é o purgatório. Jacques Le Goff, em seu livro O Nascimento do Purgatório, afirma que o purgatório foi inventado em meados do século XII. Ele escreve:

"Proponho-me seguir a formação desse terceiro lugar desde a antiga fé judaico-cristã, dar a conhecer o seu aparecimento no momento da explosão do Ocidente medieval na segunda metade do século XII e o seu rápido sucesso no decurso do século seguinte. Tentarei, por fim, explicar por que razão ele está intimamente ligado a esse grande momento da história da cristandade e como contribuiu de maneira decisiva para ser aceito - ou, entre os hereges, recusado - no seio da nova sociedade saída do desenvolvimento prodigioso dos dois séculos e meio que se seguiram ao ano mil".[8]

Novamente:

"Quando o purgatório se instala na crença da cristandade ocidental, entre 1150 e 1250, mais ou menos, de que se trata? É um além intermédio onde certos mortos passam por uma provação que pode ser abreviada pelos sufrágios - a ajuda espiritual - dos vivos. Para se ter chegado aqui foi preciso um longo passado de ideias e de imagens, de crenças e de atos, de debates teológicos e, provavelmente, de movimentos no interior da sociedade, que dificilmente apreendemos".[9]

Todas as crenças distintivas dos católicos romanos, ou seja, aquelas crenças que separam os católicos romanos dos reformados, são inovações e não gozam do apoio dos pais da Igreja. Poderíamos citar a Transubstanciação, a Imaculada Conceição, a Confissão Auricular e, até mesmo, a mais nova, a de que Maria é Corredentora.[10] Trouxe neste prefá-

---

[8] GOFF, Le Jacques. O Nascimento do Purgatório. Editorial Estampa. 1995. p. 15.

[9] Ibid 8. Pág 18-19.

[10] O padre Joseph Pohle, em seu livro *A Dogmatic Treatise on the Blessed Virgin Mary, Mother of God*, Iprimatur. 1919, afirma que os títulos de redentora e corredentora nunca foram aplicados a Maria até o século XVI, segundo suas próprias palavras: "é uma invenção de autores comparativamente recentes".

PREFÁCIO À EDIÇÃO BRASILEIRA

cio apenas fontes secundárias, pois o trabalho de trazer as fontes primárias foi feito pelo erudito Dr. Carlos Collette. Com este prefácio, apenas quis ambientar o leitor sobre o que virá; não tive como objetivo escrever um tratado ou aprofundar cada assunto. O intuito é fomentar a vontade do leitor pelo material. Este livro, se bem lido, fundamentará a apologética do teólogo e estudante, além de fortalecer sua fé na verdadeira doutrina que uma vez foi entregue aos santos.

FRANCISCO TOURINHO
Autor do livro "O Calvinismo Explicado"

PREFÁCIO

As duas principais reivindicações em que a igreja romana apoia seu sistema são a *Infalibilidade* e a *Imutabilidade*.

No que diz respeito à infalibilidade, afirma que é guiada e dirigida em todas as suas deliberações pela presença do Espirito Santo. Até hoje não se conseguiu provar claramente a existência dessa *Infalibilidade*; nem mesmo até o ano de 1870 os membros dessa igreja puderam concordar sobre o ponto onde ela residia, ou quem fosse o órgão oficial desse atributo divino. Estabelece o principio, e basta. Sua máxima é:

Roma locuta est: causa finita est.
(Roma falou: a causa está encerrada.)

No que diz respeito à *Imutabilidade*, a Igreja alega ser absolutamente imutável. Afirma que suas doutrinas e sua disciplina essencial foram sempre as mesmas em todos os tempos e em todos os lugares. Sua máxima e princípio é:

Semper eadem!
(Sempre a mesma!)

Reivindicando esses dois atributos para sua igreja, não nos surpreende que os doutores do Concílio de Trento baseassem todos os seus decretos

INOVAÇÕES DA IGREJA CATÓLICA ROMANA

sobre supostas verdades fundamentais dos tempos antigos, reconhecidas como existentes desde o estabelecimento do Cristianismo.

Declaram os referidos doutores que todas as doutrinas e práticas, que nesse Concílio definiram como verdadeiras e obrigatórias, tinham sido sempre recebidas pela igreja católica em todas as épocas, sem a menor alteração, desde o tempo de Cristo e seus apóstolos, a quem todas essas mesmas doutrinas tinham sua origem divina, havendo sido transmitidas por uma ininterrupta tradição até a época do chamado Concílio Geral da Igreja. Afirmaram esses doutores que não faziam mais do que declarar aquilo que anteriormente havia sido considerado matéria de fé. Não se diziam inventores de qualquer doutrina nova, mas simplesmente definiam e declaravam qual havia sido a doutrina da igreja desde o tempo dos apóstolos até a reunião do Concílio.

Citamos aqui algumas frases que se encontram de contínuo nas atas do Concílio Tridentino:

"Semper haec fides in Ecclesia Dei fuit". *Sess. XIII. cap. 3.* (Esta fé reinou sempre na igreja de Deus.)

"Ideo persuasum semper in Ecclesia Dei fuit, idque nune denuo Sancta hæc Synodus declarat". *Sess. XIII. cap. 4.* (Por isso se creu sempre na Igreja de Deus, e agora o declara novamente este Santo Sínodo.)

"Pro more in Catholica Ecclesia semper recepto". *Sess. XIII, cap. 5.* (De acordo com o costume sempre aceito na Igreja Católica.)

"Universa Ecclesia semper intellexit". *Sess. XIV. cap. 5.* (A Igreja Universal entendeu sempre.)

"Persuasum semper in Ecclesia Dei fuit: et verissimum esse Synodus hæc confirmat". *Sess. XV. cap. 7.* (Creu-se sempre na Igreja de Deus, e este Sínodo confirma ser muito verdadeiro.)

PREFÁCIO

"Sacræ litteræ ostenduut et Catholicæ Ecclesiæ traditio semper docuit". *Sess. XXIII, cap. 4.* (A Escritura Sagrada manifesta, e a tradição da Igreja Católica ensinou sempre.)

"Cum Scripturæ testimonio, Apostolica traditione, et patrum unanimi consensu perspicuum sit: dubitare nemo debet". *Sess. XXIII. cap. 3.* (Tendo este ponto por seu lado o testemunho da Escritura, a tradição apostólica e o unânime consenso dos Padres, a ninguém é permitido duvidar.)

"Cum igitur, Sancti patres nostri, Concilia, et universalis Ecclesiæ traditio semper ducuerunt: Sancta et universalis Synodus prædictorum Schismaticorum hæreses et errores, exterminandos duxit". *Sess. XXIV.* (Firmado, pois, no ensino de nossos Santos Padres, dos Concílios e da Tradição universal da Igreja, o santo e universal Concílio foi de parecer que as heresias e erros provenientes das pregações cismáticas deviam ser exterminados.)

Vejam-se também as *Sessões V e XVIII.*

Em perfeita harmonia com essas idéias, tão aberta e decididamente proclamadas pela Igreja do Papa, um prelado católico romano afirmou há alguns anos, num país vizinho, por ocasião de uma solenidade extraordinária, que *não representava nesse país um sistema novo de religião, nem tampouco ensinava novas doutrinas.*

Uma tal afirmativa levou o autor destas linhas a recompilar os elementos que constituem o presente volume, sob o título de *Novidades* ou *Inovações do Romanismo*, como réplica às declarações tão positivas da igreja romana. O autor crê que é agora, pela primeira vez, que se colecionaram os citados fatos, de maneira a poder-se traçar o começo, progresso e desenvolvimento de cada *inovação* sucessiva dessa igreja, feita por sua ordem cronológica, e livre de todo espírito de controvérsia.

Dividimos este livro em três partes.

INOVAÇÕES DA IGREJA CATÓLICA ROMANA

Na primeira parte, apresentam-se simplesmente alguns argumentos para provar que são novas as doutrinas de que se trata. Não entrou na mente do autor refutar as doutrinas de que faz menção: julgou-o desnecessário, uma vez que se prova que são de invenção moderna.

Na segunda parte, seguindo a ordem cronológica, o autor aponta, no decorrer de cada século, o desenvolvimento dos erros e superstições romanas, bem como a desmedida arrogância eclesiástica e as estultas pretensões sacerdotais.

Na terceira parte, faz-se o contraste entre o simples credo bíblico da igreja primitiva e o credo do romanismo, tal qual o Concílio de Trento o confeccionou e obrigou a professar.

Ao passo que o autor não reivindica para seu trabalho mais do que o mérito de uma simples compilação, alenta todavia a esperança de que as presentes linhas serão profícuas para alguns de seus leitores, os quais encontrarão aqui um conjunto de fatos e materiais que lhes podem servir muito em qualquer questão ou discussão das doutrinas da moderna Igreja de Roma.

INTRODUÇÃO

A causa que motivou o presente livro já foi indicada no prefácio. É uma réplica a um bispo católico que afirmou *que ele não era o representante de nenhum sistema novo de religião, nem tão pouco ensinava doutrinas novas.* Um exemplar da primeira edição foi enviado ao bispo, pondo em dúvida suas tão peremptórias afirmativas.

Quando um reconhecido ministro do evangelho se apresenta diante de um auditório misto, e voluntariamente faz uma declaração tão atrevida e surpreendente, é de se supor que ele tenha provas que sustentem sua afirmação, e que, quando o interroguem, esteja preparado para provar clara e evidentemente aquilo que afirma ou crê ser verdadeiro. Não obstante, o referido prelado, procedendo em conformidade com os princípios de sua seita, conservou um silêncio profundo.

O autor conhece bem que um sacerdote da igreja romana tem como regra não entrar em discussão com um leigo. A mesma objeção pode apresentar quando se trate de um ministro protestante devidamente ordenado, porque aos olhos do sacerdote não é válida sua ordenação, e não deixa, portanto, de ser também leigo: por esta razão, com igual fundamento, não discute com ele. Por este sistema de argumentação, o romanista foge a toda discussão, ainda mesmo quando se lhe intime a que aja em conformidade com o preceito de Paulo: *Examinai tudo* (1Ts 5.21), ou segundo a recomendação de Pedro: *Estai sempre preparados para responder a todo o que vos pedir razão daquela esperança que há em vós* (1Pe 3.15).

Mas também é muito questionável se o sacerdote romano pode com direito chamar-se sacerdote; atendendo-se à teoria de sua própria igreja,

INOVAÇÕES DA IGREJA CATÓLICA ROMANA

facilmente se pode provar que ele mesmo não é outra coisa além de um leigo.

Deriva seu título de sua ordenação, que lhe foi transmitida pelos apóstolos, mediante uma suposta sucessão regular e ininterrupta. Sendo a *Ordem* um sacramento, deve este ser celebrado por um sacerdote também devidamente ordenado – o bispo – e a cadeia deve ser perfeita em cada um de seus elos, desde o primeiro.

No undécimo cânon aprovado na sétima sessão do Concílio de Trento, foi definido que a intenção no ministro celebrante era necessária para que o sacramento fosse válido.

> Se alguém disser que não se requer dos ministros a intenção, pelo menos, de fazer o que a igreja faz, quando administram os sacramentos, seja anátema.

E posteriormente o mesmo Concílio declara que, embora o sacerdote oficiador esteja em pecado mortal, desde que realize o que é essencial para celebrar e administrar o sacramento, ainda assim confere um verdadeiro sacramento, e se alguém negar isso, seja anátema.[1]

Dessa doutrina o Cardeal Belarmino mui logicamente tirou a seguinte conclusão:

> Ninguém pode ter a certeza de fé de que recebe um verdadeiro sacramento, visto que um sacramento não pode ser administrado sem intenção do ministro, e ninguém pode ver a intenção de outrem.[2]

---

[1] *"Si quis dixerit, in ministris, dum sacramenta conficiunt el confe runt, non requiri intentionem saltem faciendi quod facit Ecclesia, anathema sit". "Si quis dixerit ministrum in pecado mortali existentem, modo omnia esentialia quoe ad socramentum conficiendum aut conferendum pertinent, servaverit, nos conficere aut conferre sacramentum, anathema cit".* (Can. et decr. Concil. Trid. ses, VII. — "De sacramentis in genere" Can. XII pág. 77 — Paris, 1842).

[2] *Neque potest certus esse, certitudine fidei, se percipere verum sacramentum, cum sacramentum sine intentione ministri non conficiatur, et intentionem alterius nemo vidére possíl.* ("Bell. Disput. de Justificatione," lib. III, c. 8, seção 5, tom, IV, pág. 488. Praga 1721, e Paris 1608, tom. IV, col. 946. A).

INTRODUÇÃO

Ora, visto que o sacramento da *Ordem*, para sua validade, depende da intenção daquele que o administra, que certeza tem o sacerdote romano da intenção do bispo que o ordenou? Que prova tem da validade de sua ordenação? Belarmino, porém, ainda avança mais:

Se admitimos nos bispos seu poder de ordenação e jurisdição, não temos mais do que uma certeza moral de que são verdadeiros bispos.[3]

Quanto mais caminharmos, mais multiplicamos as probabilidades, de modo que a certeza moral vai desaparecendo proporcionalmente.

Assim, pois, segundo Belarmino, nem um só dos sacerdotes da igreja romana pode ter mais do que uma certeza moral de que o é. Podemos, porém, avançar mais um passo, e dizer que nem mesmo pode ter essa certeza moral. A certeza moral não é uma coisa imaginária ou uma *dedução teológica*: o assunto foi formalmente discutido na sessão sétima do Concílio de Trento quando foram aprovados os cânones onze e doze, que acabamos de citar.

Um dos requisitos essenciais é a intenção no sacerdote. Poderá acaso dizer-se que um sacerdote que esteja em pecado mortal possa ter verdadeira intenção? Ouçamos o que Ambrósio Caterino, bispo de Minori, disse no Concílio de Trento, quando se discutiram aqueles cânones:

Supondo, porém, a necessidade da intenção mental – se um sacerdote encarregado do pastorado de quatro ou cinco mil almas fosse incrédulo, porém hipócrita, e que no batismo das crianças, ou na absolvição sacramental, ou na consagração da Eucaristia, não tivesse intenção de fazer o que faz a igreja – havemos de confessar que todas essas crianças seriam condenadas, todos esses penitentes não absolvidos, e todos quantos houvessem recebido a comunhão não teriam recebido a graça que ela produz.

---

[3] Bellar. de Milit. Eccles. lib. III, cap. X, ad secundum, s. 37, tom. II, pág. 82. Praga, 1721.

INOVAÇÕES DA IGREJA CATÓLICA ROMANA

E acrescentou:

Se alguém disser que esses casos são raros, responderemos que seria bom que neste século de tanta corrupção não houvesse motivo para pensar que eles são muito frequentes. Admitindo, porém, que tais casos são ainda assim muito raros, ou mesmo raríssimos, e supondo, por exemplo, que um sacerdote de maus costumes, porém hipócrita, não tinha intenção, na ocasião de conferir o sacramento do batismo a uma criança, e que depois essa criança chegasse a ser bispo de uma grande diocese, e que durante seu episcopado ordenasse um grande número de sacerdotes – havemos de admitir que, não tendo sido verdadeiramente batizada essa criança, foi nula sua ordenação, e nulas, por consequência, as ordens que conferiu; e por essa forma, nessa diocese, não haverá nem penitência nem eucaristia, visto que esses sacramentos não podem existir sem a ordenação, nem esta sem um bispo verdadeiramente ordenado, nem bispo verdadeiramente ordenado se antes não tenha sido verdadeiramente batizado. Dessa sorte, pela malícia de um só ministro, podem ficar sem valor milhares de sacramentos.[4]

Tal é o testemunho e a opinião de um bispo católico romano.

Coloquemos, porém, o assunto em terreno mais elevado: a essência do título de sacerdote funda-se na suposição de que a *Ordem* é um sacramento. De nossa parte negamos que a *Ordem*, nos seis primeiros séculos da era cristã, fosse tida pela igreja romana como um sacramento propriamente dito, ou que a *intenção*, para a validade de um sacramento, fosse considerada como necessária, por mais de quinze séculos depois de Cristo. Belarmino admite o que disse Domingos Soto, isto é, que *a consagração episcopal não é um sacramento propriamente dito*;[5] e, se o não é, nesse caso então todos quantos conferiram *Ordens* nos seis primeiros séculos da igreja não tiveram a verdadeira intenção de administrar um sacramento.

---

[4] História do Concílio de Trento, escrita em italiano por Paulo Sarpi, traduzida para o francês por P. F. Courayer, cônego regular e bibliotecário da abadia de Santa Genoveva.

[5] Bellarm. tomo III, pág. 718.

INTRODUÇÃO

Aqui, pois, há duas coisas essenciais que faltam nas ordenações feitas durante seiscentos anos, o que torna essas ordenações nulas. Os sacerdotes romanos põem em dúvida as *Ordens Anglicanas*, mas seria melhor que olhassem para si mesmos, e examinassem seus próprios títulos de *Ordens*.

Deixando, porém, de lado todas essas questões abstratas, tratemos do fim a que nos propomos. Quando publicamente se põe em dúvida, de uma maneira digna e respeitosa, a verdade de uma proposição feita por um ministro do evangelho, é dever desse ministro afirmar também publicamente aquilo que ele professa e crê ser a verdade. Uma crença firme e sincera nessa verdade levará o ministro naturalmente a *acomodar-se aos humildes*, na esperança de os convencer de seus erros.

Com estas breves e ligeiras observações preliminares, o autor, neste seu livro, apresenta o resultado de um exame detido e consciencioso de fatos e documentos que em seu espírito lhe fizeram arraigar a sincera e profunda convicção de que a religião romana não é outra coisa mais do que um monstruoso e absurdo sistema arranjado *ad hoc*, para submeter a humanidade ao poder de um sacerdócio que por muitos anos tem especulado com a credulidade humana, com risco iminente da salvação das almas.

PRIMEIRA PARTE

DESENVOLVIMENTO E REFUTAÇÃO DAS DOUTRINAS

CAPÍTULO 1
A SUPREMACIA DO PAPA

"Não vos intituleis mestres, porque um só é o vosso Mestre, o Cristo.
O que dentre vós é o maior, será vosso servo. Porque aquele que se
exaltar será humilhado, e aquele que se humilhar será exaltado".

MATEUS 23.10-12

Uma questão tão transcendente, como a que está substanciada na epígrafe deste capítulo, tem de ser tratada com muita clareza. Segundo a solução que a ela se dê, assim resultará a verdade ou a falsidade de um dos sistemas religiosos, o protestante ou o católico romano. Se é verdade, como crêem os romanistas, que o bispo de Roma é o cabeça da Igreja Cristã, o vigário do Filho de Deus, o bispo dos bispos, a quem todos os cristãos devem obedecer como a Deus, a Igreja Evangélica não tem razão de existir.

De nossa parte, vamos pôr a questão na tela da discussão, e estas páginas servirão para demonstrar a falsidade de uma tal asserção.

I. Principiaremos pelo assunto de primeira importância: *A supremacia*.

O Cardeal Belarmino diz que a supremacia do papa é a "súmula e essência do Cristianismo".[1] "De que se trata, quando se fala do primado do pontífice? Di-lo-ei em poucas palavras: Da coisa mais importante do Cristianismo". E logo acrescenta: "Pode provar-se a supremacia do bispo de Roma por quinze diferentes nomes ou títulos, tais como: *príncipe dos sacerdotes, sumo sacerdote, vigário de Cristo, bispo universal*, e muitos outros que significam a mesma coisa".[2]

---

[1] Lib. de Sum. Pont. Praef. seção II. Edit. Praga, 1721.
[2] Ibid. Lib. II, cap. 31, seção I.

INOVAÇÕES DA IGREJA CATÓLICA ROMANA

Desafiamos a que nos prove que algum desses títulos foi concedido exclusivamente ao bispo de Roma, desde o primeiro papa até Gregório I, inclusive, isto é, em um período de mais de quinhentos anos.[3] Os padres primitivos não se teriam prestado facilmente a dar ao bispo de Roma os títulos de *príncipe dos sacerdotes, e sumo sacerdote*, que somente pertencem a Cristo. Nunca as Escrituras pensaram em aplicar exclusivamente esse título a qualquer bispo. Todo o povo de Deus é chamado nas Escrituras *um sacerdócio real*. Na época em que o título de *sumo sacerdote* esteve em uso, era aplicado igualmente a todos os bispos. Temos um caso notável disso mesmo, consignado pelo jesuíta Labbéo nas *atas do Concílio*; são as palavras de Anacleto, bispo de Roma, no segundo século, em sua segunda epístola: "Os sumos sacerdotes, *isto é, os bispos*, devem ser julgados por Deus. – *Summi sacerdotes, id est, episcopi, á Deo judi-candi*".[4]

O título de *bispo universal* foi energicamente censurado pelos bispos de Roma, Pelágio II e Gregório I, quando o arrogou a si *pela primeira vez na igreja* João, bispo de Constantinopla, e depois seu sucessor, João Ciríaco.

Pelágio II (d.C. 590) declarou que o título *universal* era uma usurpação ilegal, e provou que nenhum predecessor seu jamais se arrogou tão profano nome.

> Não façais caso, diz ele, do título *universal*, que João tão ilegalmente usurpou; nenhum dos patriarcas jamais usou vocábulo tão profano. Podeis calcular, queridíssimos irmãos, quais os resultados que daí podem provir, quando entre os mesmos sacerdotes se manifestam tão perversos princípios; porque não está longe de quem se disse: *Ele mesmo é rei sobre todos os filhos da soberba*.[5]

---

[3] No Dicionário diplomático, publicado em Paris em 1774, pág. 161, o erudito beneditino Dom. de Vaines nos dá alguns curiosos detalhes do desenvolvimento gradual desses títulos dados ao papa. Nos quatro primeiros séculos, o título de papa era dado indistintamente a todos os bispos. No século IX, os bispos da França foram repreendidos por Gregório IV pelo fato de lhe chamarem papa e irmão. Gregório VII, no século XI, foi o primeiro que limitou o nome de papa ao bispo de Roma. O título de vigário de Pedro não aparece antes do século IX, e foi somente no século XIII que os bispos de Roma reservaram para si o de vigário de Cristo. Antes daquela data outros bispos tiveram igual título.

[4] Conc. Labb,, tom, I; Anaclet. Papa. Epist. II col. 521. Paris, 1671.

[5] Pap. Pelag. II. Epis. VIII.

A SUPREMACIA DO PAPA

Com não menor energia se expressou seu sucessor, Gregório I:

Meu consacerdote João pretende ser chamado *bispo universal*. Isso obriga-me a exclamar: Oh! tempos! Oh! costumes! Os sacerdotes pretendem para si títulos de vaidade e se gloriam com nomes novos e profanos. Acaso defendo eu nisto minha própria causa? Acaso vingo eu minha própria injuria, ou, melhor, a do Onipotente Deus e a de toda a igreja universal? Repilam os cristãos esse nome de blasfêmia que rouba a honra de todos os sacerdotes, a qual um só loucamente arroga para si.[6]

E mais adiante continua o mesmo bispo:

Nenhum de meus predecessores consentiu em usar tão profano título; porque, se, em verdade, um patriarca se chama *universal*, tira aos demais o nome de patriarcas. Longe, longe de um espírito cristão querer apropriar-se daquilo que pareça diminuir, na menor coisa, a honra de seus irmãos.[7]

Fala ainda o mesmo bispo:

Que responderás a Cristo, cabeça da igreja universal, no exame do último juízo, tu que pretendes assenhorear-te de todos os seus membros, usando o título de *universal*? A quem intentas tu imitar com este tão perverso vocábulo senão aquele que, desprezadas as legiões dos anjos, socialmente constituídas com ele, pretendeu elevar-se ao cúmulo da singularidade? Consentir numa tal denominação não é outra coisa mais do que perder a fé.[8]

E mais ainda diz o mesmo bispo:

Em verdade eu digo confiadamente que, qualquer que a si mesmo se chama *sacerdote universal*, ou deseja assim ser chamado, precede o anticristo em seu orgulho, porque com soberba se antepõe aos demais.[9]

---

[6] Pap. Greg. I, Epist. lib. IV; Epist. XX; Opera, tom. II, pág. 748. Edit. Bened. 1705.
[7] Pap. Greg. I Epist. lib. V; Epist. XXV. Opera, tom. II, pág. 771, Edit. Bened. 1705.
[8] Pap. Greg. I Epist. lib. V; Epist. VIII. Opera, tom. II, pág. 742, Edit. Bened. 1705.
[9] Pap. Greg. I Epist. lib. VII; Epist. XXIII. Opera, tom. ll, pág. 881, Edit. Bened. 1705.

INOVAÇÕES DA IGREJA CATÓLICA ROMANA

Este título, portanto, nem concedido nem assumido pelo bispo de Roma, pelo menos até o ano de 601, foi, apesar das denúncias anteriores, assumido pelo sucessor de Gregório, Bonifácio III (605 d.C.).

Simão Vigoro, eminente escritor católico romano, em França, no século XVI, define com toda a propriedade o valor de tal expressão:

> Quando os padres do ocidente chamam aos pontífices romanos, bispos da Igreja Universal, procedem segundo o costume daquela igreja, e não porque entendam que haja bispos universais no mundo, senão simplesmente no sentido em que esta mesma denominação se dá aos bispos de Constantinopla, Alexandria, Antioquia e Jerusalém, ou como universais das igrejas que estão sob seu patriarcado, ou porque são os que presidem aos concílios ecumênicos de toda a Igreja.[10]

Neste sentido havemos de entender as palavras de Gregório Nazianzeno, quando disse de Santo Atanásio: *que, sendo feito bispo de Alexandria, foi feito bispo de todo o mundo;*[11] e de Basílio, quando falou dele como *tendo o cuidado das Igrejas, como daquela que mais particularmente lhe havia sido recomendada.*[12]

O título, Vigário de Cristo, jamais foi dado exclusivamente a algum bispo de Roma antes do Concílio de Florença, celebrado em 1439, e ainda assim nessa ocasião se declarou que esse título lhe era dado — *reservando os direitos do bispo de Constantinopla.* O poder espiritual havia de ser *exercido em conformidade somente com o que se achava contido nas atas dos concílios gerais e nos santos cânones*[134] cujas atas e cânones citaremos brevemente. Encontramos este título na Epístola 12 de Cipriano, mas ele se aplica a todos os bispos. No mesmo sentido foi usado pelo Concílio de Compiegne, no pontificado de Gregório IV (833 d.C.).

---

[10] Op. Simon. Vigor. Paris 1683, ad respons. Sin. Concil. Basil. Commarl. pág. 37 e 38.

[11] Orat. XXI, tom. I, pág. 377. Edit. Morell, Paris, 1630.

[12] Ep. 69. tom. III Ben. Edit. pág. 161.

[13] Conc. Lab. et. Coss. tom. XII: Conc. Florent. Sess. X, col. 154. Paris, 1671.

A SUPREMACIA DO PAPA

Convém que todos os cristãos saibam qual é o ministério dos bispos – sabe-se que eles são vigários de Cristo e possuidores das chaves do reino dos céus.[14]

O mesmo também se encontra no Sínodo de Milão, no pontificado de Sérgio II (845 d.C.).

Todos nós, ainda que indignos, somos vigários de Cristo e sucessores dos apóstolos.[15]

Professar ou crer que o papa é vigário de Cristo não constitui hoje em dia matéria de "fé ou doutrina". Dens diz na sua teologia que "é provavelmente matéria de fé que um papa moderno seja vigário de Cristo, porém não é matéria de fé *obrigatória*".[16] E na página 22, diz: "Todavia deve notar-se que não é matéria de *fé obrigatória* que um papa moderno seja vigário de Cristo e sucessor de Pedro, pois que a toda a Igreja ainda não foi imposta a obrigação de crer em tal coisa". Ora, sendo isso assim, então um católico romano pode deixar de crer que o papa seja sucessor de Pedro e vigário de Cristo. Por essa forma é evidente que o fato de o papa ter tomado para si este título, e apelidar-se sucessor de Pedro, não só não prova sua supremacia, como também diz de sobra que todo o mecanismo do edifício papal, apoiando-se sobre esses dados fictícios, apoia-se por isso mesmo sobre bases que não podem resistir ao menor exame da crítica e da história.

Ainda diremos mais. Sustentamos que por espaço de mil anos depois de Cristo o título de papa não foi privilégio exclusivo do bispo de Roma. O papa Hildebrando (Gregório VII) foi o primeiro que declarou que esse título devia ser exclusivamente dado ao bispo de Roma.[17] Os presbíteros

---

[14] Conc. General. apud Binium, tom III, par. I, pág 573. Col. Agripp. 1606, e Lab. et Coss., tom. VII, col. 1686. Paris, 1671.

[15] Bin. par. I, pág. 607. tom. III e Lab. id., id., pág. 1818.

[16] Dens era um clérigo muito considerado na Bélgica, no meado do século passado, licenciado em teologia pela universidade de Louvains, cônego da Igreja Metropolitana de Malinas e diretor do seminário dessa cidade: aí publicou o quarto volume da sua obra em 1758, e o dedicou ao arcebispo.

[17] Biografia universal, Paris 1817, Art. Greg. VII, pág. 396.

INOVAÇÕES DA IGREJA CATÓLICA ROMANA

de Roma deram a Cipriano, bispo de Cartago, este título – o *Papa Cipriano*, Cirilo, bispo de Alexandria, chamou a Santo Atanásio o *Papa Atanásio*, e o mesmo fez Jerônimo com Agostinho, bispo de Hipona, na África, e assim por diante podíamos citar muitos outros exemplos. Ainda mais: tão longe estava o bispo de Roma de ser o chefe e cabeça da Igreja Cristã, que a autoridade de Gregório I não abrangia toda a Itália.[18] O arcebispo de Milão estava completamente independente de Roma, no pontificado de Hildebrando, em 1073. O bispo de Áquila resistiu a Gregório I, que ali queria estabelecer sua jurisdição, à força armada (590 d.C.). Ravena ainda no ano de 549 era independente de Roma, e seu arcebispo Mauro recebeu o pálio das mãos do imperador.[19] Vitaliano, bispo de Roma, quis exercer sua autoridade, chamando-o a Roma, porém Mauro recusou-se a obedecer.

Julgamos, pois, ter demonstrado nossa primeira proposição, de modo a não restar a menor dúvida de que a pretensão e títulos de *Bispo de Roma*, em tudo o que se refere a moderna doutrina da supremacia, não passa de uma inovação.

II. O Concílio de Trento, sessão VII, cânon III, sobre o *Batismo*, declarou que a Igreja de Roma é a *Mãe e Senhora de todas as igrejas*; e, segundo o artigo 13 do atual credo romano, todos os católicos romanos são obrigados a professar que a Igreja Romana é *Mãe e Senhora de todas as igrejas*.

Nossa segunda proposição é que esta doutrina, fazendo agora parte do credo de uma igreja cristã, não foi imposta à crença dos fiéis antes da bula de um papa, no ano de 1564, e que, como fato histórico, não é verdadeira. É, portanto, uma doutrina nova, ordenada a crer como artigo de fé pela Igreja Romana desde o ano de 1564. O credo de Pio IV não existia antes dessa data. O único símbolo de fé que os católicos romanos tinham obrigação de professar era o credo de Nicéia. A Igreja de Roma não era a *Mãe e Senhora* das primitivas igrejas cristãs, e tampouco o é agora: não é

---

[18] Bingham, em suas "Antiguidades eclesiásticas" diz que nos tempos primitivos a jurisdição do papa de Roma abrangia somente a parte inferior da Itália, as ilhas da Sicília, Córsega e Sardenha. Lib. IX, cap. I, seção 9 a 12.

[19] História, Revennant Jeronymo. Rubio, lib. IV, pág, 205. Veneza, 1590.

senhora da Igreja grega, nem das demais igrejas orientais, e muito menos das igrejas protestantes.

Como *fato histórico*, a Igreja Grega, representada sucessivamente pelos bispos de Constantinopla, e a Igreja africana, representada pelos seus bispos, nunca estiveram sujeitas à jurisdição eclesiástica do bispo ou da sé romana. Cipriano, bispo de Cartago, diz claramente o que é o episcopado romano (256 d.C.); declara que, se deu a preeminência à sé romana, foi porque *Roma, por sua grandeza, devia preceder Cartago;*[20] e assim o escreveu ao bispo de Roma. Regaltio, famoso comentarista das obras de Cipriano, diz que *Roma foi chamada por Cipriano a Igreja principal, porque ela estava na cidade principal.*[21] Por esta razão tinha uma procedência *de ordem*, porém nunca superior *jurisdição eclesiástica.*

O primeiro Concílio geral de Nicéia, celebrado em 325, no cânon VI, reservava para cada igreja sua autoridade e dignidade independentes, e este costume primitivo devia necessariamente prevalecer tanto na Líbia, Egito, Alexandria, como em Roma.[22] O segundo cânon do seguinte Concílio geral de Constantinopla, em 381, confirmou este mesmo cânon de Nicéia.[23] No terceiro Concílio geral de Éfeso, em 431, a sé de Chipre foi declarada independente *de todos os outros bispos.*[24] O quarto Concílio geral de Calcedônia declarou que o arcebispo de Constantinopla teria o mesmo primado de honra que o bispo de Roma, posto que fossem concedidos alguns privilégios à sé romana, não por motivo de algum suposto direito divino, mas somente porque era a sede do império.[25] O cânon IX do dito Concílio declarava o seguinte em matéria de apelações: "se um bispo ou clérigo tiver qualquer disputa com o metropolitano, recorra ao exarca da diocese ou ao trono da imperial Constantinopla, e ali seja julgado".[26]

---

[20] Ep. 49, a Cornélio, p. 54. Paris, 1836.
[21] Regalt. in Ciprian. Epist. 55, pág. 84. Parisw, 1666.
[22] Surio Concil. tom. I. pág. 342.
[23] Lab. Concil. tom. II. pág. 947.
[24] Lab. Concil. tom. III. pág. 802.
[25] Id. id. id. IV. pág. 769.
[26] Ibidem, can. 19 e 17.

INOVAÇÕES DA IGREJA CATÓLICA ROMANA

Temos aqui a apelação para um tribunal secular! – coisa que os romanistas hão de necessariamente considerar como herética. O quinto Concílio geral, segundo de Constantinopla, celebrado no ano de 553, falando de Leão, bispo de Roma, e Cirilo de Alexandria, diz: *O sínodo dá igual honra aos bispos de Roma e de Alexandria.*[27]

O sexto Concílio geral, terceiro de Constantinopla, celebrado em 680, no cânon XXXVI, decretou que a sé de Constantinopla gozaria de iguais privilégios que a antiga sé romana;[28] e é digno de notar-se que este Concílio declara que, se alguma cidade, no que respeita ao *estado civil*, for reconstituída e exaltada pelo poder secular, deve também seguir a mesma ordem em *matéria eclesiástica*, isto é, presidir a Igreja como ao estado, provando por essa forma, de uma maneira incontestável, que os privilégios que Roma gozava eram por causa de sua posição civil. Podemos também referir-nos ao sétimo Concílio geral, o de Nicéia, celebrado em 787, e chamar a atenção para o fato de Adriano, bispo de Roma, escrevendo a Tarácio, bispo de Constantinopla, expressa-se por essa forma, como se acha consignado nas atas do mesmo concilio: *A meu irmão Tarácio, patriarca universal.*[29] Era então Constantinopla a sede do império, pois assim foi declarado nas constituições imperiais que a cidade de Constantinopla tivesse as prerrogativas da antiga Roma.[30] E Nilo, patriarca grego, respondia com estas palavras ao bispo de Roma: "Se, porque Pedro morreu em Roma, se considera grande a sé romana, Jerusalém seria então muito maior em consequência de ali se ter verificado a morte vivificante de nosso Salvador".[31] Note-se que nesta passagem Nilo não faz a menor referência à ficção do suposto pontificado de Pedro, invenção de data posterior, mas tão-somente se refere a sua *morte* em Roma.

É digno de observação, com relação à Igreja grega, a maneira como os bispos gregos sustentavam e defendiam sua independência. No Concílio

---

[27] Ibid. action. I.
[28] Surius. tom. II, pág. 1046.
[29] Surius. Concil. tom. II, pág. 72.
[30] Cod. Lib. I. Tit. V. I. VI. Honor. Theodos.
[31] Edit. El. Salmas. Honor. 1608, pág. 94.

A SUPREMACIA DO PAPA

de Florença, em 1439, fez-se uma desesperada tentativa para induzir certos bispos gregos, que se achavam presentes, a reconhecer a supremacia papal. Por motivos de força, fraude e suborno, foram compelidos a aderir aos artigos da união. Tenha-se bem presente que esse Concílio reivindicava a primazia sobre *todo o mundo*.[32] Quando, porém, os emissários gregos regressaram a Constantinopla, a Igreja dali protestou, indignada, contra tudo o que se tinha feito, e esse protesto foi confirmado no Concílio celebrado em Constantinopla, em 1440. As decisões do Concílio de Florença foram consideradas nulas;[33] o patriarca Gregório, que se tinha declarado a favor dos latinos, foi deposto, sendo eleito Atanásio em seu lugar. Nesse Concílio estiveram presentes os bispos das principais sés gregas, tornando, dessa forma, completo e universal o protesto da Igreja Grega.

Não há pretexto algum para alegar que nos tempos apostólicos a Igreja de Roma foi a mãe e senhora das sete igrejas da Ásia. Antioquia reivindicava maior antiguidade do que a Igreja de Roma, onde se diz que Pedro governara seis anos, antes que ele e Paulo (segundo Irineu), ao fundarem aquela igreja, nomeassem Lino seu *primeiro* bispo. Em Antioquia foi onde os fiéis começaram a chamar-se cristãos (At 11.26). A Igreja de Jerusalém, porém, foi reconhecida mãe de todas as igrejas, e ali foi onde os apóstolos deram início a sua pregação. Por muitos anos depois foi reconhecida como tal, como se acha consignado nas atas do Concílio geral de Constantinopla,[34] e mais tarde por Jerônimo, presbítero de Roma.[35]

Nem no princípio, nem depois, nem agora, a Igreja de Roma *foi Mãe e Senhora de todas as Igrejas*.

---

[32] Lab. Concil. tom. XIII, Col. 515.

[33] Concil. Constant. Sess. 2, Ibid, tom. XIII. col. 1367.

[34] Epist. Sinod. Concil. Constant. apud Theodor. et Hist. Ecles. Lib. V, cap. IX, pág. 207.

[35] Comment. in Esai. II, 3.

CAPITULO 2
O CÂNON DA ESCRITURA

Depende da mera vontade e beneplácito do bispo de Roma considerar como sagrado, ou de autoridade em toda a Igreja, aquilo que muito bem lhe parecer.

CARDEAL BARÔNIO, ANNAL. AD ANN. 553. N. 224

Examinemos agora a seguinte declaração – que os sacerdotes romanos não são *representantes de nenhum sistema novo de religião*, nem pregadores de novas doutrinas, relativamente ao ensino da sua Igreja acerca do CÂNON DA ESCRITURA.

Os católicos romanos admitem que as Escrituras são a Palavra de Deus, e conjuntamente com a tradição constituem, sob certas restrições, a regra de fé de sua Igreja. É de suma importância, pois, examinar o que se contém na *Palavra de Deus*. Todas as igrejas protestantes de nossos dias estão em total acordo a respeito do cânon da Escritura, porém seu ensino difere essencialmente do ensino da igreja romana.

Para se poder saber o que a Igreja do papa ensina a tal respeito, consultemos antes de tudo os anais do Concílio de Trento. Em abril de 1546, na sessão quarta, exigiu-se dos fiéis, pela primeira vez, sob pena de *anátema*, isto é, separação total, absoluta, irrevogável, da comunhão dos crentes, que admitissem no sagrado cânon da Escritura os livros 'apócrifos'. O decreto é concebido nos seguintes termos:

"O sagrado Concílio de Trento, conhecendo que esta verdade e esta regra se encontram tanto nos livros escritos como nas tradições, as quais chegaram até nós, sendo recebidas pelos apóstolos, da boca do próprio Cristo, ou,

INOVAÇÕES DA IGREJA CATÓLICA ROMANA

melhor, transmitidas por eles sob a inspiração do Espírito Santo, (o sínodo) seguindo o exemplo dos padres ortodoxos, recebe e reverencia com igual piedade e veneração todos os livros, tanto do Antigo como do Novo Testamento, sendo como é o próprio Deus o autor de ambos, e guardados na Igreja por uma sucessão não interrompida. E por isso houve por bem inserir neste decreto um catálogo dos livros sagrados, para que fique bem assente e não haja a menor dúvida acerca dos mesmos livros por este sínodo".

Depois acrescenta a este decreto uma lista em que se acham incluídos, não só os livros do Antigo e Novo Testamentos recebidos pelos protestantes, mas também os outros chamados livros 'apócrifos', que são: Tobias, Judite, Sabedoria, Eclesiástico, Baruque e a última parte dos livros de Ester e Daniel, isto é, desde o versículo 4 do capítulo 10 de Ester, até ao final do capítulo 16, e os capítulos 13 e 14 de Daniel, que tratam da história de Susana, Bel e o Dragão, e o cântico dos três meninos.

Em vista do exposto, somos, pois, obrigados a declarar que os "padres ortodoxos" da Igreja católica, por "uma sucessão ininterrupta", recebiam os livros "apócrifos" e os outros livros citados no decreto, "com igual piedade e veneração". Isso, porém, é menos exato; e se há assunto sobre o qual os "padres ortodoxos" e um grande número de teólogos, no seio da própria igreja romana, tenham concordado alguma vez, é o seguinte: "banir do sagrado cânon da Escritura os livros apócrifos".

Nessa assembléia servil, na sessão quarta, à qual assistiram apenas quarenta e nove bispos, havia muita diferença de opinião. Os bispos portaram-se de tal maneira que foi necessário ordenar-se-lhes que dessem seus votos um por um, os quais se iam numerando à proporção que eram recebidos à mesa; a mesma diversidade de opiniões sobre tal assunto existia no mês de abril de 1546. É um erro crer que o Concílio de Trento não fez mais do que 'declarar' o que anteriormente era matéria de fé; tanto não era assim, que os veneráveis padres brigaram uns com os outros e mutuamente se "puxaram das barbas", para impor suas opiniões individuais, e tudo isso estando ali o *Espírito Santo*. Verdade é que aprovaram

40

O CÂNON DA ESCRITURA

os decretos e "declararam como matéria de fé" a autoridade dos padres e da tradição apostólica em seu favor, porém tal declaração não era verdadeira. Não tinha nem tem o menor apoio na evidencia dos fatos.

Paulo nos afirma que "aos judeus foram confiados os oráculos de Deus"; e isso mesmo o escreveu aos Romanos (Rm 3.2), como se fora um aviso profético; e os cristãos primitivos professavam ter recebido dos judeus o código, ou o cânon, do Antigo Testamento.

Nem Cristo nem nenhum dos autores inspirados do Novo Testamento jamais citou os livros 'apócrifos'; nem sequer a eles se referiram.

Temos diferentes escritores cristãos que nos deixaram listas do cânon sagrado das Escrituras, segundo as respectivas épocas em que viveram. Logo citaremos alguns dos pais mais importantes da primitiva Igreja Cristã, e outros teólogos (todos pertencentes à Igreja de Roma), em cada século sucessivo, os quais não admitiram os livros 'apócrifos', dando-nos assim a medida da crença da Igreja em tal assunto nos diferentes séculos. Será fácil a qualquer um cotejar as citações que apresentamos no fim do presente capítulo.

A moderna Igreja de Roma, por meio do celebérrimo Concílio de Trento (1546 d.C.), excomungou todos aqueles que rejeitassem os livros dos Macabeus, Eclesiástico, Tobias, Judite, Baruque, Sabedoria, e que os não considerassem como fazendo parte do cânon inspirado das Ecrituras.[1]

Os livros apócrifos foram banidos do cânon sagrado, quer explicitamente, quer de uma maneira indireta, ao darem uma lista que os excluía, por exemplo:[2]

Militão, bispo de Sardes, no segundo século; Origines, no terceiro.

No quarto, baniram-nos igualmente os 'santos' Atanásio, Hilário, Cirilo de Jerusalém, Cipriano, Gregório Nazianzeno e Eusébio, bispo de Cesaréia, Anfilóquio e os bispos reunidos no Concílio de Laodicéia,[3] o qual

---

[1] "Todo aquele que não tiver como sagrados e canônicos os livros de Ester, Daniel, Baruque, Eclesiástico, Sabedoria, Judite, Tobias e Macabeus, seja anátema". (Concíl. Trid. Ses. IV.)

[2] Alguns dos autores (poucos) que aqui se citam inserem na sua lista a Baruque, porém essas exceções se encontrarão na lista das edições que vai no fim do capítulo.

[3] Será conveniente notar-se aqui que, pelo que respeita ao Concílio de Laodicéia, os livros de Baruque, as Lamentações e as Epístolas, estão inseridos em alguns exemplares (Labb. et Cos., tom. I. pág. 1507-8 Paris 1671). Encontram-se na versão de gentiano Hervet, porém não fazem menção deles os exemplares latinos de data anterior. Nem Aristeno nem Carranza os têm em suas obras.

INOVAÇÕES DA IGREJA CATÓLICA ROMANA

foi confirmado por um decreto do Concílio Geral em Trullo (Can. 2), e que portanto é obrigatório para a Igreja de Roma.[4]

No quinto século – Jerônimo, Epifânio e Agostinho.

No sexto – Junilio (bispo africano), e alguns mencionam também Isidoro, bispo de Sevilha.

No sétimo – Temos nada menos do que a autoridade do mesmo papa Gregório, o Grande. A mesma edição vaticana[5] das obras de Gregório prova que ele não admitia os livros 'apócrifos'.

No oitavo – João Damasceno, fundador da teologia escolástica entre os gregos, e Alcuino, abade de São Martinho de Tours, em França.

No nono – Nicéforo, patriarca de Constantinopla, e a "Glosa Ordinária", começada por Alcuino, ou por Strabão, e concluída por vários escritores.

No décimo – O monge Flaviacense, e Elfrico, abade de Malmesbury.

No décimo primeiro – Pedro, abade de Clugni.

No décimo segundo – Hugo de São Victor, Ricardo de São Victor, Roberto, abade de Duits e autor da 'Glosa' sobre Graciano e da versão inglesa da Bíblia que existe na biblioteca da universidade de Oxford.

No décimo terceiro – O Cardeal Hugo e São Boaventura.

No décimo quatro – Ricardo Fitz Ralph, arcebispo de Armagh e primaz da Irlanda, Nicolau Lira e Viclef.

No décimo quinto – Thomaz Valdense e Dionísio Cartusiano.

No décimo sexto – Temos o famoso Cardeal Caetano. Este ilustre prelado da igreja romana escreveu um comentário sobre os livros históricos do Antigo Testamento, oferecido ao papa Clemente VIII. Este livro foi publicado só doze anos antes de reunido o Concílio de Trento. Na dedicatória, o Cardeal faz sua a regra de Jerônimo, relativa à clara distinção que este faz entre os livros canônicos propriamente ditos e os 'apócrifos'. Eis suas palavras:

---

[4] O terceiro Concílio de Cartago (397 d.C., Can. 47) admite alguns dos livros, porém omite Baruque e os dois livros dos Macabeus, isto é, nenhum exemplar grego os admite, posto que Dionísio Exiguo faça deles menção em sua coleção (Iabb. et Coss. Con. tom. II. Col. 1177. Paris, 1671.)

[5] Roma, 1608, Ex. Typog. Vatican. Tom. III, pág. 899.

O CÂNON DA ESCRITURA

Bem-aventurado padre: A Igreja Latina Universal deve muitíssimo a São Jerônimo, não só por causa das suas notas sobre as Escrituras, como também porque fazia distinção entre os livros canônicos e os não-canônicos, por cujo motivo nos pôs a salvo da acusação dos judeus, que, de outra maneira, poderiam dizer que nós havíamos forjado livros ou parte de livros pertencentes ao antigo cânon, os quais nunca haviam recebido".[6]

Jerônimo (418 d.C.) claramente aderiu à lista dos livros que formavam o cânon judaico, e expressamente rejeitou os livros 'apócrifos',[7] e o mesmo fez o Cardeal Belarmino.[8]

Mas este prelado, um dos polemistas mais ilustres que a Igreja tem produzido, que diz a estas autoridades? Os fatos são demasiadamente notários para poderem ser negados, e por isso Belarmino aceita-os, mas por um modo indigno ou torpe; "confessa e ilude a dificuldade", como dizem os advogados. Não foi pecado, diz ele, nem heresia em Santo Agostinho, São Jerônimo e São Gregório, rejeitar estes livros, por isso mesmo que nenhum Concílio Geral até aos dias em que viveram havia definido alguma coisa a tal respeito.[9] É provável que esta seja a razão mais concludente que se possa aduzir, porém não serve nem pode servir de apoio à doutrina de Trento.

Temos citado, em cada século, por sua ordem, alguns dos principais escritores, todos os quais (a exceção de Wicliffe), são reconhecidos pela Igreja de Roma como membros de sua comunhão, que rejeitaram os livros apócrifos. Tiramos, portanto, as seguintes conclusões:

1. Que até abril de 1546 os livros 'apócrifos' não faziam parte do cânon da Escritura admitido pela Igreja;

2. Que fizeram parte do cânon só daquela data em diante;

3. Que o Concílio de Trento inventou este novo código, e que os romanos, quando sustentam e afirmam que os livros 'apócrifos' fazem parte

---

[6] Caetano Epis. dedic. ad. P. Clem. VII ante Comm. in lib. hist. V. T. Paris, 1546.

[7] Hier. Epis. ad Paulinum. Opera Edit. Ben. 1693, tom. IV. col. 571-4 e Praefat. in Libros Salom. tom. I. pág. 938, 939.

[8] De verbe Dei lib, I, c. X. Seção XX. tom. I. pág. 20 Edit. Praga, 1721.

[9] De verbo Dei, lib. I. c. X. Seção VIII. pág. 18.

INOVAÇÕES DA IGREJA CATÓLICA ROMANA

do cânon sagrado da Escritura, apresentam um sistema novo e ensinam uma doutrina nova.

Nossos leitores podem agora perguntar, e com razão: Teriam os padres de Trento alguma autoridade em que apoiassem seu decreto?

Agora resta-nos examinar as razões alegadas, visto este assunto ser altamente importante.

Referencias às edições dos 'padres' mencionadas neste capítulo:

Militão. Ano 177, rejeita todos os livros apócrifos. Epis. ad *Omnes, apud. Euseb. Hist. Eccles. IV. cap. 26; cantab. 1700; Bellarm, de Verbo Dei. lib. I. cap. XX pág. 38, seção 13. Prag. 1721.*

Orígenes. Ano 200, rejeita igualmente os livros 'apócrifos'. *Expos. primi. Psalm. ap. Euseb. Hist. Eccles. lib. VI, cap. XXV. Edit. Reading. Cantab. 1720.*

Cipriano, 250, ou Rufino, rejeita também os livros apócrifos. Bell de Verb. Dei. lib. cap. XX. pág. 38. tom. I. Prag. 1721.

Atanásio. Ano 340, rejeita os mesmos, a excepção de Baruque. *Epist. in Alex. Aristeni. Epp. Sinopsi. Pandectas de Beveridge. II. Oxford 1672,. Atanas. Op. in Sinopsi. tom. II, pág. 39. Paris, 1627.*

Hilário. Ano 350, rejeita pela mesma forma todos os livros. *Prolege. In lib. Psalmo. sect. 15. pág. 145. Wirceburg. 1785. Bellarm. lib. 2 cap. I. sect 15. tom. II. Prag. 1721.*

Cirilo de Jerusalém. Ano 370, nomeia apenas 22 e rejeita os livros 'apócrifos', porém supõe-se que o número deles conta Baruque e as Epístolas. de Jeremias. *Catech. IV, sect. 20. Oxon. 1703.*

Gregório Nazianzeno. Ano 370, rejeita todos os livros 'apócrifos'. *Ex ejus poematibus, pág. 194, tom. II. Paris, 1630.*

Eusébio. Ano 315, rejeita também os mesmos livros. *Hist. Eccles. lib. IV. cap. 26. lib. VI. cap. 25. Cantab. 1700.*

Concílio de Laodicéia. Ano 367. *Can. LX. Labb. et Coss. tom. I. columna 1507,* rejeita igualmente os livros 'apócrifos'. Paris, 1671.

O CÂNON DA ESCRITURA

Anfilóquio. Ano 370, rejeita-os todos. *Ex Jambis ad Selencum, Pandect.* de Beveridge II. pág. 179. Oxford, 1672.

Epifânio. Ano 390, exclui-os todos. *De Mens. et. Ponder. tom. II. pág. 161. Colon. 1682.*

Jerônimo. Ano 392, igualmente os rejeita. *Symbolum Ruffini, tom. IV. pág. 143. Proef. in. Prov. Salom. tom. III. 8. Proef. in. Jeremiam; ibid 9 in. Daniel, in. libr. Regum Basil. 1525. Bell. de Verbo Dei, lib. i. cap. 10, sect. XX. pág. 20. tom. I. Prag. 1721.*

Concílio de Calcedônia. Ano 451, confirma os cânones do Concílio de Laodicéia; *Art. 15. de can. I. Labb. Conc. IV. Paris, 1671.*

Agostinho. Ano 420, exclui do sagrado cânon todos os livros 'apócrifos'. *De Mirab. Sac. Scrip. lib. 2, cap. 34. De civit. Dei lib. 18, cap. 36. Paris 1686.*

Junilio. ano 545, exclui Judite, Sabedoria e Macabeus. *De part. divinae leges, lib. I. cap. 3. Veneza, 1765.*

Gregório I. Ano 601, aceita a lista de Jerônimo: *Greg. Mor. lib. 49 sobre o cap. 39 de Tob. Edit. Bened, 1705.*

Damasceno. Ano, 787, rejeita todos os livros 'apócrifos'. *Orth. fid. lib. IV. cap. 18, pág. 153. Basil. 1539. Cano Lug. theolog. lib. 2. cap. X. Col. 1605.*

Alcuino, ano 790, rejeita também os livros 'apócrifos'. Adv. Elep. lib. I. pol. 941. Paris. 1617.

Nicéforo. Ano 800, exclui igualmente os mesmos livros. *Niceph, Patr. C. P. Cânon. Scrip. in Operibus Pithei, citado por H. Lynd. Via Deviasec, 5, pág. 159. Edit. 1850. Londres.*

NOTA. — Para as referências que aí deixamos, as quais, sendo de data tão recente, servem apenas para manifestar uma série não interrompida de valiosos testemunhos, o leitor pode recorrer a *Via Devia de Lynd. sect. 5. Londres 1850 e Port. Evidenc. de Birkbeck. Lond. 1849.*

CAPÍTULO 3
O CÂNON DA ESCRITURA
(CONTINUAÇÃO)

"Assim como a Igreja evidentemente é mais antiga do que as Escrituras,
assim também estas não seriam autênticas senão por autoridade daquela".
JOHN ECK, EUCHIRIDION, DE ECCLESIA ET EJUS
AUTORITATE ETC., PÁG. 21. COLÔNIA, 1567

As autoridades em que, ordinariamente, os católicos romanos se fundam para provar que "os padres ortodoxos" receberam os livros 'apócrifos' e os demais livros com igual "piedade e veneração", e assim foram tidos na Igreja por uma contínua sucessão de testemunhos, são:

1. O Concílio de Sardes (347 d.C.)
2. O Concílio de Cartago (397 d.C.)
3. Santo Agostinho (397 d.C.)
4. O papa Inocêncio I (405 d.C.)
5. O papa Gelásio (494 d.C.)
6. O Concílio de Toledo (675 d.C.)
7. O Concílio de Florença (1439 d.C.)
8. O Concílio de Trento (1546 d.C.)

I. *O Concílio de Sardes.* O padre Calmet (1730) foi o primeiro, segundo cremos, que se lembrou de aduzir este Concílio como autoridade. Independente do fato, muito duvidoso, da genuinidade dos decretos desse suposto Concílio, afirmamos que os ditos decretos não apresentam

INOVAÇÕES DA IGREJA CATÓLICA ROMANA

lista alguma dos livros canônicos. Dupin, o famoso historiador eclesiástico francês, que fez uma sinopse de todos os concílios, quando se refere ao Concílio de Sardes, não o aduz como autoridade.

II. *O Concílio de Cartago*. Supõe-se que este Concílio, no cânon quarenta e sete, incluiu os livros 'apócrifos' no cânon da Escritura. Nossas objeções contra esta autoridade são as seguintes:

Supondo por um momento que este cânon é verdadeiro, é preciso saber-se que este Concílio não foi geral, mas, sim, provincial, e portanto não pode nem deve ser citado para estabelecer uma doutrina que seja obrigatória para a Igreja universal; tão-somente pode aduzir-se para estabelecer e provar um costume local.

O Cardeal Belarmino recusou-se a citar este Concílio sobre outro assunto. Eis suas palavras: "Este Concílio provincial não pode obrigar o bispo de Roma nem os bispos das outras províncias",[1] e isto porque no cânon vinte e seis deste mesmo Concílio se declarou que o bispo de Roma não devia chamar-se "sumo sacerdote", e o mesmo Concílio se opôs, por outro lado, à supremacia da Sé Romana. Aqui temos, pois, um Concílio herético!

Podem, porém, citar-nos Calmet, que diz que os cânones deste Concílio foram confirmados pelo de Constantinopla, em Trulo (695 d.C.). Assim será; mas tanto pior para o excessivo zelo de Calmet, que tanto confia neste argumento, não sabia ele que este último Concílio tinha sido totalmente condenado por vários papas, como nos dizem os padres jesuítas Labb e Cossart?[2]

Equívoco este, por certo, altamente incômodo para Calmet, atentas as consequências que deles derivam! Este mesmo Concílio em Trulo confirmou também os cânones do Concílio de Laodicéia,[3] que expressamente rejeitou os livros 'apócrifos'. Será que os duzentos e onze bispos reunidos em Trulo confirmavam duas listas contraditórias? É mais razoável supor

---

[1] Bell. de Pont. Rom. lib. II e XXXI,. Seção VIII. pág. 387. tom. I. Prag., 1721.
[2] Labb. e Coss. Concíl. Gen. Tom. IV, Col. 1316. Paris, 1671.
[3] Labb. e Coss. tom. II. Col. 1140. Can. II. id.

O CÂNON DA ESCRITURA

que confirmaram os decretos do Concílio anterior, acerca dos quais nunca tinha havido dúvida; pelo contrário, essas listas tinham sido já confirmadas pelo Concílio Geral de Calcedônia.

Pode, porém, objetar-se, dizendo que o Concílio de Laodicéia foi também provincial. De acordo, porém o cânon sessenta deste Concílio, que enumera os livros canônicos,[4] foi confirmado pelo Concílio geral de Calcedônia (451 d.C.), e portanto é doutrina obrigatória para todos os membros da Igreja Romana. Alguns católicos romanos, ao passo que preferem a autoridade do Concílio de *Cartago* à do de *Laodicéia*, pelo fato de dizer-se que Leão IV (847) confirmara os decretos do primeiro, esquecem que Leão IV confirmara também os decretos do Concílio de Laodicéia, e dessa forma temos um papa a confirmar duas listas contraditórias. Isto nos dá motivo para supor que o cânon do Concílio posterior, o de Cartago, foi forjado, e que Leão IV não o conheceu, atribuindo-se-lhe, por consequência, erroneamente, seu reconhecimento.

A segunda dificuldade, com a qual os católicos romanos têm a lutar, é que a lista apresentada por sua Igreja não está em harmonia com a lista que se supõe ter sido dada no cânon quarenta e sete do Concílio de Cartago, que é o cânon em que se fundam.[5] Por exemplo, não se encontram os livros dos Macabeus em nenhum dos exemplares ou manuscritos gregos desse Concílio, mas unicamente nas traduções latinas, o que faz, por consequência, crer no espírito suspeito de falsidade. Demais, por um equívoco estranho, o Concílio mencionou *cinco* livros de Salomão, além dos Provérbios, Eclesiastes, Cântico dos Cânticos, que se encontram no cânon hebraico, e também no que se chama os 'Setenta', a Sabedoria de Salomão, que se lhe atribui, e o Eclesiástico, ou o "Livro de Jesus", filho de Siraque, escrito oitocentos anos depois da morte de Salomão.

Sirício foi bispo de Roma naquele época (397), sendo cônsules Cesário e Ático, segundo consta do mesmo Concílio, e contudo o cânon que, segundo se diz, contém a lista dos livros canônicos, fala do papa Bonifácio,

---

[4] Binius. Concl. conc. I. Laod. can. 60. tom. I. pag. 304. Paris, 1636.

[5] Labb. e Coss. tom. II. Col. 117. Paris, 1671.

INOVAÇÕES DA IGREJA CATÓLICA ROMANA

o qual não foi bispo senão uns vinte anos depois, em 418 – razão muito concludente para supor que a pessoa que forjou o cânon viveu tanto tempo depois do Concílio que se esqueceu de quem fosse o bispo de Roma naquela época!

Os católicos romanos não são de perfeito acordo entre si acerca da autenticidade deste "cânon particular". O Cardeal Barônio, célebre historiador, foi obrigado a confessar que no Concílio de Cartago não foram confirmados todos os seus cânones, os quais foram aprovados em outros vários concílios celebrados nesta cidade, como, por exemplo, o cânon no qual se define o número dos livros sagrados;[6] e Bínio diz que "cinquenta cânones, que têm sido atribuídos a este Concílio, não foram todos confirmados por ele, mas, sim, por outros Concílios de Cartago, como, por exemplo, o cânon 47".[7] Depois do que deixamos exposto, é pois um erro o referirmo-nos ao Concílio celebrado em 397. Suponhamos que foi outro Concílio, por exemplo o que foi celebrado em 419, ao qual se atribui o decreto em questão; esta suposição levar-nos-ia a outras dificuldades. Dupin nos diz que este Concílio não fez outra coisa mais do que *propor* a lista, e que para sua confirmação era preciso consultar-se a opinião das outras Igrejas.[8] É ainda, porém, um grande equívoco supor que este Concílio publicasse a referida lista. A questão merece apenas ser discutida até ao dia em que os católicos romanos concordem acerca do Concílio certo e determinado que aprovou o suposto cânon ou a lista, assim como a respectiva data de sua aprovação. É isso tudo o que temos a dizer relativamente a esta autoridade aduzida pela Igreja Romana.

III. *Agostinho, Bispo de Hipona*. Supõe-se que ele subscrevera o cânon 47 do Concílio de Cartago, de que acima falamos. Já demonstramos, porém, que tal cânon não existia. Havemos de supor que ele professasse uma regra de fé diferente da de Jerônimo? Se assim é, pergunta-se: Onde está a unidade de ensino tão apregoada pela igreja de Roma? Agostinho

---

[6] Baron. Annal. Ann. 397, n.º 56, pág. 249. Edit. Luca. 1740.

[7] Bin. Concl. Carth. III, pág. 722. tom. I. Sutet. Paris, 1636

[8] Dupin, vol. I. pp. 8 e 9, fol. edit. Londres, 1699.

O CÂNON DA ESCRITURA

foi bispo na África, Jerônimo foi presbítero em Roma. É certo, porém, e por demais notório, que Agostinho excluíra expressa e nominalmente do cânon da Sagrada Escritura os livros 'apócrifos';[9] e distingue entre o que se entende por cânon divino e o que se chama "cânon ordinário".[10] Belarmino aparece-nos aqui outra vez a salvar a situação. Diz que Santo Agostinho estivera sempre convencidíssimo de que todos os livros canônicos eram de uma verdade infalível, porém não tinha a mesma convicção acerca da canonicidade de todos os livros da Escritura, porque, ainda que tivesse essa certeza, todavia *sabia que a questão não tinha até então sido decidida por nenhum Concílio Geral*, e portanto, sem sombra de heresia, alguns padres poderiam considerar certos livros como 'apócrifos'.[11] Por outras palavras, esta afirmação de Belarmino é uma defesa para Agostinho, por ele não ter em 397 a mesma crença que o Concílio de Trento teve em 1546. Sabemos perfeitamente que em sua A Doutrina Cristã se supõe que Agostinho apresentou uma lista do cânon da Escritura, na qual se acham inclusos os livros 'apócrifos'.

Isso, porém, explica-se facilmente, e preferimos fazê-lo invocando o próprio testemunho do eminente teólogo romano, o Cardeal Caetano, que sobre este ponto escreveu as seguintes palavras:

"Aqui encerramos nossos comentários sobre os livros históricos do Antigo Testamento, porque os outros, isto é, Judite, Tobias e os livros dos Macabeus, *não foram incluídos por São Jerônimo entre os livros canônicos, mas, sim, colocados entre os 'apócrifos'*, juntamente com "Sabedoria e Eclesiástico". Não te pertubes, porém, ó neófito, se em alguma parte encontrares estes livros 'apócrifos' mencionados entre os canônicos, seja pelos santos concílios, seja pelos santos doutores, porque as palavras, tanto daqueles como destes, devem ser submetidas à correção de São Jerônimo; e, segundo ele, estes livros ("os

---

[9] Aug. de Civit. Dei lib. XVII, cap. 20, pág. 508 e pág. 483, lib. XVIII, cap. 26, tom. VII. Paris, 1685.

[10] De Mirab. Sacrae Scrip., lib. II, cap. 34, pág. 26, tom. III. Paris, 1680.

[11] Bell. de Verbo Dei, lib. I, cap. X, seção VII, pág. 18, tom. I. Prag., 72.

INOVAÇÕES DA IGREJA CATÓLICA ROMANA

apócrifos"), e se há outros iguais a eles no cânon da Bíblia, *não são canônicos para confirmar os artigos da fé, mas podem ser chamados canônicos por conterem regras para a edificação dos fiéis*, e porquanto têm sido admitidos neste cânon da Bíblia e autorizados para este mesmo efeito. Com *esta distinção*, poderás discernir o sentido *das palavras de Agostinho (De doct. Christ. lib. II)*, como também os decretos do Concílio de Florença, sob o pontificado de Eugênio IV, os concílios provinciais de Cartago e Laodicéia, e igualmente as decisões dos papas Inocêncio e Gelásio".[12]

De passagem, podemos observar que Caetano foi tido em grande apreço por seus contemporâneos: foi denominado o "teólogo incomparável", ao qual, "como a um oráculo, os homens costumavam recorrer em todas as difíceis questões de teologia".

Posta a questão nestes termos, vejamos as conclusões que podem tirar-se da doutrina deste ilustre doutor e Cardeal da Igreja romana antes do Concílio de Trento.

Primeira conclusão: A Igreja de Roma, em 1533, não considerava os livros 'apócrifos' no cânon sagrado da Escritura como autoridade em *questões de fé*; permitia apenas que se lessem para *edificação dos fiéis*, dando-lhes o mesmo valor que hoje em dia lhes dá a Igreja Anglicana, em seu artigo 6º. Por outro lado, o Concílio de Trento, em que atualmente se apoia o ensino da Igreja de Roma, doze anos depois das palavras que supra citamos, escritas pelo Cardeal Caetano, colocou as duas classes de livros no mesmo nível, considerando-os como fontes de igual autoridade para estabelecer matérias de fé; e, além disso, a mesma assembléia anatemizou por toda a eternidade a todos quantos se atrevessem a opor-se a esta sua moderna inovação.

Segunda conclusão: Caetano nos informa em que sentido havemos de ter a palavra 'canônico', empregada por Agostinho e pelas outras autoridades, a quais fazem uma grande distinção entre o cânon 'sagrado', como autoridade em matéria de fé, e a frase ordinariamente usada *Cânon*

---

[12] Cayetan. in omnes authenticos Xet. Test. Hist. Lib. Comment. pág. 482. Paris, 1546.

O CÂNON DA ESCRITURA

da Bíblia ("in canone Bibliæ", são suas próprias palavras). Desde que Caetano escreveu seus comentários sobre os livros históricos do Antigo Testamento, as listas de Cartago, assim como as de Inocêncio e Gelásio, foram tidas como espúrias.

Agostinho (in Salm. VI, seção 9) diz: "Os *judeus possuem o livro* sobre o qual assenta a fé cristã; foram constituídos nossos bibliotecários"; e seu contemporâneo Jerônimo disse: "A Igreja nada sabe acerca dos livros apócrifos; *há de recorrer-se aos livros hebraicos*, dos quais o Senhor faz menção, e dos quais também os discípulos tomaram seus exemplos".[13]

Podemos aqui dizer que o Cardeal Belarmino, em sua extrema ânsia de fazer com que Agostinho defendesse a Igreja Romana,[14] cita uma passagem de uma obra intitulada *Ad Orosium*, para provar que o livro do Eclesiástico pertencia às Escrituras canônicas; porém, quando se cita este mesmo tratado para combater a Igreja romana noutro ponto de doutrina, acode logo Belarmino a dizer-nos: "Não é obra de Santo Agostinho, segundo afirmam os eruditos".[15] Não nos daríamos ao trabalho de tocar, sequer de passagem, neste ponto, se Belarmino não fosse a grande autoridade de Roma em suas controvérsias.

IV. A outra autoridade em que se baseiam é uma lista que dizem estar contida numa decretal do papa Inocêncio I (405 d.C.).[161] Ninguém jamais ouviu falar dessa suposta lista de Inocêncio, durante os primeiros 460 anos que se seguiram à data da referida decretal, pela primeira vez ouvimos falar dela no século IX, quando apareceu um grande número de decretais falsas. Desafiamos os católicos romanos a que nos provem o contrário. Ninguém em nossos dias, a não ser um controversista sem dignidade, apresentaria essa decretal como genuína.

---

[13] Hieron, Praef. in. Paralipom.
[14] Lib. I de Verbo Dei, cap. XIV.
[15] Bell. de Miss. lib. II, cap. XII, pág. 913, tom. IV. Edit. Colon. 1617.
[16] Ep. ad Exuperium, n.º 7. tom. II, col. 1256. Lab. concil. Paris, 1671.

INOVAÇÕES DA IGREJA CATÓLICA ROMANA

A lista acha-se exatamente no final, onde era conveniente que o falsificador a inserisse, e, para tornar a dificuldade maior, não se encontra o livro de Tobias nos primeiros exemplares dessa decretal.

Não devemos omitir aqui o testemunho de Isidoro de Pelúsio em favor do cânon romano. Citamos a passagem tal qual se acha na *fé dos católicos*, Kirk e Berington, e estamos inteiramente dispostos a subscrevê-la.

"Os sagrados volumes que contêm os testemunhos dos divinos escritos são degraus pelos quais subimos até Deus. Todos estes livros, pois, que a Igreja de Deus te apresenta, recebe-os como ouro de lei, pois que foram provados no fogo pelo divino Espírito da verdade. Deixa, porém, de parte os que estão fora dessa Igreja, ainda que contenham alguma coisa que conduza à santidade".

V. Em um Concílio que se supõe ser celebrado em Roma em 494, no pontificado de Gelásio, publicou-se, segundo se alega, uma lista dos livros canônicos, na qual foram incluídos os 'apócrifos'. Afirmamos que um dos exemplares mais antigos que existem, e que se acha na biblioteca do papa, fala efetivamente desse Concílio, *porém não se encontra nele relação alguma dos livros da Escritura;*[17] e assim se prova que a lista foi feita posteriormente. Todo o Concílio, porém, apoiando-se apenas na autoridade de Isidoro Mercador, do século nono, um impostor repudiado por todos os homens, é de fato manifestamente uma invenção, que nenhum polemista, hoje em dia, se abalançaria a pôr em risco seu crédito de homem de bem, recorrendo a esse Concílio como fonte genuína de autoridade.

VI. O padre Calmet refere-se também ao Concílio de Toledo (675 d.C.). Não sabemos em que este padre se fundamenta para aduzir esta autoridade. Nesse Concílio provincial somente se reuniram 17 bispos; não publicaram lista alguma; apenas citaram um texto do livro da 'Sabedoria',

---

[17] Berhard in Cáunones Gratiani, vol. II. pág. 316.

O CÂNON DA ESCRITURA

e é essa circunstância, talvez, que Calmet invoca para provar a autoridade canônica de todos os livros 'apócrifos'!

Cita-se desse Concílio o que se segue: "Se alguém disser ou crer que outras Escrituras, além daquelas que a Igreja Católica tem recebido, hão de ser tidas como autoridade, ou dignas de ser veneradas, seja anátema". De muito bom grado subscrevemos essas palavras, menos o anátema.

VII. O padre Calmet e alguns mais apoiam-se também, com uma ousadia incrível, no Concílio de Florença, celebrado no pontificado de Eugênio IV (1439 d.C.). Eis aqui outro erro.

O Concílio nada diz acerca dos livros da Escritura. Depois que o Concílio suspendeu suas sessões, Eugênio preparou alguns decretos como "instruções aos armênios", e estas continham uma lista que incluía os livros 'apócrifos'. Já vimos o que o Cardeal Caetano pensava acerca dessa lista. Além disso, o decreto de um papa, a não ser confirmado por um Concílio Geral, não é obrigatório para a Igreja romana.

Eis-nos agora chegando ao meado do século XV, ao decreto em que o católico romano se funda para sustentar e defender sua atrevida afirmação. O Cardeal Belarmino, referindo-se a outra afirmação igualmente atrevida e insustentável, diz desse Concílio o seguinte: "Este testemunho, ainda que não houvesse outro, por si só seria bastante";[18] porém nós, hereges maus e de dura cerviz, pensamos de diferente maneira.

Julgamos haver dito o suficiente para combater as pretensões de antiguidade e autoridade do ensino da Igreja de Roma, no que respeita à questão do *Cânon da Escritura*.

---

[18] Bell. de effectu Sacr, lib. II, cap. 25. seção 4, 109. tom. II. Prag., 1721.

CAPÍTULO 4
A INTERPRETAÇÃO DA ESCRITURA

"Se alguém tem a interpretação da Igreja de Roma sobre qualquer
texto da Escritura, ainda que não entenda como tal interpretação
convém ao texto, tem, todavia, a mesma Palavra de Deus".
CARD. HOSIUS, DE EXPRESSO VERBO DEI, PÁG. 623. EDIT. 1584

Depois da integridade do cânon, segue-se em importância a interpretação da Escritura. Vejamos primeiramente o que a Igreja romana ensina a esse respeito.

Em novembro de 1564, pela primeira vez, aqueles que professavam a religião romana foram praticamente privados de todo o benefício das Escrituras.[1] Em virtude do artigo terceiro do credo de Pio IV, os católicos romanos prometem e juram admitir e professar o seguinte:

Admito também as Escrituras, conforme o sentido em que as tem e conserva a Santa Madre Igreja, à qual pertence o direito de julgar acerca de seu verdadeiro sentido e interpretação, e jamais as receberei ou interpretarei em desacordo com o unânime consenso dos padres.

Este credo, recebido por toda a igreja romana, é considerado como um sumário explícito e verdadeiro da fé católica romana. Os não-católicos, ao serem recebidos na igreja romana, repetem e dão seu assentimento ao dito credo, sem restrição nem reserva; e os mesmos sacerdotes, ao

---

[1] Não nos esquecemos do Concílio de Tolosa (1229) nem do de Oxford (1408), os quais proibiram as traduções na língua vulgar; porém estes concílios foram provinciais.

INOVAÇÕES DA IGREJA CATÓLICA ROMANA

tomarem posse de algum cargo ou dignidade eclesiástica, aderem a ele por meio de juramento.

Temos aqui duas proposições novas:

1. Esta Igreja exige que recebamos a Escritura somente segundo o sentido que lhe dá, pertencendo a essa igreja o direito de julgar acerca do verdadeiro sentido da Palavra de Deus.

2. Não devemos jamais ousar-nos a uma interpretação acerca da qual os padres não estejam perfeitamente de acordo.

Todos os bispos e sacerdotes católicos romanos juram por "Deus, sobre os santos Evangelhos", empregar todos os esforços para que esta doutrina "seja observada, ensinada e pregada por todos os que estejam sob sua jurisdição ou confiados a seus cuidados".

Com relação a essas proposições, declaramos que tal jugo nunca havia sido imposto aos cristãos até novembro de 1564; e que, consequentemente, a despeito de tudo quanto se diga em contrário, os sacerdotes romanos professam um sistema novo de religião.

A Igreja de Roma exige de seus membros duas coisas impossíveis. Ela nunca publicou uma interpretação autorizada das Escrituras, nem é possível, ao certo, saber-se qual é a interpretação que ela adota e sustenta. As mesmas notas que invariavelmente acompanham as edições romanas, e sem as quais nenhuma edição é permitida, não são de autoridade reconhecida. Para que um católico possa dar uma interpretação sobre este ou aquele texto, tem primeiramente que provar que essa interpretação particular sempre foi e é hoje seguida e observada pela Igreja. Consequentemente, não é o que tal sacerdote, ou tal bispo, ou tal papa tenha dito, mas, sim, aquilo que diga a Igreja; ora, a Igreja de Roma, voltamos a repetir, jamais publicou uma interpretação autorizada sequer de um capítulo da Sagrada Escritura. A Igreja não pode falar senão pela boca de um Concílio Geral, e nenhum Concílio jamais definiu coisa alguma a tal respeito; e, se definiu, apresente-se a interpretação que esse Concílio houvesse dado.

Verdade é que o Cardeal Hósio disse: "Se alguém tem a interpretação da Igreja de Roma sobre qualquer texto da Escritura, ainda que não entenda

A INTERPRETAÇÃO DA ESCRITURA

como essa interpretação se adequa ao texto, tem, todavia, a própria Palavra de Deus". Ainda bem que o Cardeal diz *se alguém tem*; porque, para se assar a lebre, é preciso primeiramente caçá-la. E, na verdade, quando se nos diga onde é que podemos achar a interpretação da Igreja, estaremos mais bem preparados para julgar se possuímos a própria Palavra de Deus – até agora estamos satisfeitos por termos a Palavra de Deus, ainda que nos falte a interpretação que lhe dá a Igreja. Suponhamos, porém, que temos por fim encontrado essa interpretação; ora, é bem possível que descubramos que essa interpretação está em manifesta contradição com outra dada pela mesma. Isso mesmo é reconhecido nada menos do que por uma pessoa como o Cardeal Cusano, um dos legados que o Papa enviou a Boêmia, no meado do século XV. Este prelado, procurando induzir os boêmios a aceitar a interpretação da Igreja acerca da comunhão administrada numa só espécie, diz: "Não é coisa estranha que a Igreja interprete as Escrituras numa época de uma maneira, e noutra época de outra, porque a Igreja é mais antiga do que as Escrituras, e por esse motivo estas lhe foram dadas, e não *o contrário*".[2]

Supomos que não nos equivocamos ao dizer que por *Igreja*, quando ela define um ponto de fé ou ordena uma declaração autorizada, deve entender-se um Concílio Geral. Belarmino diz-nos: "Um Concílio legal, segundo a opinião geral, é chamado com muita propriedade a Igreja".[3] Isso é o que Belarmino chama a *Igreja Representativa*.[4] A assembléia tridentina, *Concílio legal*, segundo os católicos romanos crêem e professam, intentou dar uma interpretação autorizada do capítulo 6 do Evangelho de João; não podendo, porém, harmonizarem-se as opiniões sobre o assunto, abandonaram a idéia até que pudessem chegar a um acordo. Temos depois a *Igreja Essencial*, que Belarmino, no mesmo lugar, diz ser "uma assembléia de homens que professam a mesma fé e os mesmos sacramentos cristãos, e reconhecem o bispo de Roma como pastor principal e vigário de Cristo na terra".

---

[2] Card. Cusano. Epis. VII, ad Bohem. Opp. tom. II. pp. 857 e 858. Basil. 1565.
[3] Bell. de Concil. et Eccles. lib. I. cap. 18. seção 5. Prag. 1721.
[4] Id. id. Lib. III. cap. 2. de Eccles.

INOVAÇÕES DA IGREJA CATÓLICA ROMANA

À parte a impossibilidade de se poder recorrer a semelhante tribunal para se obter a interpretação da Igreja, aqui vemos leigos juntos com clérigos, formando um tribunal de apelação. Até agora esse tribunal não publicou a interpretação dada pela Igreja sobre texto algum da Escritura. Temos depois a *Igreja Consistorial*, que, segundo Belarmino nos diz, consta do papa e dos cardeais, e é chamada a "Cúria Romana". Aqui já contamos com alguma coisa tangível. De uma maneira *direta*, esse tribunal jamais publicou interpretação alguma acerca das Escrituras, mas de uma maneira *indireta* sancionou e publicou interpretações de alguns textos dispersos. "A sagrada congregação dos ritos", em Roma, tem autoridade delegada por este tribunal. Apresentaremos algumas interpretações (o sentido da Igreja) por ela sancionadas. No prefácio de uma edição das "Glórias de Maria", por Ligório, publicada em Londres pelo Cardeal arcebispo católico da mesma cidade, lêem-se as seguintes palavras: "Recordai, querido leitor, que este livro foi detidamente examinado pela autoridade a quem Deus mesmo encarregou de vossa instrução, e a dita autoridade declarou que o livro nada contém que seja digno de censura". O livro foi publicado com a aprovação deste prelado e com uma "afetuosa recomendação aos fiéis". A *autoridade* nele indicada é a "sagrada congregação de ritos", delegada pela "Igreja Consistorial". Na página 193 da edição publicada em Barcelona por D. Manoel Miró e Marsá, em 1870, encontramos uma interpretação muito original acerca daquela bela e animadora exortação de Paulo em sua Epístola aos Hebreus, capítulo 4, versículo 16 – "Cheguemo-nos, pois, confiadamente ao trono da graça, para sermos socorridos em tempo oportuno". A este texto acrescenta-se o seguinte: "Maria é aquele trono da graça, ao qual o apóstolo nos exorta a recorrer com confiança para alcançar a divina misericórdia e todos os auxílios necessários para a nossa salvação". Outra vez, a página 88: "Depois de Deus haver criado a terra, criou dois grandes luzeiros, um maior e outro menor, isto é, o sol para que iluminasse de dia, e a lua, de noite". No citado livro encontramos a seguinte interpretação: O sol é a figura de Jesus Cristo, cuja luz desfrutam os justos que vivem no dia da divina graça, e a lua é a figura de Maria, por meio da qual são iluminados os pecadores que vivem na noite do pecado". Ainda,

A INTERPRETAÇÃO DA ESCRITURA

a página 25, se encontram estas palavras de Davi: "Por isso te ungiu Deus, o teu Deus, com óleo de alegria sobre os teus companheiros" (Sl 45.8). Nós, sempre protestantes, cremos que Davi disse estas palavras em referência a nosso Rei, Sumo Sacerdote e Redentor, Cristo. A "Igreja Consistorial", porém, pensa de outra maneira, porque diz: "Por estas palavras o mesmo profeta Davi predisse que o próprio Deus conferiria a Maria a dignidade de Rainha da misericórdia, ungindo-a com o óleo da alegria". Ainda mais um exemplo da interpretação da Igreja: No Cântico dos Cânticos de Salomão, capítulo 1, versículo 6, lemos o seguinte: "Eles me puseram por guarda nas vinhas". A "Igreja Consistorial", acerca destas palavras, diz na página 34: "Isso claramente se refere à bem-aventurada Virgem". E, assim por diante, podíamos citar muitas interpretações dos textos da Escritura, que se encontram no livro de que temos falado; os exemplos que supra citamos são suficientes para mostrar que, como intérprete das Escrituras, e como expositor do "sentido da Igreja", o tal "tribunal consistorial" perdeu por completo sua reputação, pois que tem interpretado certos textos de uma maneira diferente da Igreja.

Agora chegamos ao que Belarmino chama "Igreja virtual", isto é, "o bispo de Roma, que é o pastor principal de toda a Igreja, e no qual reside eminente e virtualmente a verdade e a infalibilidade de julgar, dependendo dele toda a certeza da verdade que existe em toda a Igreja". Achamo-nos, pois, ao que parece, em presença de uma coisa prática. Vejamos, porém, se realmente nos serve para algo este tribunal, ao qual podemos com facilidade recorrer. Em primeiro lugar, nenhum papa jamais publicou, nem sequer aprovou, uma interpretação das Santas Escrituras. Tem havido, contudo, papas que autorizaram e sancionaram algumas edições das Escrituras, mas muito imperfeitas. Clemente VIII publicou uma edição da Vulgata, e condenou uma edição anterior de Sixto V, o qual excomungava todo aquele que alterasse sua edição numa só vírgula que fosse, declarando que todo aquele que por este fato incorresse na excomunhão, nem pelo próprio papa poderia ser absolvido.

Todavia, temos a grande vantagem de haver recebido de alguns papas interpretações infalíveis de alguns textos isolados. Tomemos, para exemplo, o texto do Gênesis 1.16, cujo sentido, como já vimos, foi determinado

INOVAÇÕES DA IGREJA CATÓLICA ROMANA

pela "Igreja Consistorial". O papa Gregório IX, em suas decretais, deu a este texto uma interpretação diferente, pois diz o seguinte:

> "Deus pôs no firmamento dois luzeiros, um maior que presidisse ao dia, e outro menor que presidisse à noite. Para o firmamento do céu, isto é, da Igreja Universal, fez Deus dois grandes luzeiros, quer dizer, ele constituiu duas dignidades, que são a autoridade pontifícia e a autoridade régia".[5]

A interpretação deste texto, dada por Gregório, foi dirigida ao imperador de Constantinopla por Inocêncio III, tendo, consequentemente, a aprovação de dois papas. Aparece numa carta decretal (epístola) que é dos documentos pontifícios o mais solene; e Graciano, na *Lei canônica romana*, diz que as decretais dos papas devem ser contadas entre as Escrituras canônicas.[6] Ouçamos, porém, como e com quanto desprezo um sacerdote da igreja romana trata da interpretação das Escrituras dada pelos papas. Citemos as próprias palavras do Dr. Doyle:

> "Quanto aos argumentos da Escritura ou tradição citados por ele (o papa Gregório VII), ou por qualquer de seus sucessores, são de tal ordem que serviriam para fazer rir o homem o mais sério, se antes não excitasse em seu espírito a mais profunda compaixão. Um (o papa Bonifácio VIII) observa sabiamente que, pelo fato de um apóstolo ter dito a nosso Senhor – *aqui tens duas espadas* –, os papas têm o direito de depor os reis. Tal conclusão poderá parecer plausível àquele que já havia resolvido usurpar um direito, *porém um cristão tem que envergonhar-se de uma tal profanação da Palavra de Deus*. Gregório cita as seguintes palavras de Paulo aos Coríntios (1Co 6.3): *Não sabeis que havemos de julgar os próprios anjos? Quanto mais as coisas desta vida!* Por estas palavras, Gregório entende assistir-lhe o poder de usurpar os direitos dos reis e imperadores, e, ainda mais, o poder de reconstituir o estado da

---

[5] Decret. D. Greg. p. IX, de Majoritate et obedientia, tit. 33, pág. 424. Turin, 1621, e Gesta Innocentii III, vol. I, 29, ed., 1632.

[6] Cor. Jur. Can. tom. I. Dis. XIX, par. I, cap. VI, pág. 90. Paris 1612, e Col. 55, edit. Leipsic, 1839.

A INTERPRETAÇÃO DA ESCRITURA

sociedade em todo o mundo, porém o lançar mão de argumentos contra tais teorias chega a ser humilhante".[7]

Eis aqui como um sacerdote romano se exprime, em termos severos, porém verdadeiros, a respeito da interpretação dada por vários papas a alguns dos textos da Sagrada Escritura; e temos razões para duvidar de que muitos dos chamados "bons católicos" creiam na infalibilidade da "Igreja virtual", ainda quando essa infalibilidade seja hoje em dia muito apregoada.

Resta, todavia, um tribunal, e este é o pároco. Alguns católicos romanos laboram num gravíssimo erro, acreditando que o pároco, como representante da Igreja em sua freguesia, possa dar a qualquer texto particular a infalível interpretação da Igreja. Não sabemos se todos os párocos se arrogam semelhante pretensão. Já tivemos ocasião de ouvir as explicações de alguns deles, e certamente pouco podemos dizer em favor de sua infalibilidade ao apresentarem a interpretação de qualquer texto, dada pela Igreja. Invocamos o testemunho de Belarmino, visto ser ele a grande autoridade do romanismo. Vejamos como ele interpreta o seguinte texto de Jó 1.14: "Os bois lavravam, e as jumentas pastavam junto a eles".

"*Os bois* (diz o Cardeal), significam os sábios doutores da igreja; e as jumentas, a gente indouta, a qual se regula pela opinião de seus superiores". Não citamos esta passagem por gracejo; todavia, ao passo que protestamos contra uma tal interpretação, é-nos forçoso confessar que há muita verdade na apreciação feita por Belarmino acerca das posições ocupadas pelo pároco e pelo seu rebanho.

O pároco, porém, nem ainda mesmo pode atrever-se a dar uma interpretação de qualquer texto que se lhe apresente, a não ser que possa demonstrar que sua Igreja sempre conservou, e atualmente conserva, uma tal interpretação; de maneira que tornamos a deparar com a primeira dificuldade, de se saber ao certo o que a Igreja tem ensinado e atualmente ensina; e não nos é difícil demonstrar que muitos sacerdotes há que têm interpretado os mesmos textos de diferente maneira.

---

[7] Dr. James Doyle, "Ensaio sobre as pretensões católicas". Dublin, 1825, pág. 52 a 57.

INOVAÇÕES DA IGREJA CATÓLICA ROMANA

Este fato é por demais notório, e a diferença conhece-se, todavia, mais entre os teólogos anteriores ao Concílio de Trento e aqueles que floresceram depois dele. Concluímos, portanto, que, se exige do católico romano o ter tão-somente a interpretação que sua Igreja sempre teve e tem atualmente, se põe diante dele um obstáculo imenso, insuperável, para poder ler ou entender as Escrituras com algum proveito.

Havendo tratado da parte do credo romano que limita o sentido das Santas Escrituras ao "sentido em que a Santa Madre Igreja sempre as teve e atualmente tem", vamos agora continuar com a análise deste artigo de fé, cuja crença se declara ser necessária para nossa salvação. "Nem a receberei (a Escritura) nem jamais a interpretarei senão segundo o consenso unanime dos padres".[8] Esta restrição adicional, imposta às Escrituras pela Igreja de Roma, foi pela primeira vez apresentada ao mundo cristão em novembro de 1564.

Desafiamos os católicos romanos a que apresentem a opinião unânime dos padres sobre qualquer texto das Escrituras, mesmo que seja um desses textos sobre os quais os modernos polemistas romanos se fundamentam para sustentar algumas de suas doutrinas modernas, contra as quais os protestantes *protestam*.

É um fato notável que, na quarta sessão do Concílio tridentino, em abril de 1545, os teólogos reunidos tomaram este mesmo assunto em consideração, e aprovaram um decreto, no qual declararam que, "para refrear os espíritos petulantes, ninguém, confiando em sua ciência em questões de fé e moral, pertencentes à edificação e prática cristãs, ou torcendo o sentido das Sagradas Escrituras, se atrevesse a interpretá-las em desacordo com o sentir unânime dos padres". *Aut etiam contra unanimem consensum patrum. Sess. IV, decret. de edit et usu sacrorum librorum.*

Isso é racional, pois seria muito atrevido da parte de todo aquele que, "confiando em sua habilidade", desse a qualquer texto um sentido contrário à interpretação universalmente aceita por todos os teólogos cristãos desde o tempo dos apóstolos, sempre que fosse conhecida essa interpretação. Isso,

---

[8] *Credo do papa Pio, art. 3.º; Concil. Trid., Apud. Bullas, pág. 311, Roma 1564*

A INTERPRETAÇÃO DA ESCRITURA

porém, está muito longe de ser o que exige o atual credo da igreja romana, o qual exclui todas as interpretações, quaisquer que elas sejam, a respeito das quais todos os padrões cristãos não hajam concordado. Podemos, portanto, seguramente dizer que, até novembro do ano de 1564, não se exigia a nenhum cristão aceitar ele uma tal declaração de fé. É, pois, evidente que esta doutrina é um novo "artigo de fé", inventado pelo Papa Pio IV, a não ser que seja considerado apenas como uma modificação e aprovação daquilo que se exige no terceiro cânon do quarto Concílio de Latrão e nas decretais do Papa Inocêncio IV às autoridades da Lombardia.[9] Como, porém, provar-se isso? É fácil: tome-se para exemplo o texto de Mateus 16.18, em que os católicos romanos fundamentam a supremacia de Pedro, e, por dedução, a do Papa de Roma, pela declaração de que Pedro foi a *pedra* sobre a qual Cristo devia edificar sua Igreja. Belarmino afirmava que os padres eram unânimes nesta interpretação. Esta afirmativa provocou a réplica de um célebre escritor católico romano, Launoy[10], o qual demonstrou que dezesseis padres e doutores interpretavam as palavras do dito texto como referindo-se a Cristo e não a Pedro – oito sustentavam a opinião de que a Igreja não devia ser edificada somente sobre Pedro, mas igualmente sobre todos os outros apóstolos, ao passo que não eram mais do que dezessete os que mantinham a moderna interpretação de Roma. Nem um só deles, contudo, deduziu do texto a supremacia do papa. O motivo, pois, da falta de harmonia entre os padres sobre a interpretação deste texto importante deve fazer com que tal texto seja letra morta para os católicos romanos.[11]

Tome-se outro texto célebre, 1 Coríntios 3.13, que atualmente se evoca para provar a doutrina romanista do purgatório. Belarmino[12] divide o

---

[9] Labb. et coss. tom. XIV, Col. 440. Paris, 1671.

[10] Launoy, op. tom. V, pág. 2. par. 95. Epist. VII, lib. V. Gul. Voello. col. allob. 1731.

[11] O Reductio ad absurdum prova forçosamente algumas vezes a falsidade de uma proposição. Os católicos romanos insistem numa interpretação literal deste texto e outros. A pedra, dizem eles, há de ser Pedro; não pode ser a doutrina que Pedro acabava de propor. Neste mesmo capítulo de Mateus 16.23, Cristo dirige-se a Pedro, dizendo: "Retira-te de mim, Satanás", e portanto Pedro, tomando nós aquelas palavras literalmente, era um Satanás; logo a Igreja de Roma, estando edificada sobre Pedro, está, consequentemente, edificada também sobre Satanás.

[12] Bell. de Pur. lib. I., tom. I, cap. IV. Prag. 1721.

INOVAÇÕES DA IGREJA CATÓLICA ROMANA

texto em cinco pontos, ou cinco dificuldades principais, e a respeito de cada ponto ou dificuldade mostra várias opiniões contrárias dos santos padres, não estando nenhuma delas em harmonia com a doutrina romana de nossos dias. Todavia Belarmino conclui que o texto realmente se refere ao purgatório romano. Tão convencido, porém, ficou Belarmino de não haver unidade de interpretação entre os padres, que se viu obrigado a admitir "que seus escritos não eram regra de fé e que tampouco têm autoridade para obrigar". *Scripta patrum non sunt reguloe fidei; nec habent auctoritatem obligandi*.[13] Tão convencidos estão os católicos romanos da fraqueza de sua causa, que adulteraram o texto tal qual os antigos padres o interpretaram, para poderem sustentar e defender suas inovações romanistas; noutras ocasiões eliminaram várias passagens de suas obras; e não com pouca frequência abandonaram as obras autênticas de um eminente escritor cristão, substituindo-as por escritos espúrios de data muito posterior; e quando os argumentos tirados das obras dos santos padres são irrefutáveis, irrespondíveis, e condenam pela base todas as inovações, não trepidam em rejeitar então completamente a fonte ou origem donde esses argumentos derivam.

Temos, por exemplo, Agostinho, dos santos padres o mais célebre. Referindo-se ao texto de Paulo (1Co 3.13), diz: "Por este fogo deve entender-se o fogo da tribulação neste mundo". Belarmino, porém, não pensa assim, e diz: "Devemos rejeitar esta opinião".[14] Em outro lugar, diz Agostinho: "Estas palavras de São Lucas: *não beberei mais do fruto da videira*, referem-se ao cálice sacramental"; concluindo que não havia mudança na substância dos elementos. Belarmino, porém, opôs-se-lhe, e disse: "Agostinho não aprofundou bem aquele texto, e bem se vê que tratou muito de leve o assunto".[15]

Outro exemplo muito curioso encontramos nas obras do Jesuíta Maldonado. Santo Agostinho disse: "Os israelitas comiam da mesma comida espiritual como nós, porém não da mesma comida corporal, porque

---

[13] Bell. de Concil. author. lib. II. e 12, seção XII, Prag. 1721.
[14] Bell. de Purg. lib. 1, cap. V, seção 36. Prag. 1721.
[15] Bell. de Euch. lib. I, cap. XI, seção 61.

A INTERPRETAÇÃO DA ESCRITURA

eles comiam maná e nós comemos outra coisa; porém nós e eles comemos a mesma comida espiritual". Maldonado: "Estou firmemente convencido de que, se Agostinho houvera vivido nestes dias, e visse como os calvinistas interpretam o apóstolo Paulo, teria outra opinião e seria um inimigo declarado dos hereges".[16] Outra vez Agostinho diz: "Cristo disse: *Este é meu corpo*, quando deu um sinal de seu corpo". Harding, adversário de Jewel, deu uma explicação curiosa, muito característica do romanismo e dos romanistas. Explica esta contradição, tão adversa à teoria romana, da maneira seguinte: "Santo Agostinho, escrevendo contra os maniqueus, muitas vezes não dá às palavras seu verdadeiro sentido, pois que seu objetivo é tão-somente derrotar seus inimigos". De modo que um católico romano pode dar uma interpretação falsa e errônea a qualquer texto da Escritura, contanto que daí obtenha vantagem contra seu adversário. E é por esta forma que o fim justifica os meios.

Poderíamos ainda prosseguir nesta ordem de idéias, porém pomos ponto para concluir.

O "consenso unânime dos padres" não só não se pode achar, senão que, quando um padre não está de acordo com o romanismo moderno acerca de um ponto a respeito do qual haja dúvida, é imediatamente rejeitado, despreza-se a interpretação dada por ele, e o livro é proibido. Cornélio Mus confessou ingenuamente que antes quisera dar credito a um papa, em matéria de fé, do que a milhares de Agostinhos, Jerônimos ou Gregórios. *Ego ut ingenue fatear, pius uni summo pontifici crederem in his quae fidei mysteria tangunt, quam mille Augustinis, Hieronymis, Gregoriis*, etc.[17]

Há, todavia, ainda outra particularidade que desejamos notar no artigo em questão do credo romano. Até agora ainda não encontramos um controversista romano que se tenha comprometido a defender esta doutrina particular de sua igreja; e, ao passo que se combatem com ardor, e com ardor são defendidos, como bíblicos ou apostólicos, todos os pontos de fé, este é o único que fica sem defesa nem apoio.

---

[16] Mald. in Joh. VI. num. 50, pág. 1479. Lug, 1615 e Col. 732. Mussip. 1596.

[17] Cornel. Mussus. Episc. Bitunt. in Epist, ad Roman. I, cap. 14, pág. 606. Venet. 1588.

CAPITULO 5
A TRANSUBSTANCIAÇÃO

"Para que em todas as coisas cheguemos ao conhecimento da verdade, a fim de não errarmos em coisa alguma, devemos ter sempre como regra fixa e invariável que aquilo que nossos olhos virem branco é realmente negro, se assim o entende e define a igreja romana".

INÁCIO DE LOYOLA – EXERCÍCIOS ESPIRITUAIS, TRADUZIDOS DO LATIM E PREFACIADOS POR WISEMAN, PÁG. 180. LONDRES, 1847

No presente capítulo propomo-nos tratar da doutrina da transubstanciação, a qual, segundo a igreja romana ensina, consiste em serem convertidas no corpo e sangue de Jesus Cristo as substâncias do pão e do vinho, em virtude das palavras da consagração pronunciadas pelo sacerdote.[1]

Supõe-se que desapareçam os elementos preexistentes, ficando apenas os acidentes, como lhes chamam os romanistas, a saber – a dimensão, a figura, o cheiro, a cor e o sabor do pão e do vinho. Deixam de existir o pão e o vinho, e em seu lugar fica, sob a aparência das duas espécies, um *Cristo inteiro*, com verdadeiro corpo, sangue, ossos, nervos, alma e divindade,[2] o mesmo corpo que foi crucificado, sepultado e que ressuscitou e subiu aos céus.

---

[1] Atque in sanctissimo Eucharistiae Sacramento esse vere, *realiter* et *substantialiter* corpus et sanguinem, una cum anima et divinitate Domini Nostri Jesu Christi, fierique conversionem totius substantiae panis in corpus et totius substanciae vini in sanguinem. (Credo do papa Pio. *Ordo Administrandi Sa cram*. Concílio de Trento, ses. 13. Can. 1. Decreto sobre este sacramento).

[2] Continetur totum corpus Christi scilicet *ossa nervi*, et alia. (Santo Tomás, *Summa*. Tom. lll. 2. 76. cap. I.)

Jam vero hoc loco a pastoribus explicandum est, nom solum verum Christi corpus, et quidquid ad veram corporis rationem pertinet, velut ossa et nervos sed etiam totum Christum in hoc sacramento contineri. (Catech. Concil. Trid. part. II. seção XXXI de Euchar. Sac. Paris 1848.)

INOVAÇÕES DA IGREJA CATÓLICA ROMANA

Em um catecismo romano, aprovado pela autoridade eclesiástica, achamos esta mesma doutrina contida nas seguintes perguntas e respostas:

P. O corpo e o sangue de Cristo estão sob as aparências do pão e do vinho?

R. Sim: ali está Cristo inteiro, verdadeiro Deus e verdadeiro homem.

P. Credes que o Deus de toda a glória está sob as espécies de nosso alimento corporal?

R. Sim: da mesma maneira que cremos que o Deus de toda a glória sofreu a morte na cruz sob a aparência de um criminoso.

P. A missa é um sacrifício diferente do da cruz?

R. Não: o mesmo Cristo, que uma vez se ofereceu sobre a cruz, vítima cruenta, a seu Pai celestial, continua a ser oferecido em nossos altares, pelas mãos dos sacerdotes, de uma maneira incruenta.

Além disto, quando foi negado o vinho ao povo, declarou-se que no pão só, sem o vinho, está o corpo, sangue, alma e divindade de Cristo: ainda mais quando, depois de partida uma partícula, em diversos fragmentos, em cada um deles existe *Cristo inteiro*.[3] Por absurda que pareça a proposição, não pode haver coisa mais clara e *literal* do que a linguagem da igreja romana; nesta doutrina nada há de típico, simbólico ou espiritual; tudo é literal e *carnívoro*: a idéia é repelente, porém é sugerida pelo sistema. Se esta doutrina é verdadeira, o ato *de manducatione* foi propriamente definido em um decreto do Papa Nicolau II, num Concílio celebrado em Roma, em 1059, como consta das decretais ou do livro da *Lei Canônica* da igreja romana. Quando Berengário[4] foi obrigado a retratar-se de sua suposta heresia, pois que negava a transubstanciação, obrigaram-no também a

---

[3] Si quis negaverit, in venerabili sacramento eucharistiae sub una quaque specie, et sub singulis conjusquespeciei partibus separatione facta, totum Christum contineri, anathema sit. (Cop. Trid. de Sacra. Euchar. ses. XIII, can. III. pág. 118. Paris, 1848).

[4] Berengário foi arcediago da igreja de Angers, em França, e professor da cadeira de teologia.

A TRANSUBSTANCIAÇÃO

admitir que no sacramento não somente estão sensivelmente presentes o corpo e o sangue de Cristo, mas também esse corpo e esse sangue são manuseados pelo sacerdote e partidos e triturados pelos dentes dos fiéis.[5]

Este Concílio, como acabamos de dizer, foi celebrado em Roma, no pontificado de Nicolau II, em 1059; e, ainda que os romanos possam valer-se do pretexto de que a declaração que então se fez era anterior ao Concílio de Trento, e, consequentemente, antiga, devemos, todavia, observar que a mesma proposição foi renovada pelo Cardeal Belarmino, que viveu alguns anos depois da assembléia de Trento. Eis como ele confirmou aquilo que exigiram de Berengário:

> Dizemos que o corpo de Cristo, colocado na patena ou sobre o altar, verdadeira e propriamente é posto, tirado, levado das mãos à boca, e desta ao estômago; e isso mesmo foi Berengário obrigado a reconhecer no Concílio celebrado em Roma, no pontificado do papa Nicolau – que o corpo de Cristo era *sensivelmente* tocado e partido pelas mãos do sacerdote.[6]

Em que se fundamenta esta doutrina romana? Nas Escrituras, certamente que não. Verdade é que Cristo, havendo dado graças, tomou o pão, partindo-o, deu-o a seus discípulos, dizendo: "Este é o meu corpo". O que quis, porém, ele significar por meio destas palavras?[7] Os polemistas romanos, hoje em dia, que na interpretação literal e autoridade deste texto fundamentam a crença na doutrina da transubstanciação, dizem que essa interpretação tem sido sempre a de toda a igreja. Nada valem, contudo,

---

[5] Corpus et sanguinem Domini sensualiter non solum sacramento, sed recitate manibus sacerdotum tractari, frangi et fidelium dentibus atteri. (Gratian Corp. Jur. Can., tom. I, pág. 2104, par. III. Dist. 2, cap. 42. Paris, 1612. Veja-se Baronii, *Annales ad ann*. 1059. seção 18).

[6] Itaque vere et proprie dicimus, Christi Corpus in Eucharistia attoli, deponi, deferri, collocari in altari vel in pixide, transferri a manus ad os, et ab ore ad stomachum, idque in Concílio romano sub Nicolau II, compulsus est Berengarius confiteri: corpus sensualiter sacerdotum manibus tangi et frangi. (Bellar. *De Eucharistia*, lib. II. cap. II, ratio 5 et seq., tom. II. Praga, 1721).

[7] Se se há de levar a tal extremo a interpretação literal, deve o católico romano *engolir* também o cálice, porquanto Paulo diz em 1 Coríntios 11.26 : "Todas as vezes que comerdes este *pão* e beberdes este *cálice*".

INOVAÇÕES DA IGREJA CATÓLICA ROMANA

meras afirmações numa controvérsia. Esta proposição é moderna. Não se pode fundamentar doutrina alguma sobre um texto cuja interpretação literal seja disputada, e não se pode citar um só dos antigos padres que, apoiando-se na interpretação literal destas palavras, haja ensinado a doutrina da "conversão dos elementos".

No que diz respeito à conversão da substância dos elementos, que é o ponto em questão, o Cardeal Caetano, que escreveu uns doze anos antes do Concílio de Trento, afirma que tal doutrina não se encontra nos Evangelhos, mas, sim, que foi expressamente definida pela igreja.[8] Eis aqui suas próprias palavras:

Não consta do Evangelho nada que nos obrigue a entender as palavras de Cristo em seu sentido literal: ainda mais – não há nada no texto que nos iniba de tomar estas palavras: *este é meu corpo*, em sentido metafísico, como também estas palavras do apóstolo: *a rocha era Cristo*. As palavras de qualquer das duas proposições exprimem a verdade, mas é necessário não dar às coisas mencionadas o sentido literal, mas metafísico.

E acrescenta:

Aquela parte que o Evangelho expressamente não declara – a conversão do pão no corpo e sangue de Cristo – é-nos apresentada pela Igreja.

O Jesuíta Suarez diz que o Cardeal Caetano ensinou que as palavras – *Este é meu corpo*, não provam suficientemente por si mesmas a transubstanciação, sem a autoridade da Igreja; e que, por isso mesmo, por ordem de Pio V, aquela parte de seu comentário foi excluída da edição romana de suas obras.[9]

---

[8] ... Dico autem ab ecclesia, cum non appareat ex evangelio coactionum aliquid ad intelligendum haec verba proprie: quod Evangelium non explicavit expresse, ab acclesia accepimus, vid conversionem panis in corpus Christi. (Cayetano in III. pág. 75, ar. I., pág. 130, Col. I. Venet., 1617. *Index Expurg.* Quiroga, pág. 98 Madrid, 1667.)

[9] Ex catholicis solus Cayetanus in comentario hujus articuli, qui jussu Pii V, in romana editione expunctus est, docuit, secius ecclesiae autoritate verba illa — (*Hoc est corpus meum*), ad veritatem hanc confirmandam non sufficere. Suarez, tom. 3, disp. 46, sec, 3, pág. 515, edit. Margunt.,1616).

A TRANSUBSTANCIAÇÃO

Fisher, bispo romano e grande adversário da Refor-ma, declarou expressamente que, "no Evangelho de São Mateus não há texto algum com que se possa provar que na missa se verifica a mesma presença do corpo e sangue de Cristo". Diz ainda mais "que uma tal doutrina não se pode provar pela Escritura"; [10] e foi por isto que o Cardeal Belarmino foi forçado a dizer o seguinte:

Não é de todo improvável que não haja na Escritura passagem clara e expressa que prove a transubstanciação sem a declaração da Igreja, como disse Scoto, pois que, posto que as Escrituras nos pareçam tão claras que todos têm a obrigação de obedecer ao que elas dizem, a não ser um ou outro homem que se obstine em não lhes dar crédito, com justiça se pode duvidar de que o texto em questão seja suficientemente explícito, não obstante a opinião em contrário dos homens mais inteligentes e doutos. [11]

Outro célebre bispo católico romano, Pedro Ailly, mais geralmente conhecido pelo nome de Cardeal de Alliaco, doutor em teologia em 1380, chanceler da Universidade de Paris em 1389, bispo de Cambraia em 1396 e Cardeal em 1411, escreveu:

É possível admitir-se que não é mudada a substância do pão; tampouco é isso contrário à razão e à autoridade da Escritura; ainda mais – é mais fácil e razoável pensá-lo assim, uma vez que "concorde com a determinação da Igreja". [12]

---

[10] Hactenus Matheus, qui et solus Testamenti Novi meminit, neque ullum hic verbum positum est quo probetur in nostra missa veram fieri carnis et sanguinis Christi praesentiam. — Non potest igitur per ullam Scripturam probari. (J. Fisher *Contra Cap. Babyl.* cap. 10, num. 8, et Opp. folio LXXX, Colon, 1525).

[11] Secundum dicit Scotus, non extare locum ullum Scripturae tam expressum, ut sine ecclesiae determinatione evidenter cogat transubstantionem admittere, atque id non est omnino improbabile (Bell. *De Euch.* lib. III, cap. 23, tom. III, seção 2. pág. 337. Praga, 1721.

[12] Patet quod ille modus sit possibilis nec repugnet rationi, nec auctoritati Bibliae, imo facilior ad intelligendum et rationabilior, quam, etc. In 4 sentent, pág. 6. art. I, fol. 216. Edit. paris (Sem data).

INOVAÇÕES DA IGREJA CATÓLICA ROMANA

Podemos, de passagem, observar que o Cardeal Caetano estabelece um pararelo entre o texto (1Co 10.4) "a rocha era Cristo", e o texto em questão, como fez Agostinho em sua obra a "Cidade de Deus". Agostinho disse: "Todo o símbolo parece, 'de certa maneira', sustentar a personalidade das coisas que significa; assim o apóstolo diz: 'a rocha era Cristo', porque a rocha de que se fala significava Cristo".[13] A mesma idéia apresenta o mesmo santo padre em seu comentário sobre o Evangelho de João (Tract. XIV.): "Vejamos agora como são diversos os sinais, permanecendo a mesma fé. Aqui (isto é, no deserto) a 'rocha' era Cristo; para nós o que está no altar de Deus é Cristo".[14] "Cristo não oscilou em dizer: Este é meu corpo; dando um sinal de seu corpo".[15] Estas palavras são demasiado claras para que necessitem de nossos comentários.

Deve, portanto, observar-se que a doutrina da transubstanciação assenta unicamente na decisão ou autoridade da igreja romana. A palavra *transubstanciação*,[16] é bom também saber-se, apareceu pela primeira vez no Concílio de Latrão, no pontificado de Inocêncio III, em novembro de 1215, na primeira parte dos setenta capítulos que se supõe haverem sido redigidos pelo próprio Inocêncio, e que se referiam à extirpação das heresias. Alguns negam que essas constituições sejam obra do Concílio, e atribuem-nas única e exclusivamente ao Papa Inocêncio. Se assim é, com grande dificuldade poderá admitir-se que a doutrina tivesse, sequer, recebido a aprovação do Concílio. Hoje em dia entre os próprios romanistas há não poucos que afirmam que esses cânones, especialmente o 'terceiro'

---

[13] Quodammodo omnia significantia videntur earum rerum quas significant sustinere personas, sicut dictum est ab apostolo, Petra erat Christus quoniam petra illa de qua hoc dictum est significabat utique Christum. (*De Civit. Dei*, lib. XVIII, cap. 48. Edit. Paris, 1685, tom. 5, col. 1120. Edit. Basil, 1569).

[14] Quid enim illi bibebant? Bibebant enim de spirituali sequente petra; petra autem erat Christus. Videte ergo, fide manente, signa variata. Ibi Petra Christus, nobis quod in altari Dei ponitur. (Edit. Basil. 1569, tom. IX. col. 333).

[15] Non enim Dominus dubitavit dicere: "Hoc este corpus meum, cum signum daret corporis sui". (*Cont. Adimantum*, cap. XII, pág. 124, tom. VIII. Paris, 1688).

[16] A doutrina havia já sido anunciada em vários concílios celebrados em Versalhes e Paris em 1050; e bem assim nos concílios de Tours em 1054, Roma em 1058 e 1079, em alguns dos quais foi condenado Berengário por negar a mudança das substâncias.

A TRANSUBSTANCIAÇÃO

(o qual excomunga os hereges e ordena que sejam entregues ao poder secular para serem castigados) tivessem a sanção desse mesmo Concílio.[17]

Um eminente escolástico, o erudito João Duns Scoto,[18] como o chama Belarmino, diz "que antes do Concílio de Latrão a transubstanciação não era crida como ponto de fé";[19] e clara e manifestamente confessa "que a transubstanciação, propriamente falando, não era uma mudança".[20] Justificaram, porventura, a afirmação de Scoto, que terminantemente declarou que, antes daquela data, a doutrina da transubstanciação não foi ensinada pela Igreja? Vejamos outro famoso teólogo, chamado o "mestre das sentenças", Pedro Lombardo, arcebispo de Paris (1150). Se a transubstanciação é verdadeira, o chamado sacrifício feito sobre o altar romano e o sacrifício sobre a cruz são uma e a mesma coisa, e o primeiro não é uma *comemoração* do segundo. O arcebispo pergunta: "Pode aquilo que o sacerdote faz ser chamado um sacrifício ou imolação, e é Cristo imolado diariamente, ou foi imolado uma só vez?"

A esta pergunta, que o célebre teólogo a si mesmo faz, responde ele da maneira seguinte:

"Aquilo que é oferecido e consagrado pelo sacerdote chama-se um sacrifício e oblação, porque é uma memória e representação do verdadeiro sacrifício e santa imolação feita sobre o altar da cruz. Cristo morreu uma só vez sobre a

---

[17] Aqueles que negam que os cânones do 4.º Concílio de Latrão, especialmente o terceiro, jamais fossem aprovados pelo Concílio, citam Collier, como testemunho de não achar-se o fato consignado no exemplo de Mazarino, contemporâneo do Concílio. Ora, enquanto Collier assevera erroneamente que o terceiro cânon não se encontra com os outros, assina um em lugar destes no exemplar de Mazarino! O fato é que o terceiro cânon se encontra realmente no exemplar de Mazarino, tendo sido violentamente subtraída uma parte dele. Se alguém adquirisse os manuscritos da *História de Espanha*, de Mariana, e rasgasse uma parte deles, por exemplo, de Carlos I ou Filipe II, podia alegar com igual razão que a história destes monarcas não se encontra na obra de Mariana.

[18] Duns Scoto foi professor de teologia em Oxford em 1301, e pouco depois, em 1304, foi para Paris, onde tomou a direção das escolas teológicas.

[19] Unus addit Scotus, quod minime probandum, quod ante lateranense concilium non fuisset dogma fidei. (Bell. lib. III. *de Euchar*. cap. XXIII, seção 12. pág. 337. tom. III. Praga, 1721. Scotus, fol. 55, pag. 2, col. 2. Venetia, 1597).

[20] Dico proprie loquendo, quod transubstantiatio non est mutatio. (In 4. Sent. Art. XI. seção I, ad propositum Venetia 1597).

INOVAÇÕES DA IGREJA CATÓLICA ROMANA

cruz, e ali foi sacrificado em si mesmo; é sacrificado, porém, diariamente, no sacramento, porque no sacramento faz-se uma comemoração daquilo que foi feito uma só vez".[21]

Aí vai agora uma citação de data muito anterior; é de Gelásio, bispo de Roma (492), o qual escreveu:

"Certamente que os sacramentos do corpo e sangue de nosso Senhor Jesus Cristo, que nós recebemos, são uma coisa divina; porque por eles somos feitos participantes da natureza divina. Contudo, a 'substância ou natureza do pão e do vinho' não deixa de existir; e indubitavelmente a imagem e semelhança do corpo e sangue de Cristo são celebrados na ação dos mistérios".[22]

O Cardeal Barônio e alguns outros zelosos romanistas têm procurado negar a autenticidade dessa passagem, atribuindo-a a Gelásio de Cysico (do quinto século); e Roma, envergonhada de seu mestre, colocou a passagem em questão no *índice expurgatorio romano*. Ainda assim, no seio dessa Igreja, há homens imparciais, tais como Dupin e outros, que admitem a autenticidade dessa passagem.

Retrocedamos mais ainda. Teodoreto, bispo de Ciro (1430), escrevia[23] que os sinais místicos não perdem sua natureza, mas permanecem em sua primitiva substância e forma.

---

[21] Quaeritur si quod gerid sacerdos proprie dicatur sacrificium vel immolatio; et si Christus quotidie immoletur, aut semel tantum immolatus sit?... illud quod offertur et consecratur á sacerdote, vocari sacrificium et oblationem, quia memoria est, et representatio veri sacrificii, et sanctae immolationis factae in ara crucis. Et semel Christus mortus in cruce est, ibique immolatus est in semetipso: quotidie autem immolatur in sacramento, quia in sacramento recordatio fit illius quod factum est semel. (Petr. Lombard, sentent. Lib. IV, distinct. 12, pág. 745. Edit. Magunt. 1632).

[22] Certe sacramenta quae suminus corporis et sanguinis Domini Christi Divina res est, propter quae et per eadem divinae efficimur consortes naturae. Et tamen esse non desisnit substantia vel natura panis et vini: et certe imago et similitudo corporis et sanguinis Christi in actione mysteriorum celebrantur. (Gelas *De duabus in Christo naturis contra Eutychem*, et Nest in bib. Patr. I, tom. IV, par. I, col. 422. Paris 1589 e par. III tom. V, pág. 671, Colon. 1618).

[23] Neque enim signa mystica recedunt á natura sua, manet enim in priore substantia, figura et forma et videri et tangi possunt. (Theodor. Oper. Dialog. lib. II, cap. 24, pág. 924. Paris, 1608).

A TRANSUBSTANCIAÇÃO

Esta passagem, segundo o costume, foi também 'adulterada'.

Temos também João Crisóstomo (406), o qual, em sua *Epístola a Cesário*, diz:

"Antes que o pão seja consagrado, chamamo-lo pão; porém, quando a graça de Deus, mediante o sacerdote, o tem consagrado, já não é mais chamado pão, mas, sim, considerado digno de ser chamado corpo do Senhor, posto que *a natureza do pão permaneça nele*".[24]

Os Cardeais Perron e Belarmino, compreendendo a força destas palavras, acusaram Peter Martyr Vermigli (1548) de haver falsificado a passagem em questão, asseverando que João Crisóstomo não escrevera tal epístola; mas, por que é que esses dois cardeais não se encarregaram de dizer-nos o motivo por que essa mesma epístola foi citada, como genuína produção de Crisóstomo, por João Damasceno (740), Anastácio (600), e o padre grego Nicéforo (800), como foi plenamente demonstrado por Wake?

A isso podemos acrescentar as palavras do historiador eclesiástico francês, Dupin: "Parece-me que não devemos rejeitar essa epístola como obra indigna de São João Crisóstomo".[25]

Temos ainda o testemunho de Efrém de Antioquia (336), que nos diz qual era a crença de seu tempo com relação ao assunto que nos ocupa:

"O corpo de Cristo, que é tomado pelos fiéis, *nem perde sua sensível substância*, nem de modo algum *permanece separado da graça intelectual*".[26]

---

[24] Sicut enim antequam sanctificetur panis, *panem* nominamus; divina autem illum sanctificante gratia, mediante sacerdote, liberatus est quidem appellatione panis; dignus autem habitus est *Dominici corporis appellatione, etiam si natura* panis in ipso permaneat. (Chrysost. ad Caesareum Monachum . Oper. Chrysost. tom. III, pág. 744, Benedit. Edit. Paris, 1721).

[25] Il me semble même que l'on ne doit pas rejetter comme une piece indigne de S. Chrysostom. (Dupin. Nov. Bib. des auteurs eccles. tom. III, pág. 37. Paris. 1698).

[26] Ephraem. Thespolitan. apud Phot. Bibl. Cod. CCXXIX, pág. 794. Edit. Rathomag. 1653.

INOVAÇÕES DA IGREJA CATÓLICA ROMANA

Esta passagem foi também alterada com notável habilidade na versão latina do editor jesuíta.[27]

Os meios empregados para provarem que estas passagens são espúrias, quer alterando-as; quer pondo-as no *Índice romano*, asseguram o triunfo de nossa causa; e por isso daqui desafiamos os católicos romanos a que refutem aquilo que temos dito, isto é, que a doutrina da transubstanciação é uma invenção moderna da igreja romana.

Passemos agora a examinar o que se chama *Presença real*.

Para os polemistas romanos, *presença real* e *transubstanciação* são uma e a mesma coisa. "Sua presença real" significa para eles a presença do corpo, sangue (como diz seu catecismo), ossos, nervos, alma e divindade de nosso Senhor Jesus Cristo, na hóstia consagrada.

Afirmam, contudo, que os primeiros teólogos ingleses e primeiros padres da Igreja professam a doutrina de *uma* presença real de Cristo. Isto é verdade; porém essa era uma presença *espiritual*, sem a mínima idéia de uma transubstanciação, ou mudança da substância dos elementos, que é a essência da suposta presença real na hóstia. É igualmente verdade que os antigos escritores cristãos frequentemente se referiam aos elementos como *corpo e sangue* de Cristo, e afirmavam que o *corpo* e o *sangue* eram recebidos no sacramento. E assim o disse também o Dr. Watts em seus hinos:

O ser da vida esta mesa preparou
Com sua própria carne e sangue moribundos.

E noutra parte:

Teu sangue, como vinho, adorna tua mesa,
E tua carne alimenta cada convidado.

---

[27] Riveti *Critici Sacri*, lib. IV, cap. XXVI, pág. 1148. Raterodami, 1652.

A TRANSUBSTANCIAÇÃO

E todavia ninguém acusa Watts de professar a doutrina romana da *presença real*; porém, quem poderá dizer se daqui a cem anos os romanistas, caso ainda existam, afirmarão que Watts acreditava na transubstanciação?

Por outro lado, é igualmente claro que muitos dos primeiros padres expressamente declararam que não entendiam as palavras de Jesus Cristo em seu sentido literal, mas, sim, em sentido figurado, e que elas se referem aos elementos consagrados como *tipos, figuras, símbolos*, ou representações do corpo e sangue de Cristo – linguagem essa que é totalmente incompatível com a idéia de uma real e corporal presença de Cristo. Desse modo lemos na Liturgia Clementina o seguinte, como consta das *Constituições Apostólicas*:

Nós te rendemos graças, ó Pai, pelo precioso sangue de Jesus Cristo, o qual foi derramado por nós, e por seu precioso corpo, do qual também celebramos estes elementos como *antítipos*, havendo ele mesmo ordenado que anunciássemos sua morte.[28]

Orígenes (216), em seu comentário sobre Mateus 15.11, depois de mostrar que é a oração da fé que se pronuncia sobre os elementos que se torna proveitosa para as almas, conclui:

Porque não é a matéria do pão, mas a Palavra que se pronuncia sobre ele, que aproveita ao que come dignamente o corpo do Senhor. E é isso o que temos a dizer do corpo típico e simbólico.[29]

Podem ainda acrescentar-se as seguintes passagens às já citadas. Irineu, bispo de Lião (178), dizia:

"A oblação da Eucaristia não é carnal, mas espiritual, e, neste sentido, pura. Porque oferecemos a Deus o pão e o cálice da bênção, dando-lhe graças,

---

[28] Clem. Liturg. in *Const. Apost.*, lib. VII, cap. 25. Cotel. Patr. Apost. Amster. 1724.
[29] Orig. Comment. in Matt. vol. III. pág. 500. Ben. Edit. Paris, 1733.

INOVAÇÕES DA IGREJA CATÓLICA ROMANA

porque mandou que a terra produzisse estes frutos para nosso sustento; e por isso, acabada a oblação, invocamos o Espírito Santo para que faça este sacrifício, quer dizer, o pão, corpo de Cristo, e o cálice, sangue de Cristo, a fim de que aqueles que participam destes antítipos obtenham a remissão de seus pecados e a vida eterna. Portanto, os que fazem estas oblações em memória do Senhor não imitam os dogmas judaicos, mas, orando a ele, em espírito, serão chamados filhos da sabedoria".[30]

Clemente, de Alexandria (190):

"A Escritura chama ao vinho um símbolo místico do precioso sangue de Cristo".[31]

Tertuliano (195):

"Tomando o pão, e distribuindo-o a seus discípulos, fez dele seu corpo, dizendo: Este é meu corpo, isto é, a *figura de meu corpo*".[32]

E outra vez:

"Tampouco o pão, que representa seu corpo".[33]

Eusébio, bispo de Cesaréia (325):

"Cristo mesmo deu os símbolos da economia divina a seus próprios discípulos, ordenando que deles se fizesse a imagem de seu próprio corpo. Assinalou-lhes o uso do pão, como símbolo de seu próprio corpo".[34]

---

[30] Iren. *Fragment. in Append. ad Hippol.* Oper. tom. II, pág. 64 e 65 Hamburgo, 1716.

[31] Clem. Alex. Praedag. lib. II, cap. 2. Oper. pag. 156. Colon. 1668.

[32] Acceptum panem et distributum discipulis, corpus suum illum fecit. Hoc est corpus meum, dicendo, id est *figura* corporis mei. (Tert. Adv. Mar, lib. 5, pág. 458. Paris, 1675).

[33] ...nec panem, quo ipsum corpus repraesentat. (Idem ibidem, lib. I, seção IX.).

[34] Euseb. *Demons. Evang.* lib. VIII, cap. 2, pág. 236, Paris, Stephan. 1544.

A TRANSUBSTANCIAÇÃO

Cirilo, de Jerusalém (363):

"Participemos com toda confiança, *como se fora* do corpo e sangue de Cristo; porque no *tipo do pão* te é dado o corpo, e no *tipo do vinho* te é dado o sangue; a fim de que possas participar do corpo e sangue de Cristo, e fazer-te com ele um só corpo e um só sangue".[35]

Gregório Nazianzeno (370):

"Como me atrevia a oferecer-lhe o exterior, o antítipo dos grandes mistérios".[36]

Macário, do Egito, (371):

"Na igreja se oferecem pão e vinho, *antítipos* da carne e sangue de Cristo, e os que participam do pão visível comem a carne do Senhor espiritualmente".[37]

Ambrósio, bispo de Milão (385):

"Na lei estava a *sombra*, no evangelho está a *imagem*, no céu está a *realidade*. Antigamente oferecia-se um cordeiro ou um novilho, agora é oferecido Cristo. Aqui está em *imagem*, ali em *realidade*".[38]

Jerônimo, presbítero de Roma (390):

"Como tipo de seu sangue não ofereceu água, mas vinho".[39]

---

[35] Cyril Hieros. *Cat. Myst.* seção III, pág. 300. Edit. Paris, 1720.

[36] Greg. Nazianzen. Orat. I. oper. I, tomo I, p. 38. París 1680

[37] Mac. AEgipt. Homil. XXVII, pág. 168. Lipsiae, 168.

[38] Umbra in lege, imago in evangelio, veritas in coelestibus: ante agnus offerebatur vitulus; nunc Christus offertur. Hic in imagine; ibi in veritate Ambros. *Officio.* lib. I, cap. 48. Oper. col 33. Paris, 1549).

[39] In typo sanguinis sui non obtulit aquam sed vinum (Hier. lib. II, adversus Jovianum, tom. II, pag. 90. Paris, 1602).

INOVAÇÕES DA IGREJA CATÓLICA ROMANA

Agostinho, bispo de Hipona, na África (400):

"O Senhor não vacilou em dizer: Este é o meu corpo, quando dava o *sinal* de seu corpo".[40]

"Estes são sacramentos nos quais deve atender-se, não ao que são, mas sim ao que representam; porque são *sinais das coisas*, sendo uma e significando outra".[41]

Teodoreto, bispo da Síria (424):

"Os símbolos místicos depois da consagração não mudam de substância. Coloca, pois, a imagem ao lado do antítipo, e verás a semelhança, porque é conveniente que o tipo seja semelhante à realidade".[42]

Não poderíamos completar melhor estas citações do que acrescentando a decisão do Papa Gelásio (496):

"Certamente que a imagem e semelhança do corpo e sangue de Cristo são celebradas na ação dos mistérios".[43]

Tendo apresentado as opiniões dos teólogos até ao fim do século V, não deve restar dúvida de que a moderna doutrina romana sobre a *presença real* de Cristo não foi conhecida da Igreja Cristã antiga.

Por cada citação de qualquer dos antigos padres, que os católicos romanos possam evocar para provar que os elementos do pão e do vinho são

---

[40] Non enim Dominus dubitavit dicere: Hoc est corpus meum, cum signum daret corporis sui. (Cont. Adimantum, cap. XII, pág. 124, tom. VIII. Paris, 1688).

[41] Haec enim sacramenta sunt, in quibus, non quid sint, sed quid ostendant, semper atenditur: quoniam signa sunt rerum aliud existentia, et aliud significantia. (Aug. cont. Maximum, lib. II. seção III, tom. VIII, col. 725. Bened. Edit).

[42] Theod. Dial. II, oper. cap. 24, fol. 113, veros ed. Tiguri, 1593.

[43] Certe imago et similitudo corporis et sanguinis Christi in actione mysteriorum celebrantur. (Gelas. *De duab. Christi natur, cont. Nest. et Eutic*. in Biblioth. Patr. tom. IV, pag. 422. Paris, 1589).

A TRANSUBSTANCIAÇÃO

o corpo e o sangue de Cristo, nós podemos apresentar ao lado dela uma ou mais citações do mesmo padre, que consideram os elementos consagrados como *imagens*, *tipos* ou *símbolos* do mesmo corpo e sangue, que os modernos romanistas afirmam estar presentes, real e substancialmente. Se isso é verdade, e certamente o é, podemos confiadamente dizer que a *presença real* do romanismo moderno é claramente distinta da presença real (espiritual) admitida e professada pelos escritores cristãos antigos. Pode efetivamente admitir-se que alguns dos primeiros padres acreditavam na doutrina da consubstanciação renovada posteriormente por Lutero, porém condenada pela igreja romana; todavia a verdade é que a transubstanciação e a doutrina romana da presença real são invenções da igreja papal moderna, e não foram tidas pela Igreja como doutrina aceita, pelo menos até oitocentos anos depois de Cristo. Desafiamos a que nos provem o contrário.

Um fato notável para confirmar o que temos dito é que a igreja grega, que antigamente estava em comunhão com as igrejas do ocidente, nunca creu, nem hoje crê, na doutrina da transubstanciação; e tanto isso é verdade que no Concílio de Florença, em 1439, os gregos afirmaram que "o corpo e o sangue de Cristo eram verdadeiros mistérios; porém que eles não eram mudados em carne humana, mas, sim, nós neles".

Ao negarmos que a doutrina da transubstanciação tenha sido sancionada pelos concílios, colocamos realmente a questão no lado mais favorável para os católicos romanos; pois, de outro modo, teríamos destruído a tão notória unidade da Igreja, pois veríamos que um Concílio, e um Concílio ecumênico, estava em desacordo com a opinião dos filhos mais queridos da Igreja de Roma. Teríamos neste caso de chegar à seguinte conclusão: que, ou esses homens afirmaram o que *não sabiam*, ou que a Igreja não tem ensinado a mesma doutrina em todos os tempos. "Utrum maris". Ai de Roma e da infalibilidade, em qualquer dos casos!

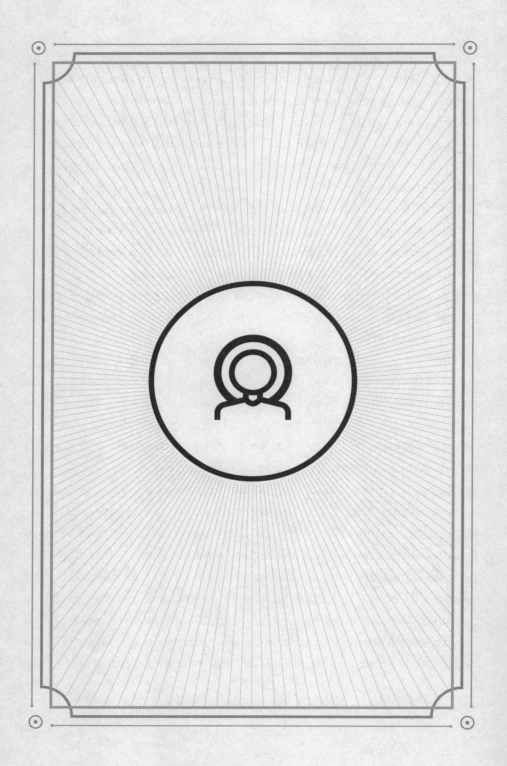

CAPÍTULO 6
A INVOCAÇÃO AOS SANTOS

As Sagradas Escrituras não ensinam, nem sequer implicitamente, que se devam fazer orações aos santos. Portanto, é por demais claríssimo que muitas coisas que pertencem à fé católica (romana), não se encontram nas sagradas páginas.

DOMINIGO BAHES, IN SECUNDUM SECUNDAE HOM.
Q. I. ART. X, CONCIL. II, 521. VENET 1587

Ao considerar a doutrina romana sobre a invocação dos santos, é preciso mui cuidadosamente expurgar a questão de todas as evasivas e argúcias que nela têm intentado introduzir. A questão não é se os santos ou os anjos no céu oferecem suas orações a Deus por meio daqueles que ainda vivem neste mundo, mas, sim, se (como declararam os padres de Trento em sua sessão vigésima quinta) é uma coisa boa e útil invocá-los por meio de orações (mental ou verbalmente), e recorrer a seu auxílio e proteção, ou de algum modo confiar em seus méritos para nosso auxilio. Este cânon do Concílio fala de uma direta invocação dos santos para que sejam nossos intercessores e protetores, e parece dar a entender que eles podem ouvir ou conhecer nossas orações verbais ou mentais.

O Dr. Delahogue, professor de Maynooth, admite que o culto prestado aos santos é um culto *religioso*; "posto que os padres de Trento não usassem esta expressão".[1]

---

[1] (Tract. dé Mysterio S.S. Trinitatis. Auctore L. A. Delahogue, R. c. Coyne, Dublin, 1822. Appendix dé Cultu Sanctorum, pág. 218). Convém Consignar aqui que Veron em sua *Rule of Catholic Faith* pág. 96 e 97, Birmingham, 1833, diz que não é um artigo da fé romana, que esta veneração deva ser chamada uma veneração *religiosa*; porém admite que os escritores não estão de acordo sobre o ponto em questão. Marsilio crê que a honra que se presta a Deus e aos santos "é o exercício de uma e a mesma virtude", porém de graus diferentes. Derlincourt (diz ele) vai mais além, e num opúsculo escrito expressamente para tratar deste assunto, sustenta que à bem-aventurada Virgem deve-se prestar também uma veneração religiosa.

INOVAÇÕES DA IGREJA CATÓLICA ROMANA

Esta questão pressupõe duas importantes proposições:

Primeira: que o santo que se invoca está atualmente num estado beatífico.

Segunda: que o espírito ausente tem conhecimento, direto ou indireto, de nossas orações verbais ou mentais; isto é, que o espírito não está no inferno nem no purgatório, mas atualmente no céu, e que realmente é onisciente e onipotente.

I. Pelo que respeita à primeira proposição, o Cardeal Belarmino, sobre este mesmo assunto, no capítulo 20 do primeiro livro *De Beatitudine et Cultu Sanctorum*, diz-nos (como opinião particular, por certo), para provar a razão por que não eram invocados os patriarcas do Antigo Testamento, que até à morte de Cristo não estavam na glória, porque, diz ele, "só à perfeita bem-aventurança é que é dado conhecer essas coisas".

Perguntamos agora a qualquer católico romano, que provas tem ele de que este ou aquele santo que invoca esteja atualmente naquele estado beatífico, para poder conhecer nossas orações, verbais ou mentais, bem como as razões em que se fundamenta para provar que esse mesmo santo não necessite realmente do mesmo auxílio e favor que o devoto pede para si.

Alguns romanistas ficam satisfeitos só com o fato de saberem que o indivíduo invocado foi canonizado pelo papa. O Cardeal Belarmino, e outros de sua escola, declaram que no ato de canonização o papa é infalível.[2]

Temos grandes e inúmeras dificuldades para aceitar semelhante teoria.

Alexandre III declarou que ninguém seria reconhecido e invocado como santo, a não ser que houvesse sido declarado (canonizado) como tal pelo bispo de Roma; e a razão disso era para que se não praticasse um ato de idolatria, invocando qualquer santo que não estivesse em estado de bem-aventurança.[3] A Igreja de Roma *deve*, pois, reclamar para si a infalibilidade, se toma a atrevida e presunçosa tarefa de declarar bem-aventurado qualquer indivíduo, antecipando-se por essa forma aos decretos do próprio Deus, e querendo ser mais do que ele. Mas se, como Veron afirma, a canonização não é doutrina da Igreja de Roma, não é necessário crer nela.

---

[2] A Igreja trinfante" de Bellarmino, vol. II. pág. 871. Colonia, 1617.

[3] Polydoro Virgilio. *In. Rer. Invent*. Libro VI, cap. VII, fol. CXXII. Londres, 1557.

A INVOCAÇÃO AOS SANTOS

Além disso, as provas alegadas, das quais depende o direito à canonização, são questões de fato que se pressupõe terem sido investigadas; porém se o papa, ainda mesmo num Concílio Geral, pode errar ao decidir tais questões, então todo o sistema do culto aos santos, achando-se baseado em falsos princípios, está falseado desde sua origem, e nesse caso deve desaparecer.

É verdade que Pedro Dens, fazendo obra pela decisão de Alexandre III, diz "que a Igreja de Roma deve ser considerada infalível em seu juízo, relativamente ao caráter particular de qualquer pessoa, quando decreta uma canonização"; e acrescenta que, se ela não fosse infalivelmente verdadeira em seu juízo, toda a Igreja andaria envolta num culto supersticioso; seria invocado como aquele que estivesse na companhia dos condenados no inferno etc".

Se se admite um tal modo de raciocinar, pode muito facilmente ser sancionado qualquer outro ato de idolatria, simplesmente porque a igreja de Roma o sancionou. A questão, porém, é a seguinte: se os próprios romanistas são obrigados a crer que um santo, oficialmente canonizado, está realmente no céu, se o papa tem motivo para assim o decidir, e se os romanistas necessariamente devem crer em sua decisão. Essas questões são propostas por Pedro Dens no mesmo lugar donde extraímos esta sua última passagem: "Deve-se crer como matéria de fé divina que uma pessoa canonizada é *um santo, ou uma pessoa santa*?". Ele próprio se encarrega de responder a esta importante pergunta, dizendo que "a questão é duvidosa, pois parece que uma tal doutrina não é matéria de uma fé certa e segura".[4]

---

[4]Teologia de Dens, tom. II, pág 138 e 139. Dublin. R. Coyne, 1832.

NOTA. Mr. Coyne, em seu catálogo adicionado a "Ordem do Sacerdote", ou Diretório para o ano de 1832, diz que "em uma reunião de prelados romanos, celebrada em Dublin a 14 de setembro de 1808, foi unanimemente decidido que a Teologia de Dens era a melhor obra que se podia publicar, por conter o mais seguro guia para aqueles eclesiásticos que não pudessem frequentar as bibliotecas ou consultar seus superiores". E o reverendo David O'Croly, sacerdote romano, declara também que a Teologia de Pedro Dens é uma obra notável de ortodoxia católica irlandesa e de ortodoxia romana católica universal". Esta declaração encontra-se em seu "Discurso à humilde classe dos católicos romanos da Irlanda", pág. 25, obra publicada naquele país e no continente com licença dos superiores, *e contra ela jamais se objetou nem parcial nem totalmente.*

INOVAÇÕES DA IGREJA CATÓLICA ROMANA

Além disso, uma outra autoridade de não menor peso e valor, Veron, em sua *Regra da Fé Católica*,[51] sobre este mesmo assunto, escreve as seguintes e importantíssimas palavras:

A canonização dos santos não é artigo de fé; em outras palavras, não é um artigo de nossa fé que os santos a quem invocamos, como, por exemplo, São Lourenço, São Vicente, São Braz, São Crisóstomo, Santo Ambrósio, São Domingos, e outros, sejam realmente santos e pertençam ao número dos bem-aventurados. (Excetua tão-somente a Santo Estêvão, do qual as Sagradas Páginas dizem que dormiu no Senhor). Isso se prova:

1. Pelo silêncio de nosso Credo e do Concílio de Trento;

2. É claro que não há razões para provar, pela Palavra de Deus, escrita ou não escrita, que essas pessoas fossem santas;

3. Além disso, não é sequer um artigo de nossa fé que tais homens existiram, e portanto muito menos estamos obrigados a crer que realmente viveram uma vida santa ou foram posteriormente canonizados. Tudo isso é questão de fato e não de doutrina.

E, depois de consignar que os milagres – fundamento da canonização – não são matéria de fé, diz:

Como é que poderia, pois, uma tal canonização apoiar-se em tais milagres? A decisão da igreja a respeito da santidade desses indivíduos seria um artigo de fé católica?

E responde:

Nenhuma bula, portanto, de canonização, posto que emanada do papa, pelo fato de essa bula conter apenas uma questão de fato, de maneira alguma deve

---

[5]Birmingham, 1833, pág, 84 e 85. Esta obra foi escrita expressamente para destruir as idéias errôneas do sistema romana. O tradutor, o Dr. Waterworth, no prefácio, principia por declarar que a obra que se propõe traduzir "é de uma autoridade universalmente reconhecida"; e o Dr. Murray, bispo romano, declarou que este livro, entre outros, continha uma exposição muito autêntica da fé romana.

A INVOCAÇÃO AOS SANTOS

considerar-se como doutrina de fé católica. Podemos, além disso, observar que nem o papa nem ainda o Concílio Geral são infalíveis na canonização de qualquer santo. A prova disso acha-se consignada em nossa universal regra de fé, na qual estão de acordo todos os católicos – que o papa, e até mesmo um Concílio Geral, pode errar em matérias de fato, as quais, por isso mesmo, dependem principalmente, se não no todo, dos meios de informação e do testemunho dos indivíduos.

No credo de Trento, os romanistas declaram "crer firmemente em que os santos que reinam juntamente com Cristo devem ser venerados e invocados", e o Concílio de Trento, em sua sessão vigésima quinta, "admoesta a todos aqueles a quem está confiado o ofício de ensinar, que instruam diligentemente os fiéis, dizendo-lhes que os santos que reinam juntamente com Cristo oferecem a Deus suas orações pelos homens; que é bom e proveitoso invocá-los humildemente, e que é ímpia a opinião daqueles que afirmam que os santos que desfrutam de bem-aventurança celestial não devem se invocados".

Tudo isso pressupõe que os santos estão reinando com Cristo, questão esta que, de fato, necessita de ser antes provada. Mas nenhum santo deve ser invocado, a menos que não esteja canonizado por uma bula pontifícia, e não é matéria de fé que esse santo esteja no céu. O fato, pois, que alega pode ser negado. Apesar disso, noventa por cento do culto romano compõem-se da invocação de um ou outro santo. Que certeza, pois, têm os romanistas, no cumprimento dos preceitos e costumes da sua Igreja, quando, segundo a declaração e confissão de seus próprios mestres, podem ser "arrastados a um culto supersticioso", invocando homens que podem, segundo Veron, "não terem nunca existido", ou que, segundo Dens, "podem estar na companhia dos condenados no inferno?". E é um tal sistema de religião que nos acusa de hereges, pelo fato de protestarmos contra ele e não o abraçarmos!

Tornamos a perguntar: que provas evocam os romanistas para se ter a certeza de que o santo que invocam esteja no céu? Desafiamo-los a que

INOVAÇÕES DA IGREJA CATÓLICA ROMANA

nos dêem uma resposta satisfatória; e, enquanto o não fizerem, não podemos admitir tão absurda proposição. O grande juízo final e o conhecimento dos que são salvos e dos que são condenados estão reservados para a vinda de Cristo (1Co 4.5), e unicamente à soberania de Deus é que devemos deixar essas coisas.

II. O estado da alma imediatamente depois da morte e até ao dia do juízo (quando quer que ele se verificar), e seus atributos no mundo invisível, são mistérios que não é dado ao homem conhecer. Estes assuntos foram objeto de discussão por parte dos primeiros cristãos, que tiveram a seu respeito várias opiniões, o que prova que a invocação dos defuntos não era doutrina da Igreja em seu tempo. É, porém, um fato reconhecido que, antes de principiar a corrompida prática de invocar o espírito dos mortos, se ofereceram orações por eles. Os romanistas, para provarem que se deve fazer orações pelos defuntos, citam os escritos de Epifânio (370) e Cirilo, de Jerusalém (386), porém em todas as passagens por eles citadas encontramos incluídos nas mesmas orações os patriarcas, os profetas, os apóstolos, a Virgem Maria, os mártires, e outros, o que é complemente incompatível com a doutrina do culto moderno aos santos, que pressupõe que eles estão em estado de bem-aventurança e não têm necessidade de nosso auxílio e orações.

Os antigos cristãos do segundo e terceiro séculos comemoravam a morte dos mártires. (geralmente faziam isso nos túmulos deles), no aniversário de sua morte, e isso naturalmente fez nascer o costume de incluir os defuntos nas orações, não a eles, mas, sim, por eles. Tão verdadeiro é o que dizemos, que o Dr. Wiseman, em seus discursos sobre As Principais Doutrinas e Práticas da Igreja Católica (romana), viu-se obrigado a escrever o seguinte: "Não há dúvida de que nas antigas liturgias os santos são mencionados na mesma oração que os outros fiéis defuntos, pela simples razão de que eles estiveram assim unidos antes que os sufrágios públicos da Igreja os proclamassem pertencer a uma ordem mais feliz,[6] isto é, os

---

[6] Discurso XI, tomo II, pág. 66. Londres, 1851.

A INVOCAÇÃO AOS SANTOS

canonizassem. Segundo Veron, porém,[7] não foi decidido pela igreja romana, até princípios do século XV, isto é, no Concílio de Florença (1439), se "as almas dos bem-aventurados eram recebidas no céu, e desfrutavam da plena visão de Deus, antes da ressurreição e do juízo final do último dia". Não foi, portanto, senão depois do século XV que a igreja romana se arrogou o poder de declarar ao mundo que este ou aquele defunto estava na bem-aventurança eterna; e, por conseguinte, um crente convicto nesta última pretensão papal não pode de forma alguma, segundo a teoria de sua igreja, crer que algum santo tivesse sido legalmente invocado antes dessa data relativamente recente.

O costume, porém, de orar pelos defuntos, forçoso é confessá-lo, foi introduzido no fim do terceiro ou princípio do quarto século, e daqui proveio a corrupção da igreja em lhes dirigir orações.

Antes dessa época, desafiamos a que nos citem algum dos antigos padres da Igreja que ensinasse, ou sequer falasse, na invocação dos santos. Efetivamente, o primeiro vestígio que encontramos de os defuntos serem invocados por indivíduos particulares (pois que então tal invocação não fazia parte da doutrina da Igreja) era nas orações fúnebres, mas nunca por meio de súplicas e deprecações; e, ainda assim, essas orações breves eram acompanhadas da dúvida de serem ouvidas pela pessoa a quem eram dirigidas. Disso mesmo temos notáveis exemplo nas orações de Gregório Nazianzeno (318), quando ele invocava o espírito dos mortos. Em sua primeira invectiva contra o imperador Juliano, diz: "Ouve, ó alma do grande Constantino, se é que tens algum conhecimento dessas coisas; e vós também, almas de todos os reis anteriores a ele que vivestes em Cristo".[8] Na oração fúnebre pronunciada por ocasião da morte de sua irmã Gorgônea, faz a seguinte apóstrofe: "Se tens algum cuidado pelas coisas que nós fazemos, se as santas almas recebem essa honra de Deus, recebe esta nossa oração".[9] É este o pri-

---

[7] *Regra da Fé Católica,* de Veron, pág. 82. Birmingham, 1833.

[8] Tom. I. pág. 78. Paris, 1778.

[9] Greg. Naz. Orat. II. in Gorgon. pág. 190.

INOVAÇÕES DA IGREJA CATÓLICA ROMANA

meiro vestígio que podemos encontrar da invocação dos defuntos. Foi introduzida, como temos dito, dando origem à mesma questão que estamos discutindo: se os defuntos têm conhecimento do que dizemos e praticamos aqui no mundo – questão esta que está estreitamente ligada a esta pergunta: Como pode um romanista ter a certeza de que o espírito de um defunto tem conhecimento das orações que lhe são dirigidas cá da terra?

Aqui, pois, temos duas dificuldades insuperáveis para um cristão que queira aceitar a teoria romana. O romanista tem de provar com plena certeza que os defuntos que ele invoca estão atualmente na bem-aventurança, e que são dotados, pelo menos, de dois atributos da Deidade: Onipresença e Onisciência.

O texto do Evangelho de Lucas (15.10) – "Assim vos digo eu que haverá jubilo entre os anjos de Deus por um pecador que se arrepender" (versão romana) –, é citado frequentemente pelo romanismo em abono de sua nova doutrina. Examine-se, porém, o presente texto com os antecedentes. Fala-se aqui de um homem que havia perdido uma ovelha, e que, quando a encontrou, entrou em casa cheio de jubilo; "congratulai-vos comigo, porque achei minha ovelha, que se havia perdido". Assim os anjos, sendo informados da volta ao redil da ovelha perdida no mundo, mediante um verdadeiro e sincero arrependimento, são também convidados a congratularem-se, não porque eles por si sós conhecessem o fato através das orações que a terra lhes dirigisse, mas, sim, por terem sido informados pelo grande Pastor que conduziu a ovelha perdida ao verdadeiro redil. Esta mesma interpretação é seguida e autorizada pela igreja romana, numa nota ao capítulo 9, versículo 5 do livro de Eclesiastes: "os mortos nada sabem". Ora, essa nota é a seguinte: "nada sabem das coisas deste mundo, no qual agora não têm parte, a menos que lhes sejam reveladas". Além disso, o texto que acima citamos, de Lucas, refere-se aos anjos mensageiros de Deus, e não aos espíritos dos defuntos. Que motivo temos para crer que o exterminador Domingos de Gusmão ou Tomás de Aquino, que inculcou a doutrina de matar os hereges que persistem em

A INVOCAÇÃO AOS SANTOS

não crer nas doutrinas de Roma (invocados como santos pelos romanistas) são anjos do céu?".

É, todavia, ainda objeto de dúvida no seio dessa chamada igreja infalível como ou de que maneira os santos têm conhecimento de nossas orações. Belarmino, em sua obra já citada, livro I, capítulo 20, sobre A Bem-aventurança dos Santos, declara que a tal respeito há quatro teorias sustentadas pelos teólogos:

1. "Alguns dizem que os santos sabem tudo pelas relações que têm com os anjos, os quais umas vezes descem à terra e outras sobem ao céu".

2. "Outros dizem que as almas dos santos, como as dos anjos, em consequência da ligeireza que lhes é natural, estão de alguma maneira em todas as partes, e que eles mesmos ouvem as orações que lhes são dirigidas".

3. "Outros dizem que os santos vêem da bem-aventurança todas as coisas que de alguma maneira lhes pertencem, e, consequentemente, as orações que lhes dirigimos".

4. "Outros dizem, finalmente, que os santos não vêem no Verbo nossas orações desde o princípio de sua bem-aventurança, mas que elas lhes são então *somente reveladas por Deus*, quando nós as pronunciamos".

Gabriel Biel, um sábio e teólogo escolástico de grande fama (1460), é de opinião que os santos, por si mesmos, não ouvem nossas orações, pelo motivo da grande distância que os separa de nós, e que não é parte integrante de sua bem-aventurança que eles conheçam o que aqui fazemos; nem também *"é de todo certo"* que conheçam nossas orações; e conclui dizendo que é *"provável, porém de modo algum necessário*, que Deus lhes revele nossas orações".[10]

E assim Veron, em sua *Regra da Fé Católica*,[11] diz: *que não é ponto de fé que os santos no céu ouçam nossas orações*. Sustenta, porém, que eles efetivamente ouvem "nossas orações, que lhes são *provavelmente* reveladas

---

[10] Gab. Biel no Cânon da Missa. Lect. 31. Lugdun, 1527.

[11] Birmingham, 1833, pág. 81 e 82.

INOVAÇÕES DA IGREJA CATÓLICA ROMANA

pelo Onipotente, ou têm delas conhecimento pelos vários modos que Santo Agostinho explicou".

Digam-nos os romanistas: Como é que sabem que nossas orações são reveladas aos espíritos dos defuntos? Orar aos santos na incerteza de que eles nos ouvem, ou crendo que Deus lhes revela o fato de que algumas pessoas na terra estão pedindo sua proteção, é uma corrupção do Cristianismo, digna dos mais obscuros séculos, e cuja consumação estava fatalmente reservada à igreja romana.

Os romanistas de nosso tempo, porém, ao aceitarem esta doutrina com todas as suas incertezas e dificuldades, declaram, ainda assim, que não professam uma nova doutrina.

Têm os romanistas, propriamente, a aprovação da Escritura ou da tradição apostólica? De nossa parte, sustentamos que não têm nem uma nem a outra.

Vejamos algumas importantes concessões por parte dos próprios romanistas.

O Cardeal Belarmino confessa que, antes da vinda de Cristo, não se invocavam os santos:

> Deve notar-se (diz ele) que, não tendo entrado no céu, os santos que morreram antes da vinda de Cristo, nem tendo visto a Deus, nem tendo, tampouco, conhecimento das orações que lhes eram dirigidas, não foi uso no Antigo Testamento dizer-se: *"Santo Abraão, ora por mim etc"*.[12]

E outro romanista, Eck, escreve no mesmo sentido, porém acrescenta que tal doutrina nem sequer é ensinada no Novo Testamento.[13] E Veron, em sua *Regra da Fé Católica*,[14] diz:

---

[12] Bellarmino, de Sanct. Beat., lib. I, cap. 19. seção 2, pág. 412. tom. II. Praga, 1751, e tom. II, pág. 833. Ingolstadii, 1601.

[13] Eckius, Eck. cap. de Sanct. Ven. pág. 179 e 180 . Colonia, 1567.

[14] Birmingham, 1834, pág. 82. Trad. do padre Waterworth.

A INVOCAÇÃO AOS SANTOS

Além disso, ainda que esteja revelado na Palavra de Deus, *pelo menos na palavra não escrita*, que os santos devem ser invocados, e se diga por isso que eles nos ouvem, todavia a íntima conexão não faz que essa consequência, por justa e necessária que ela seja, constitua uma doutrina revelada ou um artigo de fé.

A consequência, contudo, depende da hipótese de que os santos devem ser invocados, e assim o faz pressupor todo o assunto em questão.

Está, pois, perfeitamente demonstrado que, apesar da interpretação forçada dada a alguns textos pelos apologistas, a doutrina da invocação dos santos não está revelada nem preceituada na palavra escrita, quer no Antigo, quer no Novo Testamento. Para nós, os protestantes, esta circunstância é tudo, pois que valor pode ter um costume, por mais antigo que seja, que não esteja sancionado na Palavra de Deus? Veron, porém, nos afirma que tal costume se acha, pelo menos, sancionado *na palavra não escrita*, isto é, na suposta tradição apostólica da Igreja, tradição essa que, para os romanistas, é de igual valor e autoridade que a Palavra escrita. Isso não é sério, e pode-se provar que não tem o mínimo fundamento.

Segundo Belarmino, todas as pretendidas tradições, "ainda que não contidas na Escritura, se encontram nos monumentos e nos livros eclesiásticos".[15] Mais adiante teremos de consignar a declaração do Dr. Wiseman sobre o mesmo assunto.[16] O assunto, pois, reduz-se a uma questão de fato, que pode ser provada de uma ou outra maneira.

Pelo que respeita a tal tradição, temos a notar o surpreendente fato de que a invocação aos santos foi pela vez primeira usada publicamente nas liturgias no tempo de Bonifácio V (618). Desafiamos os romanistas a que nos mostrem alguma liturgia autêntica, de data anterior, que contenha algumas orações dirigidas aos santos. É este um grande testemunho negativo em desfavor da alegada antiguidade de tal costume.

---

[15] Bellarm. *De verbo Dei non scripta*, lib, IV. cap. 12. Edit. Prag. 1721.

[16] Discursos, n.º III. vol. I. pág. 61. Londres, 1851. Veja-se o capítulo que trata do *Purgatório*.

INOVAÇÕES DA IGREJA CATÓLICA ROMANA

Nas diversas formas do culto cristão e exercícios religiosos *dos primeiros cristãos*, de que falam em suas obras Justino Mártir (150), Clemente, bispo de Alexandria (180), e Tertuliano, seu contemporâneo, não se encontra nenhum vestígio ou menção de orações dirigidas aos santos, mas unicamente a Deus por intermédio de Jesus Cristo. Neste fato temos também um fortíssimo argumento para nos convencermos de que a invocação aos santos não foi nem insinuada nem praticada no segundo século da Igreja. Irineu, bispo de Lião, martirizado no ano de 165, testificou o seguinte:

> "A Igreja em parte alguma do mundo faz seja o que for mediante a invocação dos anjos, ou mediante os encantamentos, ou mediante outros depravados e curiosos meios, mas com pureza e sinceridade, dirigindo orações ao Senhor que fez todas as coisas, invocando o nome de Jesus Cristo, nossos Senhor, exercita seus poderes para benefício, e não para seduzir a humanidade".[17]

Têm-se feito grandes esforços para esclarecer esta notável passagem, afirmando-se que Irineu fazia aqui alusão aos espíritos maus. Uma tal presunção não é autorizada pelo contexto. Irineu fala determinadamente em anjos, e destrói essa suposição, informando-nos a quem os cristãos invocavam, pois que dirigiam suas orações ao Senhor, que fez todas as coisas, e invocavam o nome de Jesus. Não temos o menor receio de dizer isso, pois que encontramos idênticas passagens que mostram a simplicidade do culto dos primeiros cristãos, que acreditavam não só num único Mediador entre Deus e o homem, Cristo Jesus, sem nenhuma distinção entre um mediador de misericórdia e um mediador de graça.

---

[17] Ecclesia per universum mundum, nec invocationibus angelicis facit aliquid, nec incantationibus, nec aliqua prava curiositate, sed mundo, et pure et manifeste orationes dirigens ad Dominum, qui omnia fecit, et nomen Domini Nostri Jesu Christi, invocans virtutes secundum utilitates hominum, sed non ad seductionem perficit (Ireneus, Oper. lib. II, cap. 35, seção 5, pág. 166. Paris, Benedict. Edit. 1710).

A INVOCAÇÃO AOS SANTOS

Pelo que respeita agora aos monumentos antigos, efetivamente Delahogue, professor de Maynooth, viu-se obrigado a confessar o seguinte:

"Se no primeiro e no segundo séculos não se encontra em monumento algum a invocação aos santos, não deve isso causar-nos estranheza, porque, como então estavam mais acesas as perseguições, os pastores das igrejas eram mais solicitados em preparar e instruir os fiéis para o martírio do que em escrever livros. Além disso, pouquíssimos monumentos daqueles chegaram até nós".[18]

Sobre o mesmo assunto escreveu o Cardeal Perron: "Nenhum vestígio da invocação aos santos se pode encontrar nas obras dos escritores que viveram próximo da época apostólica". Perron, porém, explica o fato de um modo altamente conveniente, mas que nada tem de convincente, dizendo: "O motivo por que não encontramos esse vestígio é pela circunstância de haver desaparecido parte dos escritos daquela época". Desta forma pode ser sancionada e autorizada toda e qualquer invenção romanista moderna. O célebre Cardeal , porém, esqueceu-se de que, naqueles escritos que chegaram até nós, há provas em abundância para nos convencermos de que a invocação aos santos é obra do romanismo.

Dever-se-ia notar, aqui, como um fato na história do culto aos anjos, que até ao ano de 366 a seita chamada angelistas fez muitos prosélitos na Prígia. Construíam e dedicavam oratórios e capelas a Miguel, a quem faziam suas orações e a quem chamavam o príncipe da milícia celestial. Esta heresia cresceu de tal forma que um Concílio, reunido em Laodicéia, na Prígia, condenou-a, declarando: "Não devemos abandonar a Igreja de

---

[18] Si autem in primo et secundo saeculo multa non reperiantur invocationis sanctorum monumenta, id mirum videri non debet, tunc enim, furentibus persecutionibus, pastores ecclesiarum de instruendis et ad martyrium praeparandis fidelibus magis soliciti erant, quam de libris scribendis. Praeterea paucissima illorum saeculorum monumenta ad nos pervenerunt (*tractatus de Mysterio S.S. Trinitatis*, Delahogue, R. Coyne, Dublin, 1822. *Appendix de Cultu, Sanctorum*, etc., pág. 233).

INOVAÇÕES DA IGREJA CATÓLICA ROMANA

Deus e invocar os anjos (*angelos*)".[19] Os canonistas romanos, Marlin e Crabbe,[20] sentindo a força destas palavras contra sua nova doutrina, alteraram *angelos* por *ângulos*, e desta forma veio aquele Concílio a decretar que "não devemos deixar a Igreja de Deus e recorrer aos ângulos" (cantos, esquinas etc.).

No que diz respeito ao testemunho dos primeiros escritores cristãos, chamados Pais da Igreja, temos ainda a consignar outra notável e importante concessão dos romanistas, que cortaria pela raiz todo o sistema, se eles tentassem baseá-lo na tradição da Igreja. Já vimos que o Dr. Wiseman explica o fato de os primeiros cristãos, sem suas orações pelos defuntos, incluírem os patriarcas, profetas, apóstolos, mártires, a Virgem, e outros, afirmando que os sufrágios da Igreja não declaravam que eles pertenciam a uma ordem mais feliz; e também que Veron admitiu que foi tão-somente no ano de 1439, no Concílio de Florença, que a Igreja declarou que os *santos defuntos* estavam no céu. Tendo presente a teoria sustentada pelo Cardeal Belarmino, de que é essencial que o santo invocado esteja atualmente no céu, chamamos a atenção do leitor para a *inocente* concessão de um escritor romano, Francisco Pagna. Diz ele que três eminentes romanistas, o célebre franciscano Castro, Medina e Scoto, afirmam que "nos tempos antigos era *assunto de grande controvérsia* se as almas dos santos, antes do dia de juízo, viam a Deus e desfrutavam da visão beatífica, visto que parecia que muitos homens dignos e célebres na ciência e na santidade sustentavam que eles não viam nem desfrutavam da presença de Deus antes do dia de juízo, no qual, recebendo seus corpos juntamente com suas almas, iriam então desfrutar da eterna bem-aventurança".

---

[19] Non opertet christianos, Ecclesia Dei derelicta abire atque angelos nominare (Can. 35. Concil. Laodic. Binius. Concil. tom. I. pág. 301. Lutet. Paris. 1636. Can. 35. labb. Concil. tom. I, col. 1504. Paris, 1671).

[20] Nom oportet christianos, derelicta Ecclesia Dei, abire in angulos (Conciliorum quatuor Gent. etc. Edit. J. Merlinus. Fol. 68, Edit. Coloniae, 1630. Conciliorum omnia, etc. P. Crabbe. Fol. Edit. 1538).

A INVOCAÇÃO AOS SANTOS

Depois enumera os padres que sustentaram esta opinião. Além disso, Stapleton, o célebre apologista romano e professor régio de teologia em Douay (1598), admitia que os antigos padres pensaram de maneira diferente do Concílio de Florença, o qual, depois de muitas disputas, definiu como doutrina de fé que as almas dos justos desfrutavam da presença de Deus antes do dia de juízo.[21]

As seguintes palavras de Agostinho sobre este importante assunto podem considerar-se como valioso e concludente testemunho, com respeito à opinião que prevalecia na primeira parte do século quinto:

"Não consintamos que nossa religião seja o culto aos mortos, porque, se eles viveram piedosamente, nunca pensaram em procurar tais honras, porém desejam que seja por nós adorado Aquele que os iluminou e esclareceu, e se regozijam por sermos considerados como dignos de partilharmos de seus méritos. Devem, pois, ser adorados por imitação, nunca adorados por religião; e, se eles viveram mal, quem quer que sejam, não devem ser adorados. Podemos crer também que os mais perfeitos anjos e os mais excelentes servos de Deus desejam que nós, com eles, adoremos a Deus, em cuja contemplação são bem-aventurados. Portanto nós os honramos com amor, não com culto. Não lhes levantamos templos, porque eles não querem ser honrados por nós desse modo; porque conhecem que, quando somos bons, somos como templos do Deus Altíssimo. Assim, pois, está

---

[21] Francisco Pagna, in part. II. *Directori inquisitor*. Coment XXI. Stapleton. *Defens. Ecclesiastic. Autor. contra Whitaker*. lib. 1 cap. 2. Amberes 1596, citado por Usher, cap. IX. pág. 375. Cam. 1835.

A seguinte lista é a dos nomes referidos por um ou outro dos autores citados, aos quais acrescentamos as datas, etc.

A. D. 100 – Clemente, bispo de Roma; 150 – Justino, martir e santo; 165 – Ireneu, bispo de Lyon; 200 – Tertuliano; 330 – Origenes, discípulos de Clemente, bispo de Alexandria; 300 – Lactancio; 348 – Prudencio; 370 – Ambrosio, bispo de Milão; 370 – Victorino; 416 – Chrysostomo; 420 – Agostinho; 430 – Theodoreto; 1050 – Ecumenio; 1070 – Theophilato; 1118 – Eutymio; 1130 – Bernardo, o último dos padres.

É evidente que nenhum destes escritores poderia ter conhecido a moderna teoria romana do culto dos santos. Um fato claro, admitido pelos mesmos romanistas, vale mais do que mil argumentos fundados em subtilezas, teorias e hipóteses.

INOVAÇÕES DA IGREJA CATÓLICA ROMANA

bem dito e melhor escrito que a um homem foi proibido por um anjo que o adorasse".[22]

Não necessitamos de cansar nossos leitores, nem de ocupar mais espaço, citando os escritos dos padres no decorrer dos séculos, e expondo a corrupção e as citações falsas apresentadas pelos romanistas.

O que deixamos dito julgamo-lo suficiente para provar nossas duas proposições.

Podem, pois, considerar-se como conclusivos os seguintes pontos:

Em primeiro lugar, e de uma maneira negativa, que os escritores cristãos nos três primeiros séculos, e ainda mais adiante, nunca se referiram à invocação dos santos e anjos como uma prática que lhes fosse familiar, que eles não consignaram nem aludiram a qualquer forma de invocação de qualquer espécie usada por eles ou pela Igreja de seu tempo; e que nenhuma liturgia dos tempos primitivos contém hinos, ladainhas ou coletas aos anjos ou aos espíritos dos fiéis defuntos.

Em segundo lugar, e de uma maneira positiva, que os princípios que eles habitualmente mantiveram e sustentaram são incompatíveis com tal prática.

Quanto ao culto e invocação à Virgem Maria, que é o ponto principal das devoções romanistas modernas, foi demonstrado pelo Rev. J. E. Taylor, depois de um minucioso exame das atas dos concílios primitivos e obras dos escritores cristãos primitivos até ao fim dos primeiros cinco séculos, que todos eles testificam, a uma voz, "que estes escritores e seus contemporâneos não tinham crença alguma no suposto poder que hoje em dia se atribui à Virgem Maria: nenhuma prática, pública ou particular,

---

[22] Non sit nobis religio cultus hominum mortuorum, quia si pie vixerunt, non sic habentur, ut tales qoerant honores; sed illum á nobis coli volunt, quo illuminante laetantur meriti sui nos esse consortes. Honorandi ergo suat propter imitationem, nom adorandi propter religionem. Quare honoramus eos chatitate non servitute; nec eis templa construimus. Nolunt enim se sic honorari a nobis, quia nos ipsos, cum boni sumus, templa summa Dei esse noverunt. Recte itaque seribitur, etc. (Agustin, sobre "A Verdadeira Religião" tom. I, pág. 786. Edit. Benedictina de Paris, 1700. Há uma passagem semelhante na obra "Cidade de Deus", do mesmo autor, Lib. VIII, capítulo 27.)

A INVOCAÇÃO AOS SANTOS

de orar a Deus por intermédio dela, nem invocar seus bons ofícios de intercessão, advocacia e proteção, nem de lhe render ações de graças e louvor, nem de lhe atribuir honra ou glória divina. Pelo contrário, todos os escritores daqueles tempos testificam que, para os cristãos primitivos, "Deus era o único objeto de oração, e Cristo é único mediador e intercessor, no qual tinham posto toda a sua confiança".

CAPÍTULO 7
O CULTO ÀS IMAGENS

"Com relação ás imagens dos santos, é certo que, quando o evangelho primeiramente foi pregado, não se usaram por algum tempo entre os cristãos, especialmente nas igrejas".
CASSANDER, CONSULT, ART. XXI DE IMAG. PÁG. 163. LUGD. 1608

Não há ponto algum de doutrina a respeito do qual os romanistas mais se incomodem do que o do "Culto às Imagens", ou o uso delas nas solenidades religiosas. Acusá-los de idolatria, ou de darem culto aos ídolos, é fazer-lhe uma terrível acusação. Sem que, porém, empreguemos palavras duras ou lancemos mão da arma do ridículo, examinemos a questão despidos de paixão, e vejamos por um momento o que sobre este ponto de fé romanista ensinam seus mais ilustres membros ortodoxos.

Na sessão vigésima quinta do Concílio de Trento (1563), impõe-se aos bispos, e a todos os que exercem o cargo de ensinar, a obrigação de incutir nos fiéis que "as imagens de Cristo, da Virgem e de outros santos devem ser tidas e conservadas, principalmente nas igrejas, e que se lhes deve dar honra e veneração". O cânon não define qual é a natureza dessa *honra*; porém permite que beijemos as imagens, que tiremos o chapéu e nos prostremos diante delas.[1] Tendo o Concílio deixado este importante

---

[1] Imagines porro, Christi, Deiparae Virginis et aliorum sanctorum, in templis praesetim habendas, et retinendas, eisque debitum honorem et venerationem impertieudam; non quod credatur inesse aliqua in iis divinitas, vel virtus, propter quam sint colendae; vel quod ab eis sit aliquid petendum; vel quod fiducia in imaginibus sit figenda, veluti olim fiebat á gentibus qui in odolis spem suam collocanbant, sed quoniam honos qui eis exhibetur refertur ad prototypa quæ illæ repraesentant; ita ut per imagines, quas oscolamur, et coram quibus caput aperimus et procumbimus. Christum adoremus, et sanctos, quorum illae similitudinem gerunt, veneremur (Sessão, XXV. *Decretum de Invocatione, Veneratione*, etc. Labb. et Coss., concl., tom XIV, col. 895. Paris, 1671.)

INOVAÇÕES DA IGREJA CATÓLICA ROMANA

assunto ao *ensino* dos bispos, sacerdotes, e outros, era de esperar que suas opiniões fossem diversas. Vejamos:

O ilustre campeão do romanismo, o Cardeal Belarmino, em seu livro segundo sobre as *Sagradas Imagens*[2] diz-nos que há diferentes opiniões acerca desta questão:

"Com que espécie de culto devem ser honradas as imagens?". A primeira opinião, que é a seguinte, rejeita-o completamente: "Que o fiel, diante das imagens, não deve fazer outra coisa senão ver e *adorar nelas* o protótipo, o exemplar, o original do qual a imagem é a representação". A segunda opinião, e esta não o rejeita, é *"que a mesma honra se deve tanto à imagem quanto ao original"*. Daqui nasceram as três seguintes espécies de culto:

1. A imagem de Cristo deve ser adorada com culto de *latria*;
2. a imagem da virgem deve ter culto de *hiperdulia*;
3. as imagens dos demais santos devem receber culto de *dulia*.

Em abono disto, Belarmino cita os nomes de vários teólogos católicos que ensinaram esta doutrina, e entre eles Alexandre, o "santo bem-aventurado" Tomás de Aquino, o Cardeal Caetano, o "santo bem-aventurado" Boaventura, Marcílio, Almagne e outros.

No que diz respeito a Tomás de Aquino, será bom saber que ele a si próprio se justifica de prestar à cruz de madeira o mesmo culto que tributa a Deus. São estas suas próprias palavras:

"Como Cristo é adorado com honra divina, segue-se que sua imagem deve ser adorada com igual honra. Oferecemos a suprema adoração de *latria* àquele Ser em quem temos colocada nossa esperança de salvação na Cruz de Cristo, pois que é este um dos cânticos da igreja: "Salve, ó Cruz, nossa única esperança neste tempo da paixão; aumenta graça no piedoso e concede perdão ao culpado". Portanto, a Cruz de Cristo deve ser adorada com a suprema adoração de *latria*".[3]

---

[2] Cap. 20, Edit. Prag., 1721.

[3] Thomaz de Aquino, *Theol. sum.* part. III. quaes. 25, art. 1-4; Romae, 1686. Veja-se também lib. II. Dixt. IX. Salect. IV, pág. 126. tom. XXIV. Venet. 1787.

O CULTO ÀS IMAGENS

Não se trata aqui de uma linguagem figurada, pois que o *pontifical romano* prescreve que a cruz do legado do papa deve ser levada na mão direita, *"porque lhe é devido culto de latria"*.[4]

Com relação a Belarmino, devemos aqui acrescentar o que ele disse acerca da doutrina ensinada por Aquino e sua escola.[5] "Aqueles que afirmam que as imagens devem ser adoradas com honra divina têm de usar de distinções tão sutis, que eles mesmos mal podem entender, quanto mais os ignorantes". O mesmo diremos também nós. Se esta doutrina, ensinada como é por tão eminentes autoridades, é ou não idolatria na rigorosa significação desta palavra, não é a nós que compete dizê-lo nem tampouco examiná-lo. Nós apenas citamos as palavras do romanismo, e, se delas resultar o ensino de uma prática idolátrica, a culpa não é nossa. Nosso propósito não é outro senão demonstrar que a doutrina da igreja romana acerca do culto às imagens é de invenção moderna.

Já vimos que a Igreja, por meio de um de seus concílios, o tridentino, não definiu a significação das palavras *honra devida*. Pode bem ser, como Tomás de Aquino declara, que o supremo culto deva ser dado à imagem de Cristo, um culto inferior às imagens da Virgem e um muito mais inferior às dos santos. O cânon, porém, diz que essas imagens devem ser conservadas nas igrejas, e que a elas se deve tributar a devida honra e veneração; "porque a honra que se lhes dá (às sagradas imagens) se refere aos protótipos que representam, de forma que, pelas imagens que beijamos e diante das quais nos descobrimos e prostramos, adoramos a Cristo e veneramos os santos". Depois disso argumenta-se que o culto, qualquer que seja, é unicamente um culto *relativo*. Não adoram o que vêem, mas, sim, o ser representado pela imagem que está diante deles. Isso é um refinado papismo, do qual o povo pouco ou nada entende, e que o tem levado, como adiante veremos, à mais absoluta e formal idolatria. Tomemos, contudo, a afirmativa em seu sentido mais lato, e assim mesmo veremos que esta doutrina do romanismo moderno foi terminante e expressamente condenada pelos primeiros escritores cristãos, como doutrina de gentios.

---

[4] "Quia debetur ei Latria" (*Pontificale Romanum*, pág. 468. Edic. I, Romae, 1818).

[5] *De Relig. Sac. Lic.* cap. XXII. seção 4. prag. Edit. 1721.

INOVAÇÕES DA IGREJA CATÓLICA ROMANA

I. *Teoria do culto relativo*.

Arnobio, que viveu no início do terceiro século, e que antes de sua conversão ao cristianismo tinha sido um zeloso pagão, e, portanto, conhecia praticamente aquilo sobre o que escrevia, admoestava os gentios idólatras de seu tempo, da seguinte maneira:

"Dizeis: Adoramos os deuses *pelas imagens*. Como assim? Se essas imagens não existissem, não conheceríeis acaso os deuses que eram adorados? Nem tampouco conheceríeis a honra que lhes tributais? Pode haver coisa mais injusta, indigna e cruel do que reconhecer a um como deus, e oferecer súplicas a outra coisa? Esperar o auxílio de um ser divino, e orar a uma imagem, que de nada pode ter conhecimento?"

E noutra parte diz:

"Porém, vós dizeis: 'Estais muito enganados; nós não acreditamos que a matéria de bronze, ouro, prata e outras coisas de que se fazem as imagens são os mesmos deuses ou sagradas divindades; mas, sim, acreditamos que nessas matérias adoramos e veneramos aqueles deuses a quem a santa dedicação faz habitar e morar nas imagens feitas pelos artistas'".[6]

Orígenes, padre do terceiro século, em seus escritos contra Celso, condenou energicamente a mesma doutrina. Diz ele:

"Que pessoa sensata não se rirá de um homem que olha para as imagens e lhes dirige orações, ou, *contemplando-as, se dirige ao ser contemplado em sua mente?*"[7]

Santo Ambrósio, bispo de Milão, no quarto século, também fala dessa espécie de culto gentílico:

---

[6] Arnob. lib. V. cap. IX. e cap. XVII, Leipsic. Edit. 1816.
[7] Origen. cont. Cels. lib. VII. cap. XLIV. Paris, 1733.

O CULTO ÀS IMAGENS

"Esse ouro, se bem o examinarmos, tem um valor exterior; porém interiormente é um metal ordinário. Examine, eu vo-lo rogo, e esquadrinhe completamente essa classe de gentios. As palavras que eles pronunciam são grandiosas e belas; as coisas que eles defendem são totalmente destituídas de verdade; falam de Deus e adoram uma imagem".[8]

Santo Agostinho, padre de grande autoridade entre os romanistas (quando ele fala a favor deles, já se vê), escrevendo contra as engenhosas distinções feitas pelos idólatras de seu tempo, diz:

"Afigura-se a essas pessoas que pertencem a uma religião mais pura, e dizem: 'Eu não adoro uma imagem nem um demônio (isso não significa *diabo*, mas um defunto); apenas considero a figura corporal como a *representação daquele ser a quem devo adorar*. E quando acusamos os gentios, os mais inteligentes e ilustrados, de adorarem os corpos, eles são bastante ousados para nos responderem que não adoram as imagens em si, *mas as divindades que a elas presidem*'".[9]

E o mesmo Santo Agostinho, sobre o assunto em questão, diz mais o seguinte:

"Apresenta-se-nos um adversário, e, presumindo-se grande sábio, diz: 'Eu não adoro aquela pedra nem imagem insensível'. Tendo dito vosso profeta que têm olhos e não vêem, eu não posso ignorar que aquela imagem nem tem uma alma, nem vê com seus olhos, nem ouve com seus ouvidos. *Eu não adoro aquilo, mas, sim, adoro o que vejo, e sirvo àquele a quem não vejo. E quem é esse aquele?* Uma certa divindade invisível, que aquela imagem preside".[10]

E diz mais ainda:

---

[8] Amb. ad. Valent. Epist. cap. I, XVIII. Veneza, 1781.

[9] Aug. in. Psalmo CXIII, part. 2. tom. IV, pág. 1261. Paris, 1679.

[10] Aug. in. Psalm. XCVI, tom. IV, pag. 1047.

INOVAÇÕES DA IGREJA CATÓLICA ROMANA

"E para que nenhum dos gentios diga: 'Eu não adoro a imagem, mas, sim, *o que a imagem significa*', devemos confessar que eles adoram a criatura mais do que ao Criador. Agora entendam bem: ou adoram a imagem ou a criatura; aquele que adora a imagem converte a verdade de Deus em mentira".[11]

Se Ambrósio e Agostinho, ambos canonizados pela igreja romana, tiveram ou não razão para condenar esta teoria do culto relativo, mais tarde ressuscitada pelo romanismo em 787, no segundo Concílio de Nicéia, segue-se que a doutrina não foi universalmente admitida pela Igreja Cristã durante muito longos anos, e por isso deve considerar-se como uma doutrina nova.

II. Com relação ao segundo ponto – "o uso das imagens nas igrejas para o culto religioso" – podemos afirmar que era opinião de Lactâncio, um dos mais eloquentes padres da igreja latina, chamado por antonomásia o Cícero cristão, e que escreveu no fim do terceiro século, que "onde há uma imagem não há religião".[12] Sem recorrermos, porém, aos escritos dos primeiros padres, que terminantemente protestam contra o uso das imagens no culto religioso, vejamos qual é a opinião dos teólogos romanos modernos. Bastarão apenas dois ou três testemunhos.

O grande sábio Erasmo, que foi ordenado sacerdote em 1492, diz: "Até ao tempo de São Jerônimo (400), aqueles que professavam a verdadeira religião não consentiam imagens nas igrejas, nem pintadas nem esculpidas, nem mesmo ainda a pintura de Cristo".[13] E acrescenta: "Tem toda a aparência de superstição o prostrarmo-nos diante de uma imagem, falar-lhe, beijá-la e olhar para ela intencionalmente; mas não somente isso, como orar diante dela".

Henrique Cornélio Agripa, teólogo de profundos e variados conhecimentos, falecido em 1535, diz:

"Os costumes corrompidos e a falsa religião dos gentios corromperam também nossa religião, introduzindo na Igreja imagens e pinturas, com muitas

---

[11] Aug. Sern. CXVII, tom. V. pág. 905.

[12] Lact. Divin. Inst. lib. II. cap. XIX, tom. I. Paris, 1748.

[13] Usque ad aetatem Hieronymi erant probatae religionis viri, qui in templis nullan ferebant imaginem, nec pictam, nec sculptam, etc. (Erasm *Symbol. Catech*. tom. V, pág. 1187. Edit. L. Bat. 1703).

O CULTO ÀS IMAGENS

cerimônias de uma pompa externa, o que nada disso se viu entre os primeiros cristãos verdadeiros".[14]

Vamos ao ano de 816, e vejamos o que diz Agobardo, arcebispo de Lião:

"Os padres ortodoxos, para evitar a superstição, cuidadosamente providenciaram para que pintura alguma fosse colocada nas igrejas, para evitar, por esse meio, que se adorasse o que estava pintado nas paredes. Não há exemplo, em toda a Escritura ou nos padres, da adoração das imagens; elas devem ser empregadas como um adorno para agradar *à vista* – *nunca* para instruir o povo".[15]

Poderíamos apresentar muitos outros testemunhos; mas para quê? O próprio romanismo, por si só, está convencido de que o uso de imagens é uma prática gentílica.

III. Analisemos agora a história dos concílios. Aqui temos uma verdadeira *guerra papal*. O cânon 36 do Concílio de Elvira, ou Iliberis (305), ordena que "nas igrejas não haja pinturas, para que se não adore o que está pintado nas paredes".

Em 370, o Concílio de Constantinopla, no tempo do imperador Leão, decretou não somente contra o abuso como também contra o uso de quaisquer imagens ou pinturas nas igrejas. Observando que a Igreja Cristã ia pouco a pouco caindo na mais grosseira idolatria, e conhecendo que a impostura árabe (o islamismo) seria fomentada por uma tal inovação no seio do Cristianismo, Leão tratou de abolir completamente toda essa prática pecaminosa. Publicou um édito mandando que as imagens fossem tiradas das igrejas e lugares sagrados, e fossem feitas em pedaços e lançadas às chamas, ameaçando com penas graves àqueles que desobedecessem a estas ordens. Constantino, a quem os adoradores das imagens deram, por mofa, o nome de Coprônimo, seguiu os passos de seu pai. Em 754 reuniu outro Concílio no mesmo lugar, ao qual assistiram 388 bispos, que ordenaram que fossem tiradas das igrejas todas as imagens ou pinturas.

---

[14] Cornel, Agrippa. *De incer. et vanit. Scient.* cap. LVII, pág. 105, tom. II. Lugd.
[15] Agobard. Opera. *Lib. de Imag.* tom. I. p. 226. Edit-Baluzius, Paris, 1665.

INOVAÇÕES DA IGREJA CATÓLICA ROMANA

Em 787, na sétima sessão do segundo Concílio de Nicéia, as imagens foram, pela primeira vez, permitidas. Nesse Concílio foi resolvido "que se tributasse às imagens o culto de saudação e honra, e não aquele verdadeiro culto que é dado pela fé e que somente a Deus pertence"; e se declarou que "a honra assim dada às imagens é transmitida aos originais que elas representam". Neste ano a imperatriz Irene, a Jezabel daquele tempo, que foi a regente depois da morte de seu esposo, Leão IV, durante a menoridade de seu filho Constantino VI, convocou o Concílio, e foi ela o principal instrumento para que se estabelecesse definitivamente o culto às imagens. Ela concebeu a idéia de que essa idolatria faria em breve esquecer ao mundo os desregramentos e devassidões de sua vida pregressa. Em 794, porém, o Concílio de Francfort, em seu cânon 2.º, condenou o dito decreto do segundo Concílio de Nicéia e todo o culto às imagens, como igualmente o fez em 815 um Concílio de Constantinopla, que decretou que adorno ou pintura alguma fosse consentida nas igrejas. Em 825, o Concílio de Paris condenou o decreto do segundo Concílio de Nicéia, declarando gravíssimo erro dizer-se que, por meio das imagens, se poderia obter certos graus de santidade. Este Concílio de Paris foi continuado em Aix-la-Chapelle, opondo-se nele os bispos franceses ao decreto do segundo Concílio de Nicéia, que o papa tinha aprovado. Em 842, porém, no Concílio de Constantinopla, sob o Imperador Miguel e Teodora, sua mãe, o decreto do segundo Concílio de Nicéia foi confirmado, os iconoclastas excomungados, e as imagens restituídas às igrejas.

Em 870, na sessão 10.ª do Concílio de Constantinopla, o terceiro cânon ordenou novamente o culto à cruz e às imagens dos santos. E, na mesma sessão, foram aprovados e confirmados os decretos do segundo Concílio de Nicéia. Além disso, em 1084, noutro Concílio de Constantinopla, foi confirmado o decreto feito no Concílio de 842, em favor do uso das imagens.

Depois desse tempo, o culto às imagens parece ter criado tão profundas raízes no povo que em 1549 o Concílio de Mogúncia decretou que se ensinasse ao povo que as imagens não estavam nas igrejas para serem adoradas; e aos sacerdotes foi-lhes ordenado que tirassem das igrejas a imagem de qualquer santo a quem o povo recorresse, persuadido de que

O CULTO ÀS IMAGENS

Deus ou os santos fariam o que eles lhes pediam por intermédio daquela imagem, e não de outro modo.[16]

Foi de tal ordem a idolatria a que deu causa a introdução das imagens nas igrejas que a assembléia dos bispos franceses, na célebre conferência de Poissy, no ano de 1561, ordenou aos sacerdotes que empregassem seus esforços para abolirem todas as práticas supersticiosas, e que fizessem conhecer ao povo que as imagens eram expostas nas igrejas *tão-somente* para nos lembrar de Jesus Cristo e dos santos. Nesta ocasião se decretou também que todas as imagens que fossem de *qualquer forma indecentes*, ou tão-somente ilustrassem fábulas, fossem completamente destruídas.[17] Ora, a necessidade de um tal decreto como este prova suficientemente a corrupção dos tempos de então. E o Concílio de Rouen, em 1445, no cânon sétimo, condenou a prática de dirigir orações às imagens sob diversas invocações, tais como *Senhora dos Remédios, Nossa Senhora da Piedade, Nossa Senhora da Consolação* etc., etc., declarando que tais práticas tendiam a criar e a favorecer a superstição, como se houvera mais virtude em uma imagem do que em outras.[18]

Estava reservado aos padres tridentinos, na sessão 25.ª, em 1563, sancionar o culto às imagens e seu uso nas igrejas, como uma parte do culto religioso dos cristãos.

Tal é, pois, a origem e o progresso do culto às imagens na Igreja de Roma. Chamai-lhe idolatria, ou chamai-lhe o que muito bem vos parecer: o que é certo é que "não foi assim desde o princípio". *"Todos os artífices de ídolos são nada"* (Is 44.9).

---

[16]As seguintes citações são dos concílios anteriores àqueles que acima deixamos mencionados: "Placuit picturas in ecclesia esse non debere: ne quid colatur et adoretur in parietibus" (Concílio de Illiberis, ano 300, can. XXXVI. Labb. et Coss. Conc. tom. 1, col. 974, Paris, 1671.) Concílio de Constantinopla, ano 730. Ibid. tom. VI, col. 1461; Concílio de Constantinopla, ano 754. Ibid. tom. VI, col. 1661.; Concílio de Nicea II, ano 787. Ibid. pp. 449. 899, tom. VII; Concílio de Francfort, ano 794, can. II. Ibid. tom. VII, col. 1013; Concílio de Constantinopla, ano 815. Ibid. tom. VII, col. 1299; Concílio de Paris, ano 825, Ibid. tom. VII, col. 1542; Concílio de Constantinopla, ano 842, Ibid, tom. VII, col. 1782; Concílio de Constantinopla, ano 870, sessão V, can, III. Ibid. tom. VIII, col. 962; Concílio de Constantinopla, ano 879, sessão X, Ibid. tom. IX, col. 324; Concílio de Moguncia, ano 1549. Ibid. tom. XIV. col. 667.

[17]Veja –se o *Manual dos concílios* de Landon, pág. 495. Londres. 1846.

[18]Labb. et. Coss. conc. tom. XIII. Concil. Rothomagense, can. VII. col. 1307. Paris 1671.

CAPÍTULO 8
O CULTO ÀS IMAGENS
(CONTINUAÇÃO)

"Vós não ajuntareis nem tirareis nada às palavras que eu vos digo;
guardai os mandamentos do Senhor vosso Deus, que eu vos intimo".

DEUTERONÔMIO 4.2

O capítulo sobre o culto às imagens não ficaria completo sem algumas observações acerca da maneira como os sacerdotes romanos consideram o que chamamos, e realmente é, *o segundo mandamento*. Primeiramente, algumas palavras sobre a tradução dos versículos 4 e 5 do capítulo 20 de Êxodo. A tradução da Vulgata é a seguinte:

Non facies tibi sculptile, neque omnem similitudinem, quae est in coelo desuper et quae in terra deorsum, nec eorum quae sunt in aquis sub terra. Nom adorabis ea, neque coles.[1]

O padre Antônio Pereira de Figueiredo traduz assim:

Não farás para ti imagem de escultura, nem figura alguma de tudo o que há em cima no céu, e do que há em baixo na terra, nem de coisa que haja nas águas debaixo da terra. Não as adorarás, nem lhes darás culto.

I. Dizem que a palavra *imagem* representa uma tradução mal feita: *representará*; porém o que é certo é que das duas edições de uma tradução

---

[1] Biblia sacra Vulgatae editionis Sixti V et Clementis VIII. PP. MM. auctoritate recognita, etc.

INOVAÇÕES DA IGREJA CATÓLICA ROMANA

italiana do Catecismo do Concílio de Trento, simultaneamente publicadas em Roma em 1567 com a aprovação de Pio V, na pág. 375, lê-se o seguinte:

Non ti farai alcuna *imagine scolpita*, etc... non le adorerari, non le honorerari.

Isto é:

Não farás para ti nenhuma *imagem esculpida*... não a adorarás nem a honrarás.

Na Áustria, país ainda até há poucos anos essencialmente romanista, notamos que no "Grande livro para as escolas normais e superiores das províncias imperiais e reais", os *Mandamento* se acham escritos como na Bíblia, e que se usa a palavra 'bilde', *imagem*.[2] A pureza de nossa tradução é também confirmada pelo Catecismo usado em todas as igrejas de França".[3] Exige-se dos alunos que recitem os mandamentos "segundo Deus os deu a Moisés" e aqui a tradução é também "aucune *image* taillée" – alguma *imagem* esculpida ou gravada.

Na Inglaterra existe a mesma tradução no "Catecismo dos pobres", pelo Rev. John Mannock, A. S. R. Na página 133, seção III, lemos: "Não farás para ti nenhuma *imagem gravada*"; e nas notas à tradução de Êxodo 20.4, de Douay,[4] se acrescenta:

"Todas as imagens que são feitas para serem *adoradas e servidas* estão proibidas por este mandamento, apesar do texto dizer *coisas gravadas*".

Assiste-nos, pois, o direito de pugnar pela pureza de nossa tradução, quando se usa a palavra *imagem*, por isso mesmo que ela é usada pelos próprios católicos romanos.

---

[2] Grosses Lehrebuch fur die deutschen Normal und Haupt-Schulen in den Kais-Konigl. Staaten. Religions-Lehre Wien. 1847, pág. 69. "Du sollst dir kein geschnitztes Bild machen dasselbe anzubeten".

[3] Catecisme à l'usage de toutes les Eglises de l'empire français. Paris, 1806. "D. — Recitez ces commandements *tels que Dieu les a donné* a Moise?" — "Tu ne feras aucune image taillée", etc., pág. 51.

[4] Publicado por Richardson, com a aprovação do Dr. Wiseman, datado de Birmingham, no ano de 1847.

O CULTO ÀS IMAGENS

II. A segunda particularidade que se deve notar é o emprego da palavra *adorar*, em todas as traduções romanas e em todos os catecismos onde se encontra este mandamento, enquanto que em nossa tradução se lê *inclinarás*.

A melhor autoridade sobre este assunto é a Poliglota,[5] do Dr. Walton. Aqui temos o texto hebraico com uma tradução interlinear de Pagnini, comparada com o original por Ben Ariam Notanius e outros. No original está Non incurvabis, o que significa que se proíbe o ato de curvar o corpo. O Concílio de Trento permite, como mostramos, uma prostração diante da imagem: e daqui vem a necessidade de mudar a significação da palavra. A tradução dos setenta diz proskunéseis, que, literalmente, significa o ato de inclinar ou curvar o corpo.[6]

III. A terceira particularidade que se deve observar é a divisão dos mandamentos nos catecismos e Bíblias romanas. O primeiro e o segundo constituem um só, e, além disso, estão consideravelmente mutilados, e o décimo está dividido em dois. A Bíblia manifestamente faz do segundo mandamento um preceito distinto do primeiro. "Não terás deuses estrangeiros diante de mim". "Não farás para ti imagens... Não te inclinarás diante delas, nem as honrarás". O primeiro proíbe o reconhecimento de qualquer outro que não seja o único e verdadeiro Deus. O segundo proíbe o uso das imagens no culto religioso. É manifestamente claro e evidente que estes dois mandamentos são distintos. Ora, a Igreja de Roma é que assim o não entendeu, e por isso fez dos dois mandamentos um só, esforçando-se por, maliciosamente, fazer desaparecer a proibição do mandamento com relação ao uso das imagens no culto religioso. No "Catecismo de Pinton", por exemplo, encontram-se as seguintes perguntas e respostas:

---

[5] Edição in-fol., I, pág. 310.

[6] Veja-se a palavra usada nos seguintes textos: Gênesis 18.2; 27.29; 33.3, 6, 7; 37.7; 49.8; e Isaías, 45.14. A palavra hebraica significa *inclinar-se*, e a grega *prostrar-se em homenagem*; porém em sentido secundário ambas as palavras se aplicam ao ato mental de adorar e prestar honra: portanto, se a adoração *mental* está proibida, quanto mais o ato externo por meio do qual se manifesta essa adoração!

INOVAÇÕES DA IGREJA CATÓLICA ROMANA

P. Dizei o Decálogo.

R. 1. Eu sou o Senhor vosso Deus que vos tirei da escravidão do Egito: não tereis outros deuses e me adorareis só a mim.

2. Não tomarás em vão o nome do Senhor teu Deus.

E o décimo está dividido em dois, para completar o número, deste modo:

9. Não desejarás a mulher de teu próximo.

10. Não cobiçarás as coisas alheias.

É digno de se notar que este décimo mandamento, segundo nossa ordem, tem um sujeito: "Tu não cobiçarás etc"., e isso é tão óbvio que o catecismo tridentino se vê obrigado a considerar os dois como um só, posto que os designe como o nono e décimo mandamentos. Há, porém, uma outra particularidade: depois de divididos os mandamentos, ordenaram que o 9.º e o 10.º fossem assim redigidos:

9. Não desejarás a mulher de teu próximo.

10. Não cobiçarás as coisas de teu próximo.

O Catecismo de Trento, porém, designa-lhes outra ordem, desta forma:

Do nono e décimo Mandamentos

Não cobiçarás a casa de teu próximo, não desejarás sua mulher, nem seu servo, nem sua serva, nem seu boi, nem seu jumento, nem qualquer outra coisa que lhe pertença.[71]

Seguindo esta autoridade, a divisão seria:

---

[7]Cat. do conc. de trento. Part. III, cap. X, pág.I.

O CULTO ÀS IMAGENS

9. Não cobiçarás a casa de teu próximo.

10. Não desejarás sua mulher.

E, adotado este princípio de tornar diferentes estes dois mandamentos, há matéria suficiente no que se omite para, em lugar de dez, a igreja romana, por esse sistema, fazer doze mandamentos.

O fim que se tem em vista, ao adotar esta divisão, é óbvio: habilita os compiladores a omitir o que chamamos décimo mandamento, sem alterar a numeração.

É verdade que costumam citar Santo Agostinho, quanto a esta divisão; porém ele dá duas divisões, como se pode ver, comparado a sua "Epistola ad Bonifacium" com o "Speculum ex Deuteronomio". A teoria de Santo Agostinho era que os três primeiros mandamentos continham nossos deveres para com Deus, e por esta divisão desejou simbolizar a Trindade – pernicioso misticismo que trouxe muitos males à Igreja.[8] Por outro lado, seguimos a divisão adotada pelos judeus, como testificou Josefo,[9] e também pela igreja grega; e entre os padres podemos mencionar em nosso favor Tertuliano, Atanásio, Crisóstomo, Jerônimo, Ambrósio, João Cássio, Sulpicio Severo e outros.[10]

---

[8]Veja-se um magnífico folheto intitulado: *Por que é que a Igreja de Roma esconde o segundo mandamento ao povo?* pelo Dr. M. Caul.

[9]Josefo. "*Antiguidades Judaicas*", livro III, cap. v. Obras, vol. I, pág. 207. Londres, 1716.

[10]O bispo Taylor, na sua "*Lei Cristã, a grande regra da consciência*", lib. II, cap. II, Regra VI, vol. XII, pág. 360 e seguintes, edição de Heber, Londres (1822) cita Athanasio, Cyrillo, Jeronymo, Hesychio, que fazem da introdução um dos mandamentos, e do que chamamos o primeiro e o segundo, outro. Como seguindo o mesmo sistema de ligar estes dois, cita Clemente de Alexandria, Agostinho, Beda y Bernardo, Lyra, o Cardeal Hugo e Lombardo. Por outro lado, fazem deles dois mandamentos distintos, o paraphrasista caldeu Josepho. Origenes, Gregório Nazianzeno, Ambrosio, Jeronymo, Chrysostomo, Agostinho (autor da *Questão do Antigo e Novo Testamento*), Sulpicio Severo e Zonaras, e inclina-se para essa divisão Beda, apoiado por Calvino e outros protestantes não luteranos. Athanasio, na sua *Sinop. Scrip.* dá a seguinte divisão: "O livro contém dez mandamentos: *o primeiro* — Eu sou Jehovah, teu Deus; o segundo — Não farás para ti ídolo, nem semelhança de coisa alguma". E Cyrillo (lib. V. Cont. Jul.) apresenta-nos Juliano, que os resume deste modo:

"Eu sou Jehovah, teu Deus, que te tirei da terra do Egito"; o segundo depois deste: — "Não terás outros deuses além de Mim: não farás para ti imagem (*simulacrum*) esculpida".

INOVAÇÕES DA IGREJA CATÓLICA ROMANA

IV. Isso faz com que dirijamos aos católicos romanos a mais grave das acusações, que é a de omitir o segundo mandamento do decálogo; e, como se a própria consciência se levantasse para protestar contra tão sacrílega omissão, a igreja romana escreveu o seguinte em seus catecismos:

P. Omite-se alguma parte dos mandamentos?
R. Não: somente se omitem algumas palavras.

Tudo isso é simplesmente vergonhoso!

Julgamos ser desnecessário citar um a um todos os catecismos, pois todos são contextos a tal respeito, desde o pequeno Ripalda até ao catecismo do P. Claret, sem excetuar o traduzido do francês, em 8 volumes, do abade Gaume, intitulado o Catecismo da Perseverança, publicado em Barcelona.

Todos eles perguntam:

Quantos são os mandamentos da lei de Deus?

E respondem:

Dez. O primeiro: Amarás a Deus sobre todas as coisas.
O segundo: Não jurarás seu santo nome em vão.
O nono: Não desejarás a mulher de teu próximo.
O décimo: Não cobiçarás as coisas alheias.

É isso o que se encontra nos catecismos católicos romanos da Espanha, assim como nos dos demais países. Um catecismo italiano, escrito por Antônio Rosmini Serbati, doutor em teologia, fundador e diretor do Instituto de Caridade, tem os dez mandamentos da seguinte forma:

1.º Eu sou o Senhor teu Deus: não terás outros deuses diante de mim.
2.º Não tomarás em vão o nome do Senhor teu Deus.

O CULTO ÀS IMAGENS

3.º Lembra-te de santificar os dias de descanso!!... etc., etc.

Poderíamos citar muitos catecismos de França, Inglaterra, Irlanda etc. Existe um curioso trabalho sobre este ponto, feito pelo Rev. Dr. M. Caul, já citado, que diz o seguinte:

Há, pois, vinte e nove catecismo usados em Roma, Itália, França, Bélgica, Áustria, Baviera, Silésia, Polônia, Irlanda, Inglaterra, Espanha e Portugal, em vinte e sete dos quais está omitido totalmente o segundo mandamento; em dois deles está mutilado, aparecendo somente uma parte. Não está, pois, provado que a Igreja de Roma esconde ao povo o segundo mandamento?

Julgamos desnecessário comentar este procedimento dos romanistas com relação ao modo como eles consideram e tratam a Palavra de Deus. Os comentários faça-os o leitor.

CAPÍTULO 9
O PURGATÓRIO

O Purgatório – A cozinha dos padres.

PROVÉRBIO ITALIANO

Numa conversa que tive com um italiano, homem inteligente e instruído, e que dizia ser católico romano, ofereceu-se ensejo de, entre outros assuntos, falarmos acerca da religião que ele professava. Perguntei-lhe o que pensava acerca da doutrina do purgatório:

– Oh! disse-nos ele, nós chamamos ao purgatório, aqui na Itália, a cozinha dos padres.

A idéia não pode ser mais feliz nem mais apropriada, porque, efetivamente, o purgatório é o fundamento das missas, indulgências e orações pelos defuntos. Ao povo simples e ignorante ensina-se a crer que os que morrem são encarcerados na outra vida, atormentados – cárcere do qual se livram, tormentos que finalizam, com o auxílio das obras religiosas; e é por isso que à hora da morte costumam fazer-se importantes donativos a certas instituições de piedade, na hipótese de que assim pode o paciente sair mais cedo do purgatório e entrar no céu.

Esta doutrina precisa de ser mantida a todo o custo pela igreja romana, visto que o purgatório é para ela sua principal, senão a única, fonte de receita. Aqueles que morrem em pecado mortal vão para o inferno; porém aqueles que morrem em pecado, e que a igreja chama venial, e que não foi expiado nesta vida, ou cuja satisfação não foi perdoada por meio de indulgências, vão para o purgatório. Além disso, dizem-nos que, "quando os pecados de uma pessoa estão perdoados, e ela está

INOVAÇÕES DA IGREJA CATÓLICA ROMANA

justificada, fica ainda assim obrigada a satisfazer o castigo temporal, neste mundo ou no outro, no purgatório"[1] – castigo que só pode ser perdoado por meio das indulgências. Dizem também que a missa é um sacrifício 'propiciatório' e 'oferecido' não somente pelos vivos, mas também pelos mortos em Cristo, que não se acham ainda completamente purificados,[2] e especialmente pelos que estão no purgatório. E o catecismo de Trento diz-nos que o purgatório é um fogo depurativo, no qual as almas dos fiéis, sendo atormentadas por um certo tempo, são purificadas de seus pecados, entrando depois no céu.[3] O sistema é obra prima de logro sacerdotal; e o que é para admirar é que haja gente, em pleno século XIX, que possa crer na existência de tal lugar na outra vida. Temos, em primeiro lugar, a arbitrária distinção entre pecados mortais e pecados veniais, cuja linha divisória é traçada pelo sacerdote no confessionário; doutrina essa completamente desconhecida da igreja cristã primitiva. Sendo Deus o único que conhece os corações e esquadrinha os pensamentos, como pode o sacerdote arrogar-se o poder de traçar essa linha? Ímpia usurpação! Depois vem a absolvição do pecado, dada pelo sacerdote, mas ainda assim deixando a pena temporal, devida ao pecado, para que seja sofrida nesta vida ou no purgatório. Concebei, por um momento, um criminoso ao qual se diz que o Chefe do Estado lhe perdoou, porque se arrependeu e confessou sua culpa, mas que, apesar disso, tem que sofrer ainda o castigo devido ao crime que praticou. Em tais circunstâncias, seria muito difícil a esse criminoso poder apreciar o valor do perdão, ou a justiça de semelhante procedimento. Todavia, é esta a doutrina moderna da igreja romana, doutrina que não pode ser sustentada em face do ensino e prática da igreja cristã primitiva.

A idéia de um purgatório foi pela primeira vez submetida a discussão na segunda sessão do Concílio de Ferrara, em 15 de março de 1438; e

---

[1] Concil. Trid. Sess. VI. can. XXX.

[2] Ibid. sess. XXII, cap. II.

[3] Est purgatorius *ignis*, quo piorum animae ad definitum tempus *cruciatae* expiantur (Conc. Trid. Par. 1.ª, sess. V. Purg. Ignis. pág. 61. Paris. Edit. 1

O PURGATÓRIO

antes desta data não fez parte de nenhum credo, nem foi reconhecida como doutrina corrente na Igreja: foi pela primeira vez admitida como doutrina da igreja romana no Concílio de Florença, em 1439.[4]

Consignemos aqui uma notável concessão sobre este assunto. A doutrina envolve uma decisão da parte daqueles que a professam, quanto ao estado das almas dos defuntos; e é claro que qualquer incerteza sobre este princípio deve envolver uma incerteza na crença da própria doutrina. Os editores beneditinos das obras de Santo Ambrósio dizem o seguinte:

> Não é coisa estranha, na verdade, que Ambrósio tivesse escrito desse modo acerca do estado das almas, mas parece quase incrível a incerteza e inconsequência dos santos padres sobre a questão, desde os primeiros tempos apostólicos até ao pontificado de Gregório IX, e até ao Concílio de Florença, isto é, por espaço de quase quatorze séculos, porque não somente diferem uns dos outros, como é natural que suceda em matérias ainda não definidas pela Igreja, mas até não são bastante consistentes consigo mesmos.[5]

Que melhor informação, que nova revelação teriam, os doutores do Concílio de Florença, que não tiveram os cristãos do tempo de Ambrósio? O fato é que a Bíblia fala unicamente do céu e do inferno, e não se refere a esse lugar intermediário – o purgatório. Tendo a Bíblia deixado de ser o guia da Igreja de Roma, esta igreja, agindo por sua própria conta, inventou e depois definiu o que muito bem lhe pareceu acerca do purgatório, e logo depois assumiu o poder de socorrer as almas que ali estivessem, canonizando este, enviando aquele para o "insondável abismo", reclamando impudentemente a antiguidade em seu favor, com a qual pretendeu

---

[4] O Concílio de Florença foi a continuação do de Ferrara.

[5] "irum quidem non est hoc modo de animarum statu scripsesse. Ambrosium, sed illud prope modum incredibile videri potest, quam in ea, qaestione sancti patres ab ipsis apostolorum temporibus ad Gregorii XI. Pontificatum, Florentinum que concilium, hoc est toto ferme quatordecim saeculorum spatio, incerti ac parum constantes extiterint. Non enim solum alius ab alio, ut in hujusmodi quaestionibus necdum ab ecclesia definitis contingere amat, dissentiunt: verum etiam non satis cohoerent sibi ipsi" (St. amb. Oper. tom. I, pág. 385. Admonitio ad lectorem. Edit. Bened. Parisiis, 1686).

INOVAÇÕES DA IGREJA CATÓLICA ROMANA

sancionar sua doutrina, e anatematizando a todo aquele que não acreditasse cegamente naquilo que ela se lembrou e se lembra de ensinar.

Em que testemunho se apoia esta doutrina? O Dr. Wiseman, em seus *Discursos*,[6] afirma que a doutrina do purgatório não pode ser provada *diretamente* pela Escritura, mas apenas indiretamente. É importante esta afirmativa do Dr. Wiseman. Diz ele que é um absurdo exigir que os romanistas provem cada uma de suas doutrinas individualmente pelas Escrituras. Sua Igreja (alega ele) foi constituída por Cristo, é depositária de suas verdades, e ainda que muitas delas se achem consignadas nas Santas Escrituras, muitas outras foram confiadas ao depósito da tradição. "Sobre esta autoridade o católico fundamenta sua crença na doutrina do purgatório, apesar de ela achar-se contida *indiretamente*, apenas, na Palavra de Deus".

O Dr. Wiseman faz do purgatório um princípio teológico, deduzido da doutrina de sua Igreja, "a oração pelos defuntos", doutrina esta que ele afirma estar contida na Escritura e ter sido ensinada pelos apóstolos e praticada pelos primeiros cristãos. "Esta prática", diz ele, "está essencialmente fundamentada na crença do purgatório, e uma e outra estão perfeitamente unidas entre si". Provando-se uma, afirma que está provada necessariamente a outra, deduzindo-se dela como uma consequência e conclusão teológica; "porque, se os antigos cristãos oravam pelos mortos, com que outro fim podiam orar senão para livrar a alma dessa angustiosa posição?" É este o seu argumento. Convém observar aqui que o Dr. Wiseman nos fornece a regra pela qual se prova a verdade de uma doutrina. Nos *Discursos*[7] diz:

"Suponhamos que se origina alguma dificuldade relativamente a qualquer ponto de doutrina; "suponhamos que as opiniões dos homens se dividam, e não se conheça precisamente aquilo que se deve crer, e que a Igreja julga prudente e necessário examinar o assunto em questão, e definir aquilo que se deve crer: o método mais racional seria examinar cuidadosamente

---

[6]Londres, 1851. Discurso XI. vol. II. pág. 53.
[7]Londres, 1851. Discurso II, vol. I, pág. 61.

O PURGATÓRIO

os escritos dos mais antigos padres da Igreja, averiguar aquilo que nos diferentes países e séculos sustentaram, e assim colecionar as opiniões de todo o mundo e de todos os tempos; não estabelecer ou criar novos artigos de fé, mas, sim, definir que tal ou tal doutrina foi *sempre a crença da Igreja*. Em cada questão devemos primeiramente *examiná-la historicamente*, e empregar sempre toda a prudência humana para chegar a uma judiciosa decisão".

Não faremos comentários à desesperada tarefa que nos é imposta, para podermos descobrir qual a crença ou fé sobre um ponto debatido: ainda bem que no meio de tantas dificuldades, o Dr. Wiseman confessa que toda a questão se resolve num *exame histórico*, numa *questão de fato*.

Convém observar que o Dr. Wiseman não confia na teoria moderna da evolução.

Chamemos agora a atenção do leitor para a *Regra de Fé Católica*[8] do Rev. P. Waterworth, universalmente conhecida. O sacerdote romano, Dr. Murray, na câmara dos comuns, da Inglaterra, testificou, sob juramento, que neste livro, entre outros assuntos, "se acha a mais autêntica exposição da fé da igreja católica".

Veron, para que não houvesse dúvidas sobre o sentido dado por sua Igreja, estabelece as seguintes regras:

I. Deve-se considerar tão-somente como artigo de fé aquilo que esteja revelado na Palavra de Deus, e haja sido proposto pela igreja católica a todos os seus filhos, como necessário para ser crido com fé divina (cap. I, séc. I, pág. 1), não pertencendo a este celestial depósito, se lhe faltar alguma destas condições.

II. Nenhuma doutrina que esteja fundamentada nos textos da Escritura, e tenha sido interpretada em diversos sentidos pelos santos padres, é artigo de fé (séc. IV. 3. pág. 8).

III. Não admitimos como artigo de fé católica conclusão alguma, por mais certa que ela seja ou mais logicamente deduzida das premissas, uma das

---

[8]Birmingham, 1863.

INOVAÇÕES DA IGREJA CATÓLICA ROMANA

quais seja de fé, e a outra clara e conhecida somente pela luz da razão (4. pág. 8).

IV. Deve-se ter como proposição certa e notória que as conclusões não são artigos de fé (Ibid. pág. 10).

Desgraçada teoria a do Dr. Wiseman, que a um só tempo peca contra as regras I e IV!

Relativamente à teoria que considera o purgatório como uma necessária consequência do costume de orar pelos mortos, dizem que esta última prática, ainda que não conforme com as Escrituras, é antiga. Com que fim, pergunta o Dr. Wiseman, se havia de orar pelos defuntos, senão para libertar suas almas do purgatório?

Citem-nos os romanistas uma só oração ou coleta contida nos escritos dos padres, ou nas antigas e genuínas liturgias, para livrar as almas daquele lugar imaginário. Nenhuma oração se encontra neste sentido e para tal fim. Não há, nos antigos ofícios romanistas, uma palavra acerca do purgatório e de suas penas. Costumam citar, é certo, algumas passagens de liturgias interpoladas, porém está por demais reconhecido o fato da interpolação. É igualmente certo que o Dr. Wiseman cita uma passagem da oração fúnebre pronunciada por Ambrósio por ocasião da morte de Teodósio, a qual passagem nos leva a supor que ele orava incessantemente pelo imperador defunto; porém o Dr. Wiseman, com seu reconhecido talento para falsificar as citações dos santos padres, omite, nessa ocasião, metade da passagem que pretende citar, o fato de que Ambrósio declarou que conhecia que Teodósio estava então "no reino do Senhor Jesus e contemplando seu templo, e que ele lhe tinha posto o manto da glória", que era "um cidadão do paraíso, um habitante da cidade celestial". A razão por que Wiseman omite estas passagens é óbvia; nenhum de seus leitores acreditaria ser um purgatório papista aquele de que falava Ambrósio. Assim também, nas passagens que cita de Epifânio e Cirilo de Jerusalém, para provar que estes padres ofereciam orações pelos defuntos, em favor de suas almas no purgatório, omite a circunstância de que em suas orações incluíam "os patriarcas, profetas, apóstolos,

O PURGATÓRIO

bispos e mártires!" Falsificando as passagens dos santos padres, facilmente podem chamar ao branco negro, e vice-versa.

Isso nos conduz ao segundo ponto. Admitem os romanistas que os patriarcas, profetas, apóstolos, a Virgem Maria, os mártires, e outros, não entraram no purgatório. Pois bem: em quase todas as orações pelos defuntos que se citam para provar o costume de orar pelos mortos essas orações incluem os santos supracitados. Se, pois, a teoria do Dr. Wiseman é a que tem de prevalecer, todos os patriarcas, profetas, a Virgem Maria, e outros, entraram no purgatório, o que, por certo, nenhum romanista admitirá. Logo, deve admitir-se também que a crença na existência do purgatório não está fundamentada no costume de orar pelos mortos, praticado pela igreja primitiva, como querem os romanistas. O Dr. Wiseman conhecia perfeitamente esta dificuldade, e combate-a, com uma ousadia incrível, da seguinte maneira:

"É fora de toda dúvida (diz ele) que nas antigas liturgias se faz menção dos santos na mesma oração em que são mencionados os demais fiéis defuntos, pela simples circunstância de que seus nomes se achavam assim unidos, até que os sufrágios públicos da igreja declarassem que eles pertenciam a uma ordem mais feliz".[9]

A primeira canonização teve lugar no Concílio de Roma, no ano de 993;[10] e, como se não pretende dizer que a Virgem, os apóstolos e os mártires entrassem no purgatório, é evidente que a doutrina do purgatório só depois do ano de 993 é que foi conhecida na Igreja.

Quando foi que se proclamou pela primeira vez que os santos pertenciam a um estado mais feliz? Respondemos que não foi antes do ano de 1439, no Concílio de Florença. Perguntaríamos ao Dr. Wiseman: Quem autorizou a Igreja de Roma a declarar que os apóstolos, profetas, e outros, pertencem a um estado mais feliz? E não pertenceriam eles a esse "estado mais feliz" antes de a Igreja assim o declarar?

---

[9] Discurso de Moorfields. Disc. XI, vol. I, pág. 67. Londres, 1851.

[10] Labb. et Coss. Concíl. tom. IX, pág. 741. Paris, 1671.

INOVAÇÕES DA IGREJA CATÓLICA ROMANA

Por outro lado, se seguirmos o método apresentado pelo Dr. Wiseman, e examinarmos cuidadosamente os escritos dos padres mais antigos para averiguar aquilo que eles creram e ensinaram nos diferentes países e séculos, o que encontraremos? Encontraremos que a doutrina do purgatório era completamente desconhecida dos padres gregos e da igreja grega;[11] e temos o importantíssimo fato de que a igreja grega atualmente faz orações pelos mortos, mas rejeita a doutrina do purgatório. E, no que diz respeito à igreja latina, o primeiro padre, Tertuliano, citado pelo Dr. Wiseman, destrói tal doutrina. Diz-nos ele que uma viúva foi aconselhada por Tertuliano a que orasse pela alma de seu defunto marido, afirmando, além disso, Wiseman que esta prática é recomendada pela Escritura. Saiba-se, porém, que, se interrogarmos Tertuliano a tal respeito, nos dirá o seguinte: "Não achamos na Escritura nenhuma lei ou recomendação que mande orar pelos mortos". Tertuliano defende apenas a prática como um costume tradicional.[12]

Foi Orígenes quem ensinou que todos, inclusive os apóstolos e o próprio diabo, passaram pelo fogo e por fim foram salvos, preparando desta forma o caminho para a introdução desta superstição. Esta doutrina, porém, foi condenada no quinto Concílio Ecumênico (553)[13] apesar de o Dr. Wiseman levar seu atrevimento ao ponto de citar em seus *Discursos*, como ensino da Igreja universal, esta condenada teoria.

Este dogma herético levou a Igreja a proclamar uma doutrina que pouco tempo depois se tornou geral – a existência de um fogo *purgatorial* na outra vida, mas que só existiria de fato depois do juízo final. Agostinho, porém, diz terminantemente: "A fé católica, apoiando-se na autoridade divina, crê que o primeiro lugar é o reino dos céus, e o segundo, o inferno. Desconhecemos completamente outro terceiro lugar; ainda mais, sabemos que a Escritura não fala de tal lugar!"[14]

---

[11] "Sed et Graecis ad hunc usque diem (i. e... concíl. florent. A. 1439) non est creditum purgatorium esse" (Assert. Luther. Confut. per Joan. Roffens. Art. XVIII. Colon, 1559).

[12] Tert. *de Coron. Milit*, pág. 289. Edit. Roth. 1662.

[13] Bals. apud Beveridg, Synod. vol. I. pág. 150. Oxon. 1672.

[14] Tertium penitus ignoramus, immo, nec esse in Scripturas Sanctis inveniemus (Aug. Hypog. 1, 5, tom. VII. Basil 1529).

O PURGATÓRIO

Se os diálogos pueris e absurdos que correm impressos com o nome de Gregório I são autênticos, o que é muito improvável, então é a ele a quem devemos o reconhecimento formal desta doutrina; porém suas próprias especulações, suas opiniões particulares e a teoria do século VII diferem muitíssimo da doutrina moderna. Seu sistema era que as almas eram castigadas em expiação de seus *pecados*, ao passo que a doutrina moderna do purgatório pressupõe o perdão do pecado e a ida, depois dele, para o lugar do castigo.

Se apelam para as Escrituras, como fazem alguns advogados menos discretos do que o doutor Wiseman, com o fim de, por meio delas, provarem sua nova doutrina, argumentar-lhes-emos com a regra II de Veron, pois que facilmente podemos mostrar-lhes, pelos escritos dos padres, que os textos em que ordinariamente se apoiam são por eles interpretados de diversa maneira, e negamos que por alguns desses padres tenham apresentado qualquer texto da Escritura em apoio da nova doutrina papal.

Desafiamos, portanto, os romanistas a que nos demonstrem que a moderna doutrina tridentina foi crida e ensinada pela igreja cristã primitiva. E, para auxiliá-los em suas investigações, chamaremos sua atenção para a notável concessão feita por um famoso adversário de Lutero, o sábio Fisher, bispo católico romano de Rochester, no ano de 1504, e lente de teologia em Cambridge. Diz ele:

> "Leia quem quiser os comentários dos antigos gregos, e verá que eles quase que não falam do purgatório. E mesmo com respeito aos latinos, só pouco a pouco é que conceberam a verdade disso, e não foi tão necessária na igreja primitiva como o é hoje a fé no purgatório ou nas indulgências".[15]

É preciso, pois, que os católicos romanos, em defesa desta doutrina, renunciem sua pretensão de crer e ensinar o que creu e ensinou a igreja primitiva.

---

[15] Legat, qui velit, graecorum veterum commentaria et nullum, quantum opinor, aut quam rarissime de purgatorio sermonem inveniet. Sed neque latini simul omnes, at sensim hujus rei veritatem conceperunt; neque tan necessaria fuit sive indulgentiarum fides in primitiva ecclesia, atque nunc est (Assert. Luther. Confut, per Joan. Roffens. Articulo XVIII, pág. 200, colon. 1559).

CAPÍTULO 10
A PENITÊNCIA

*"O qual se opõe e se eleva contra tudo que se chama Deus ou é
objeto de culto, a ponto de assentar-se no santuário de Deus,
ostentando-se como se fosse o próprio Deus"*

2Tessalonicenses 2.4

Prosseguindo no exame da pretensão da igreja romana com respeito à sua antiguidade, e da afirmação de que os sacerdotes romanos não são "representantes de nenhum sistema novo da religião, nem pregadores de nenhuma nova doutrina", e que "as doutrinas agora por ela ensinadas são as mesmas que foram anunciadas neste país nos primeiros séculos", tomaremos um dos dogmas mais populares dessa igreja – a *doutrina da penitência*, tal como atualmente os romanistas a professam, e a qual chamam *sacramento da penitência*.

I. A igreja romana, segundo o Concílio de Trento, exige que reconheçamos nem mais nem menos do que sete sacramentos, com todas as correspondentes cerimônias e acessórios, sob pena, nada menos, de oitenta e nove reverendíssimas excomunhões. Desses sete sacramentos apenas admitimos e reconhecemos dois, isto é: o *Batismo* e a *Ceia do Senhor*. Os outros cinco são a *confirmação, penitência, ordem, matrimônio* e *extrema-unção*. O número sete foi pela primeira vez 'lembrado' pelo Concílio de Florença, em 1439, e somente foi declarado artigo de fé cristã na sétima sessão do Concílio de Trento, celebrada em março de 1547. Um eminente teólogo da igreja romana, Cassander, depois de um detido exame do assunto, afirma que antes da época de Pedro Lombardo, o grande mestre

INOVAÇÕES DA IGREJA CATÓLICA ROMANA

das sentenças, em 1140, não tinha sido resolvido se era sete o número dos sacramentos.[1]

O sacerdócio romano é, pois, representante de uma igreja que sustenta esta nova doutrina, completamente desconhecida até 1140; e nós desafiamo-los a que provem que a igreja cristã primitiva teve como doutrina de fé nem mais nem menos do que *sete sacramentos*, ou que a doutrina romana acerca da penitência era então considerada como um sacramento instituído por Cristo.

II. O cânon oitavo da sétima sessão do Concílio de Trento declara que cada um desses chamados sacramentos confere graça *ex opere operato*; doutrina essa que é imposta à crença dos fiéis sob pena de excomunhão. É este também um novo ensino da igreja romana. Tomemos, por exemplo, um desses chamados sacramentos, o matrimônio. Pedro Lombardo nega terminantemente que o matrimônio confira graça, e isso mesmo é testificado por outro católico romano, Cassander.[2] O autor da "Glosa acerca de Graciano" diz também que no matrimônio não se recebe a graça do Espírito Santo, como nos outros sacramentos.[3] Durando, um dos mais abalizados e instruídos teólogos da igreja romana, vai mais além do que o autor da 'Glosa', pois afirma que o matrimônio nem confere a *primeira* graça, nem *aumenta* graça.[4]

Nós, portanto, rejeitamos esta nova doutrina, inventada pela igreja romana e por ela incluída em seu credo como um novo artigo de fé.

III. Diz a Igreja de Roma que este chamado sacramento da penitência é necessário para a salvação daqueles que pecaram depois do batismo,

---

[1] "Non temere quemquam reperies ante Petrum Lombardum, qui certum aliquem et definitum sacramentorum numerum statuerit, et de iis septem non omnia quidem scholastici aeque proprie sacramenta vocabant" (Cassander, *de número Sacrament*. Art. XIII, pág. 951. Paris 1616, e pág. 107. Consultat. Lugd. 1608).

[2] "De matrimonio Petrus Lombardus negavit in eo gratiam conferri" (Cassand. Consult., ut supra, pág. 951. Edit. Paris, 1616).

[3] "In hoc sacramento non confertur gratia Spiritus Sancti, sicut in aliis" (Corps. Jur. Can. vol. I col. 1607. Lugd. 1671. Causa 1. Q. 1, c. 101 e 32. Q. 2. c. 13).

[4] Ipse vero Durandus hoc argumento utitur: matrimonium non confert primam gratiam, quae est ipsa justificatio a peccatis, neque secundam gratiam, sive gratiae incrementum; nullam igitur gratiam confert. (Veja-se Bellarmino *de Matrim. Sacram.* lib. I, c. v. tom. III. pág. 506. Colon. 1616. Duran. fol. CCCXVIII. Paris, 1508).

A PENITÊNCIA

assim como o batismo é necessário para aqueles que não estão regenerados,[5] e o Concílio de Trento, por sua vez, diz: "Não há pecado tão grave, nem crime por maior que seja, e frequentemente cometido, que não seja perdoado pelo sacramento da penitência. A ele, pois, pertence de uma maneira especial o poder de perdoar a culpa atual, isto é, sem sua intervenção não podemos obter nem esperar o perdão". As três partes necessárias, ou componentes, deste sacramento, e que constituem sua matéria, são a contrição, a confissão e a satisfação.[6] Admite-se que contrição por si só, isto é, o pesar e a dor pelo pecado, com um propósito firme de não mais pecar, sem a confissão e absolvição e sem a satisfação, porém só com o desejo delas, basta para obter a graça e o perdão de Deus; mas o arrependimento imperfeito (atrição), isto é, a dor pelo pecado, por um motivo egoísta, tal como o temor do castigo, não obterá por si só o perdão; todavia, quando ela é seguida da confissão, absolvição e satisfação, alcançará a graça e o perdão no tribunal da penitência; em outras termos, e mais claramente, um arrependimento imperfeito do pecado basta para obter o perdão do pecado![7]

Delahogue estabelece a seguinte regra: "Não se requer o arrependimento perfeito, para que o homem alcance a remissão dos pecados mortais, no tribunal da penitência".[8]

Isso mesmo está perfeitamente de acordo com a doutrina do Concílio de Trento, o qual, ao mesmo tempo que admite que, por meio de um verdadeiro arrependimento, se efetua a reconciliação do pecador com Deus, antes de receber o sacramento da penitência, afirma, todavia – e

---

[5] "Concil. Trid. ses. XIV. cap. II. ad finem".

[6] "Concil. Trid. ses. XIV, cap. 3".

[7] Con. Trid. ses. cap. 4. A atrição é a dor que se sente por haver ofendido a Deus por um motivo menos perfeito; por exemplo, pela fealdade do pecado, isto é, pelo inferno que se merece e pelo céu que se perdeu. De sorte que a contrição é uma dor do pecado pela ofensa feita a Deus, e a atrição é o pesar de ter ofendido a Deus, atendendo as consequências. Ligório, na "Instrução para os sacerdotes", cap. V. *da Penit.* seção II *da Contrição*, nos 20 e 21, diz: "Quando se tem contrição recebe-se imediatamente a graça, antes de se receber o sacramento com a absolvição do sacerdote, contanto que o penitente tenha a intenção, pelo menos implícita, de receber o sacramento, confessando-se".

[8] "Contritio perfecta non requiritur ut homo, in sacramento poenitentiae, peccatorum mortalium remissionem obtineat" (*Tract. de Sacr. Poenit.* Dublin, 1825).

INOVAÇÕES DA IGREJA CATÓLICA ROMANA

isso com o fim de exaltar a igreja e o sacerdócio, já se vê – que essa reconciliação jamais se alcançará por meio do arrependimento, se no pecador não houver o desejo de receber o sacramento. Portanto, o Concílio faz a misericórdia de Deus e o seu perdão dependerem, não da promessa de Deus de perdoar o pecador que se arrepende, mas, sim, do desejo de conforma-se com as determinações da Igreja de Roma; e ainda mais que isso, pois que, para dar mais importância a esta sua nova doutrina, declara essa igreja que um pecador, cujo arrependimento é imperfeito, não alcançará a misericórdia de Deus sem se ir ajoelhar aos pés do confessor, oferecendo dessa maneira a ilusória esperança da salvação, só e exclusivamente por meio do chamado sacramento da penitência.[9] A razão de tudo isso não é outra senão conceder ao sacerdote o poder que é só próprio da deidade, e tanto isso é verdade que o catecismo tridentino diz "que os pecados do penitente são-lhe perdoados pelo *ministro da religião*, em virtude do poder das chaves; que o sacerdote desempenha o papel *judicial* e não ministerial, e julga nas causas em que este discricionário poder deve ser exercido, pronunciando a sentença como um verdadeiro juiz".[10] O sacerdote "assenta-se no tribunal da penitência como legitimo juiz. Ele representa o caráter e desempenha o oficio de Jesus Cristo".

O mesmo catecismo tridentino diz mais ainda "que os sacerdotes representam Deus na terra, e são não só anjos, mas deuses, porque possuem

---

[9] "Docet præterea, etsi contritionem hanc aliquando charitate perfectan esse contingat, hominemque Deo reconciliari, priusquam hoc sacramentum actu suscipiatur; ipsam nihilominus reconciliationem ipsi contritioni, sine sacramenti voto, quod in illa includitur, non esse adscribendam. Illam vero contritionem imperfectam, quae attritio dicitur, quoniam vel ex turpitudinis peccati consideratione, vel ex gehennaae et poenarum metu communiter concipitur, si voluntatem peccandi excludat, cum spe veniae, declarat non solum non facere hominem hypocritam et magis peccatorem, verum etiam donum Dei esse, et Spiritus Sancti impulsum, non adhuc quidem inhabitantis, sed tantum moventis, quo poenitens adjutos viam sibi ad justitiam parat. Et quamvis sine sacramento penitentiæ per se ad justificationem perducere peccatorem nequeat, tamem eum ad Dei gratiam in sacramento poenitentiae impetrandum disponit" (Concil. Triden. sess. VIV. de *Poenit*. c. IV. de *Contritione*. pp. 136, 137. Paris, 1848).

[10] Non est solum nudum ministerium, vel anuntiandi Evangelium, vel declarandi remissa esse peccata, sed ad instar actus judicialis quo ab ipsp velut a judice, sententia pronunciatur (Conc. Trid. sess. XIV, de *poenit*. cap. VI. *De ministro hujus sacramenti, et absolutione*; et can. IX, onde são anathematizados todos os que negam esta doutrina).

A PENITÊNCIA

a força e o poder do Deus imortal"; pois que não só têm o poder de "fazer e oferecer o corpo e sangue de nosso Senhor, mas também o poder de perdoar os pecados",[11] e é "por isso que eles se assentam no templo de Deus, ostentando-se como se fossem Deus" (2Ts 2.4).

A distinção entre atrição e contrição, na doutrina da penitência, é de grande importância e valor, e desafiamos desde já os romanistas a que provem pela Escritura essa distinção, ou que nos mostrem que ela foi reconhecida pela igreja cristã primitiva.

IV. A segunda "parte integrante" deste chamado sacramento, que dizem ser necessário para nossa salvação, é a confissão e absolvição.

Por 'confissão' se entende a acusação secreta e oral dos pecados feita ao sacerdote. A Igreja de Roma moderna considera esse ato do penitente absolutamente necessário. Esta igreja, no quarto Concílio de Latrão, em 1215, pela primeira vez decretou e exigiu de todos os crentes de qualquer sexo, sob pena de excomunhão, que se confessassem ao sacerdote, pelo menos, uma vez em cada ano.[12]

Esse decreto foi reconhecido e confirmado pelos padres de Trento.[13] Pedro Lombardo nos informa que em seu tempo a confissão oral feita a um sacerdote, ou a confissão secreta feita a Deus, estavam ambas em uso, mas a doutrina não tinha sido definida pela Igreja.[14] Mosheim, em sua "História Eclesiástica", diz que antes do decreto do Concílio de Latrão "cada cristão tinha a liberdade de fazer a confissão ao Ser Supremo, ou a um confidente ou diretor espiritual".[15] E o historiador católico romano, Fleury, claramente afirma e sustenta que a confissão oral obrigatória foi obra de Chrodegang, bispo de Metz, em 763, que a adotou unicamente como disciplina particular em seu instinto monástico. "É essa a primeira vez, escreve Fleury, que encontro a confissão".[16]

---

[11] Catech. Concil. Trid., par. II; *De Ordinis Sacramento*, seção II. pág. 327. Edit. Paris, 1848).

[12] Labb. et Coss. Concil. Lat. IV. Can. 21, tom. XI, pág. 147. Paris, 1671.

[13] Sess. XVI. Can. VIII. *De poenitentia*.

[14] Petrum Lombardum, sent. I, lib. IV, dist. XVII, pág. 102, 107. Lugdun, 1618.

[15] Mosheim *Eccl. His.* século XIII, part. II, cap. III, seção 2.

[16] Fleury, *História Eclesiástica*, tom. IX, pág. 300. Paris, 1766.

INOVAÇÕES DA IGREJA CATÓLICA ROMANA

Não se pode aduzir fato algum para provar que a confissão oral obrigatória, que presentemente dizem ser necessária para todos, fosse doutrina da igreja antes do ano de 1215. Vê-se, pois, que o chamado *sacramento da penitência* é uma das inovações do romanismo.

V. A *absolvição*, que se segue à confissão oral do penitente, consiste nas palavras proferidas pelo sacerdote: *Ego te absolvo*: "Eu te absolvo". O catecismo do Concílio de Trento declara, terminantemente, que não há absolvição se o sacerdote não pronunciar estas palavras.

> Todo o sacramento, diz o catecismo tridentino, consta de duas coisas: matéria e forma. Aquela são os elementos de que consta o sacramento propriamente dito, e esta as palavras que determinam a matéria. Nos sacramentos da nova lei a *forma* é tão *definida* que qualquer omissão de uma só palavra que seja torna o sacramento *nulo*.

Tire-se a este sacramento a *forma*, "Eu te absolvo", e não haverá nem sacramento, nem perdão, nem salvação para aqueles que pecaram depois do batismo; todavia, não há na história da igreja cristã fato mais evidente do que não terem aquelas palavras, *Eu te absolvo*, jamais feito parte da *forma* da absolvição usada na Igreja por mais de mil anos depois de Cristo.

Temos, pois, aqui outra – e não pequena – dificuldade; e, para fazerem-na desaparecer, apresentem os católicos romanos, se puderem, a forma da absolvição usada na Igreja antes de se lembrar de inserir em seu credo uma doutrina ímpia e anticristã. Mas não: é em vão este nosso apelo. A igreja romana bem sabe que esta sua nova doutrina, quer diante da palavra de Deus, quer diante de testemunhos dos pais primitivos, quer ainda diante da razão, não passa de um sonho que se desvanece.

VI. Pela absolvição supõe-se que fica perdoada a culpa do pecado, e o castigo eterno que o pecador merecia, mas não o castigo temporal. O sacerdote, portanto, impõe, como *satisfação*, alguma obra de penitência. Essas obras podem, apesar disso, ser perdoadas por meio de indulgência, que são "uma remissão do castigo temporal devido ao pecador", depois

A PENITÊNCIA

que ele é perdoado pelo sacramento da penitência, e também pela aplicação feita ao penitente de uma parte dos riquíssimos méritos de Cristo, da Virgem e dos santos – méritos que constituem o chamado *tesouro celestial da igreja*, o qual se supõe estar sob a custódia do papa, com o poder de o fechar ou abrir, como bem lhe parecer. Estas obras de penitência podem ser feitas por outro qualquer em favor do pecador. "Uma pessoa, diz o catecismo de Trento, pode satisfazer a Deus em lugar de outra".[17] Pedro Dens diz que "se impunha, com ótimos efeitos do sacramento, que o penitente obtivesse que outros fizessem em seu lugar obras de satisfação". Observai, porém, a habilidade da evasiva: "todavia, estas obras feitas por outros não são parte do sacramento; mas o ato do próprio penitente, na intenção de que estas obras foram feitas em seu favor, é parte do sacramento".[18]

Pedir aos romanistas que provem a antiguidade desta mentira sacerdotal seria zombar da própria religião. E assim, qualquer que for a maneira como encaremos este chamado sacramento da penitência, quer o examinemos em seu conjunto, quer tratemos em separado de cada uma das suas partes, ficamos convencidos de que se trata de uma invenção moderna da igreja romana, de um embuste sem paralelo nos anais da igreja cristã.

---

[17] Satisfacere potest unus pro alio, etc. (Par. II, de Poenit. sacr. N. CIX, cap. X., pág. 312. Paris, 1848).

[18] *Theologia de Dens*, tom. VI. pág. 242. Dublin, 1832.

CAPÍTULO 11
AS INDULGÊNCIAS

"Omnia Romae,Cum pretio".
JUVENAL. SAT, III, 183, 184.
"Venalia nobis Templa, sacerdotes, altaria, sacra, coronæ,
Ignes, thura, preces, coelum est venale. Deus que.
B. MANTUANI DE CALAMIT. LIB. III.

As revelações do nefando tráfico das indulgências têm sido tão prejudiciais ao sistema papal que os romanistas fazem esforços desesperados para explicar o ensino prático de sua igreja acerca de tal doutrina. As indulgências são um ardil astutamente ideado para obter dinheiro. Confessamos que o sistema não é para se desprezar. Desde o momento em que Roma precisa de dinheiro, muito dinheiro, para satisfazer suas ambições, não tem nem pode ter maior fonte de receita do que as tais chamadas indulgências. Isso posto, examinemos o assunto e consideremo-lo sob todos os pontos de vista em que ele se nos apresenta.

I. Os sacerdotes dizem que é um erro muito comum e uma grande calúnia afirmar que uma indulgência é um perdão do pecado. "A indulgência, dizem eles, não inclui o perdão de algum pecado mortal ou venial, passado, presente ou futuro".[1] Todavia, nos cânones da Igreja de Roma encontramos, na bula de Bonifácio VIII, por ocasião da primeira publicação de um jubileu, as seguintes palavras: "Concedemos, não só um completo, mas pleníssimo, perdão de todos os pecados". E, da mesma forma, Clemente VI declarou em sua bula que aqueles que ganhassem a

---

[1] "Fim da *Controversiá religiosa* do Dr. Milner" Carta XLII.

INOVAÇÕES DA IGREJA CATÓLICA ROMANA

indulgência alcançariam o mais completo perdão de todos os seus pecados; e Sixto IV "deu-lhes o nome de indulgências e remissão dos pecados".[2]

Ouvindo esta linguagem acerca das indulgências, qualquer um a julgaria
plenamente clara para ser entendida pelo povo, o mais simples e rude; porém não acontece assim, pois dizem os apologistas modernos que as expressões *venia peccatorum* (perdão dos pecados), e *remissio peccatorum* (remissão
dos pecados), usadas naquelas bulas, são "expressões técnicas tão vulgarmente entendidas por qualquer teólogo romano como a tecnologia jurídica
facilmente é compreendida por um letrado"; e realmente tais expressões não
significam de maneira alguma o que as palavras parecem indicar.

Dir-nos-ão que uma indulgência perdoa unicamente o castigo devido
ao pecado já perdoado; mas quem é que perdoa esse pecado, e quando?
Ninguém perdoa o pecado senão o sacerdote no chamado sacramento da
penitência, devendo o penitente, dizem eles, ter primeiramente cumprido
as respectivas condições que lhe foram impostas para poder aproveitar-se
frutuosamente de qualquer indulgência, isto é, confessar-se e receber a
absolvição. Realmente, esses senhores não devem estribar-se tanto neste
ponto; porque, depois de considerarmos o assunto, vemos que eles não
fazem mais do que entreter-se com *distingos*.

Portanto, se o pecado é perdoado pela indulgência ou por meio do
sacramento da penitência, pela absolvição do sacerdote, pouco importa,
porque quem se supõe perdoar o pecado judicialmente é o sacerdote, e
nesse caso o castigo devido ao pecado é perdoado pela indulgência concedida pelo papa. Para sermos, porém, 'tecnicamente' exatos, temos de
observar que não está definido pela igreja de Roma que uma indulgência
se estenda ao perdão do pecado, apesar de que é coisa definida e notória
que os próprios romanistas associam em suas mentes o perdão do pecado às indulgências, o que é admitido pelo Dr. Hirscher, professor de
teologia na universidade católica romana de Freiburg.

---

[2] "Non solum plenam et largiorem, sed plenissimam concedimus veniam omniunm peccatorum" (*Extrac. Commun.* lib v., tit. IX. cap. I. *Corp. Jur. Can.* tom. II. pág. 316. Paris, 1612, ."Suorum
omnium obtinerent plenissimam veniam peccatorum" (Ibid. pág. 317. tom. II. Indulgentias et
remissiones peccatorum, Ibid. pág. 319, tom. II.)

AS INDULGÊNCIAS

Diz ele:

"Outro mal prático, e profundamente arraigado, ao qual a igreja deve dirigir sua atenção, é a idéia admitida pelo povo a respeito das indulgências. Dizei o que muito bem quiserdes; o que é certo é que essa idéia existe: o povo entende por indulgência a remissão dos pecados. Explicai-lhe que as indulgências não afetam os pecados, mas, sim, unicamente os castigos devidos ao pecado; pois bem, é o castigo, e não a culpa do pecado, aquilo que o povo considera como a coisa mais importante; e, se o livrais do castigo do pecado, livrai-o do próprio pecado, que é o que lhe importa".

Nossa afirmação é, todavia, que os papas, como, por exemplo, Clemente VI e VIII, Bonifácio VIII e XI e Urbano VIII,[3] na forma mais ortodoxo e da maneira a mais solene, deram às indulgências a idéia do mais completo perdão dos pecados. Nada temos a ver com a questão da *falibilidade* ou *infalibilidade* desses papas: tratamos unicamente dos fatos, e desafiamos os católicos romanos a que os contradigam.

II. Outros apologistas afirmam que as indulgências se estendem unicamente à remissão do castigo devido ao pecado perdoado no sacramento da penitência, isto é, depois da atrição, confissão e absolvição do pecado, dada pelo sacerdote. A indulgência, dizem, estende-se unicamente à remissão do castigo que segue o pecado já perdoado, castigo que de outra maneira se deveria sofrer para satisfazer à justiça de Deus. É esta a evasiva favorita do romanismo. Dens, em sua 'Teologia', diz-nos que uma indulgência "é a remissão do castigo temporal devido aos pecados perdoados, concedida pelo poder das chaves, fora do sacramento, e pela aplicação das satisfações contidas no tesouro da igreja".[4] O sacerdote, ao pronunciar a absolvição, mede, por assim dizer, o tamanho da *satisfação* que se deve

---

[3] Veja-se Cherubini. *Bular.* tom. I, pág. 145 e tom. III, pág. 23, 75, etc. Luxemburgo, 1727.

[4] "Quid est indulgentia? R. Est poenae temporalis peccatis, quoad culpam remissis, debitae remissio, fata potestate clavium *extra sacramentum*, per applicationum satisfactionem quoe in thesauro ecclesiae continentur". (*Teologia de Dens,* tom. VI. *Tratado das Indulgências.* Num. 30. *Da natureza das indulgências.* Dublin, 1832).

INOVAÇÕES DA IGREJA CATÓLICA ROMANA

sofrer, satisfação essa chamada a parte penal do sacramento da penitência, e nesse caso, dizem eles, se concede uma indulgência para perdoar essa pena do pecado. Afirmar, porém, que esta teoria se limita somente à remissão da satisfação que se deve fazer por mandado do sacerdote no sacramento da penitência é uma completa falsidade, segundo o dizer de Pedro Dens, e como também se colige do fato muito comum de conceder indulgências por um longo período de anos.

Nas *Horas da Bem-aventurada Virgem Maria* se determina, por exemplo, o seguinte:

"Esta oração foi feita por Santo Agostinho, e todo aquele que a recitar, de joelhos, *não morrerá em pecado*, e depois desta vida irá desfrutar da eterna bem-aventurança. Nosso santo padre, o Papa Bonifácio VI, concede a todos os que devidamente recitem esta oração, entre a elevação da hóstia e o Agnus Dei, dez mil anos de perdão (página 58), ou uma indulgência por todo esse período".

No página 42, lemos que Sixto IV concedeu onze mil anos de indulgência a todos aqueles que recitassem uma determinada oração diante da "imagem de Nossa Senhora". No página 54, lemos também o seguinte:

"A todos os que diante desta imagem de piedade recitarem devotamente cinco Padre-Nossos, cinco Ave-Marias e um credo, contemplando piedosamente estes instrumentos da paixão de Jesus Cristo, ser-lhes-ão concedidos 32.755 anos de perdão".

E Sixto V, Papa de Roma, compôs a quarta e quinta orações, e duplicou o já mencionado período de perdão, isto é, concedeu 65.510 anos. No página 72 encontra-se esta singular fórmula de indulgência:

"E estas orações estão escritas num quadro afixado na igreja de São Pedro, em Roma, perto do altar-mor, quando nosso santo padre, o papa, celebra o sacrifício da missa; e aquele que devotamente, e com um coração contrito,

AS INDULGÊNCIAS

recitar diariamente esta oração, sai do estado de eterna condenação, se nele se encontrar, e fica apenas sujeito ao castigo temporal do purgatório; e, no caso de ter incorrido apenas na pena do purgatório, seu delito será esquecido e perdoado, pela infinita misericórdia de Deus".

É verdade que as indulgências de mil anos não são presentemente concedidas, pois que o absurdo seria demasiado notório neste século; é por isso que a igreja as reduz a dias; porém o que foi ortodoxo e bom para os cristãos do século XVI deve ser, segundo o ensino da própria Igreja romana, bom no século XIX. O princípio é exatamente o mesmo. Um exemplo, que serve para esclarecer nossa questão: o princípio de conceder indulgências é totalmente incompatível com a doutrina da penitência e remissão da satisfação imposta pelo sacerdote ao penitente. Um indivíduo passou a viver em estado de graça porque se confessou e foi absolvido; o sacerdote diz-lhe que seus pecados lhe são perdoados, porém que tem de sofrer a pena de 32.755 anos! Sem dúvida que o penitente, nesse caso, tem um meio fácil de escapar dessa pena: obtendo uma indulgência nos termos prescritos por Sixto IV. Isso toca as raias do absurdo; porém, o que se deve dizer da última passagem do ritual acima citado? Uma indulgência, portanto, não está necessariamente relacionada com o sacramento da penitência.

III. Dizem-nos também que o benefício da indulgência, como o da absolvição, depende inteiramente da disposição do pecador; ora, a verdadeira doutrina da absolvição romana diz exatamente o contrário.

O sacerdote representa a Jesus Cristo no confessionário, e supõe-se que ele conhece o espírito do penitente. Quando lança a absolvição, suas palavras são estas: "Eu te absolvo"; não diz: "Se verdadeiramente estás arrependido, eu te absolvo". Age *judicialmente*. A sentença, segundo a doutrina romana, é irrevogável; contudo, aquele que a recebe pode não estar ainda em disposição conveniente.

Deus é quem conhece, única e exclusivamente, os corações. Se há alguma condição ou incerteza, então o sacerdote não representa a Cristo,

143

INOVAÇÕES DA IGREJA CATÓLICA ROMANA

porque Cristo não poderia ser enganado, nem poderia delegar suas funções a um representante tão falível.

Examinemos, porém, a seguinte proposição. As indulgências são aqui sempre acompanhadas das seguintes palavras: "Estas indulgências são aplicáveis aos fiéis defuntos ou às almas do purgatório". O que quer isso dizer senão que, quando obtemos uma indulgência ou perdão, de havermos feito alguma obra notoriamente má aos olhos da igreja, obtivemos, por exemplo, dez mil anos de perdão, com a faculdade de aplicar todos esses anos, ou parte deles, às almas das pessoas que estejam no suposto lugar do purgatório? Por exemplo, concedem-se indulgências aos que usam escapulário, dizendo-se "que essas indulgências são também aplicáveis às almas do purgatório, por uma decisão de Clemente X". Sabemos muito bem que alguns afirmam que unicamente por meio dos sufrágios é que podem ser aplicadas as indulgências aos defuntos, pela voz unida à oração publica, o que é mais um dos muitos *tecnicismos* da Igreja de Roma. As indulgências, contudo, são, de um ou de outro modo, aplicáveis aos defuntos.

Como explicar, porém, que as indulgências dependem inteiramente da disposição do pecador, quando aquele que se supõe recebê-las está morto, não tendo *disposição* alguma nem num nem noutro sentido? Assim, pois, o beneficio das indulgências não depende da disposição daquele que se supõe recebê-las.

IV. Quando afirmamos que presentemente as indulgências são obtidas por dinheiro, os católicos romanos negam, indignados, o fato. Apesar, porém, de todas as suas negativas e indignações, o fato da venda das indulgências constitui uma prática quase diária. Comprar e vender indulgências é um dos negócios mais rendosos da igreja e com que ela mais especula e mais ganha. Há um devoto romanista em estado de graça; passou por todas as formas prescritas, confessa-se, ouve missa, recita, de joelhos, as orações que lhe são ordenadas, diante de uma imagem, reza o prescrito número de Padre-Nossos e Ave-Marias, mas ainda não conseguiu, com tudo isso, ganhar a *indulgência plenária*, isto é, um perdão de todo o castigo devido pelos pecados passados, pela módica quantia de 1 mil reais, ou 5 mil reais anualmente.

AS INDULGÊNCIAS

Há bem pouco tempo, um periódico romanista publicava o seguinte anúncio:

"A madre superiora do asilo das órfãs de E. oferece a cada subscritor perpétuo desta instituição, um *fac-símile* da letra de S.S.Pio IX, que contém a assinatura do santo padre, o qual concede uma indulgência plenária aos benfeitores das órfãs de Nossa Senhora etc".

Quer dizer: cada subscritor anual de 5 mil reais, ou subscritor vitalício de 10 mil reais, lhe era garantida pelo papa uma indulgência plenária; e dessa forma, se o feliz possuidor do papel morrer repentinamente, ou logo depois de haver desembolsado seu dinheiro, tem um passaporte para o céu, e diz adeus ao purgatório, ou zomba e mofa dele.

Duvidamos, todavia, se o saque do chamado *vigário de Cristo* será honrado às portas de "Jerusalém celestial", apesar do papel em questão estar autenticado e assinado pela madre superiora. E, depois do que deixamos dito, podem negar que as indulgências são um objeto de compra e venda?! A madre *oferece* a indulgência, e, na verdade, oferece-a gratuitamente. Estas palavras 'técnicas' não significam nada. Tomemos, porém, outro caso – a bula da cruzada. Nela se concedem a milhares de pessoas indulgências parciais e plenárias, porém essas indulgências só aproveitam a quem compre a dita bula. Então não será isso *comprar* e vender indulgências? E que diremos nós das indulgências que são concedidas a todo aquele que subscreve anualmente para o chamado *dinheiro* de São Pedro? Mas, podem dizer-nos que a indulgência plenária é concedida também em atenção à confissão e comunhão, e não ao dinheiro que se dá; porém o rescrito de S. S. diz: e paguem a quota em questão. A esse respeito não pode haver dúvida. Vós dais o dinheiro, e o papa vos dará indulgências; e, se eu dou dinheiro, e em troca recebo um objeto, o que será isso senão comprar e vender? Responda o leitor.

V. Sendo, pois, as indulgências um objeto de tráfico ou venda, no qual entra o dinheiro como principal elemento, perguntamos agora: O que é

145

INOVAÇÕES DA IGREJA CATÓLICA ROMANA

que se recebe em troca? A coisa é simples. Supõe-se que existe na igreja um grande cofre, o qual encerra os riquíssimos méritos de Cristo, da Virgem e de outros santos defuntos. Uma gota do sangue de Cristo, diz a Igreja de Roma moderna, seria suficiente para purificar todos os pecados do mundo; ora, ele deu sua vida por nós; logo existe em depósito na igreja uma sobra de salvação material, e, além disso, os santos adquiriram mais méritos do que aqueles que eram suficientes para entrarem no céu: esses méritos assim juntos constituem o chamado tesouro da igreja, cuja chave pertence ao papa reinante. O documento pelo qual ele concede uma porção desse tesouro ao afortunado que a recebe chama-se indulgência: é um documento legal, pois que leva o respectivo selo e assinatura. A madre superiora do convento de N., como já mostramos, tem a sua disposição a distribuição de tais documentos. O comprador, em troca de seu dinheiro, recebe, por esse documento legal, uma certa soma desses méritos do banco da igreja, com os quais cobre o *déficit* que possa haver em sua pessoa. E concede-se-lhe frequentemente autorização para transferir uma parte em benefício de algum parente ou amigo que, segundo sua suposição, esteja sofrendo no purgatório.

Se a indulgência é limitada, então aquele que a comprar fica livre, por exemplo, de quarenta anos de castigo, ou recebe até milhares de anos de perdão. A teoria é assombrosa, e podemos acrescentar que é tão monstruosa e difícil de crer que não nos surpreende se encontrarmos quem rejeite pela base todo o sistema. Um exemplo do que acabamos de dizer: Veron escreveu um livro *ex professo* para desfazer os "erros e equívocos frequentes", com relação às doutrinas romanas. Ora, desta monstruosa doutrina das indulgências diz ele o seguinte, na página 52:

> "Quanto ao poder de conceder indulgências, não é de fé que na igreja haja poder para conceder indulgências que perdoem ante o tribunal de Deus, nesta vida ou na outra, o castigo temporal que fica depois que os nossos pecados têm sido perdoados; ou, noutros termos, não é artigo de fé católica que a igreja possa conceder indulgências cujo efeito direto seja a remissão do

AS INDULGÊNCIAS

castigo temporal devido à justiça de Deus, o qual teria que se sofrer nesta vida ou no purgatório".

E acrescenta:

"Há escritores católicos que negam em termos claros *que as indulgências aproveitam aos mortos*. A concessão das indulgências é um exercício do poder da jurisdição. *Pois bem: como o papa não recebeu autorização para julgar sobre as almas do purgatório, é claro que não tem jurisdição sobre elas*. Ainda mais: nossos sufrágios particulares em favor dos mortos estão muito longe de lhes serem necessariamente benéficos; quanto mais dúvida deve haver com relação ao efeito das indulgências!" (Pág. 57 e 58).

Diz também mais, na página 45:

"Não é de fé que haja na igreja um tesouro composto dos méritos dos santos: e, portanto, não é de fé que se concedam indulgências em favor dos vivos ou dos mortos, fazendo-os participantes daquele tesouro".

Nas páginas 46 e 47 encontramos a seguinte passagem:

"O tesouro da igreja não é formado pelos méritos dos santos; e uma indulgência não é uma aplicação de algum desses méritos para a remissão do castigo temporal devido ao pecado. *A existência de um tesouro na igreja, composto dos méritos dos santos, não deve ter-se como artigo de fé*".

Tudo isso é claríssimo. Não negamos a necessidade de rejeitar uma tal doutrina: porém o que afirma Veron será a doutrina da igreja? Não, como vamos prová-lo pelas passagens que se vão ler. A primeira é a definição de indulgência, dada num livro publicado por *Grau e Filhos*, editores reconhecidos e autorizados de diversas obras romanas, intitulado: "*Indulgências concedidas pelos soberanos pontífices aos fiéis, colecionadas por*

INOVAÇÕES DA IGREJA CATÓLICA ROMANA

um membro da Sagrada Congregação das Indulgências em Roma, traduzido com licença dos superiores". Na página 5, lemos:

> "Uma indulgência é a remissão do castigo temporal, que geralmente é devido ao pecado já perdoado, quanto a sua culpa e eterno castigo, no sacramento da penitência. Essa remissão faz-se pela aplicação dos méritos contidos nos tesouros da igreja. Esses tesouros são o conjunto dos bens espirituais que provêm dos infinitos e superabundantes méritos dos santos mártires, que devem a sua eficácia aos méritos de Cristo, que é o único mediador da redenção. Esses *tesouros celestiais*, como lhes chama o Concílio de Trento, foram confiados pela bondade divina à dispensação da igreja, como esposa de Cristo, e constituem a base e fundamento das indulgências. São infinitos quanto aos méritos de Cristo; *não podem, portanto, jamais acabar*".

Dens diz:

> "Esse tesouro é o fundamento e matéria das indulgências, e é esse *infinito tesouro* composto, em parte, dos méritos de Cristo, de modo que jamais se pode esgotar, e diariamente recebe as superabundantes satisfações dos homens piedosos".[5]

Vejamos agora a opinião de um ilustre doutor canonizado pela igreja, Tomás de Aquino, chamado o "seráfico doutor", "o grande escolástico", o "bem-aventurado Tomás", ao qual os romanistas, no dia 7 de março de cada ano, dirigem a seguinte oração:

> "Ó Deus, que iluminas tua igreja com a luz da admirável erudição do bem-aventurado Tomás, teu confessor, e a fases frutificar por meio de tua santa graça, concede-nos, te suplicamos, que aceitemos o que ele ensinou, e por nossa imitação cumpramos o que ele ordenou, mediante Jesus Cristo, nosso Senhor".[6]

---

[5] *Teologia de Dens*, tomo l, pág. 417, p. 30, *Tratado das Indulgências*. Dublin, 1832.
[6] Missal romano, 7 de Março.

AS INDULGÊNCIAS

Ora, este "seráfico doutor" ensinou:

Que existe atualmente um imenso tesouro de méritos, composto das obras piedosas e das virtuosas ações que os santos fizeram – além das que eram necessárias para sua salvação, e que, portanto, se podem aplicar em benefício dos outros; que o despenseiro e guarda desse tesouro é o pontífice romano; e que é ele o único autorizado para conceder a certas pessoas, como bem lhe parecer, uma parte desse inextinguível manancial de méritos proporcionados a sua respectiva culpa, suficiente para as livrar do castigo devido a seus crimes.[7]

A esses superabundantes méritos chama o Cardeal Belarmino *thesaurus ecclesiæ* – o tesouro da Igreja.[8]

Remontemo-nos, porém, a uma mais alta e valiosa autoridade, o Papa Leão X, que publicou uma bula especial sobre as indulgências. Eis a tradução literal da parte dessa bula que se refere ao assunto em questão:

"A igreja romana, a quem as outras igrejas são obrigadas a seguir, como sua única e verdadeira mãe, ensina que o pontífice romano, o sucessor de São Pedro e vigário de Jesus Cristo na terra, possui o poder das chaves, por meio do qual remove todo obstáculo do caminho dos fiéis, isto é, a culpa dos pecados atuais no sacramento da penitência, e o castigo temporal devido a esses pecados conforme a justiça divina, por meio das indulgências eclesiásticas: ensina mais a igreja romana que o pontífice romano pode, por sua apostólica autoridade, conceder indulgências à custa dos superabundantes méritos de Cristo e dos santos, aos fiéis que estão unidos a Cristo pela caridade, tanto vivos como defuntos, e que, ao abrir o cofre dos méritos de Jesus Cristo e dos santos, confere a indulgência por meio da absolvição, ou a transfere por meio de sufrágios. Qualquer pessoa, pois, viva ou defunta, que realmente obtenha uma indulgência dessa ordem fica livre do castigo temporal devido a seus pecados atuais, segundo a justiça divina".[9]

---

[7] Citado por Mosheim em sua *História Eclesiástica*, séc. XII, parte II, séc. 3.

[8] Bell. *de Indulg.*; séc. III, pág. 657, tom. III,.Praga, 1751, e lib. *de Purg.* 8.

[9] *"Monument. ad Historiam Concilii Trident"*. Judoci de Plat. 410.

INOVAÇÕES DA IGREJA CATÓLICA ROMANA

Isso, porém, ainda não é tudo. Este mesmo papa, e nesta mesma bula, excomunga a todo aquele que negar esta doutrina; e, para nos aproximar-mos mais da nossa época, Leão XII, no ano de 1825, em sua bula para se alcançar o jubileu daquele ano, diz:

"Temos resolvido, em virtude da autoridade que nos é concedida pelo céu, abrir completamente aquele sagrado tesouro, composto dos méritos, sofri-mentos e virtudes de Cristo, nosso Senhor, e de sua virgem mãe e de to-dos os santos, os quais méritos o Autor da salvação humana confiou a nossa disposição. A vós, pois, veneráveis irmãos, patriarcas, arcebispos e bispos, compete explicar com clareza o poder das indulgências; qual é sua eficácia para a remissão, não só da pena canônica, como também do castigo temporal devido à justiça divina pelo pecado passado, e quais as graças concedidas por esse tesouro celestial, que encerra os méritos de Cristo e seus santos, a to-dos aqueles que morreram verdadeiramente arrependidos, os quais, apesar de terem satisfeito devidamente a justiça divina por meio de frutos dignos de arrependimento, estão todavia sendo purificados no fogo do purgatório, para que lhes possa ser aberta a entrada naquela eterna morada, onde não se admite nada que seja impuro".[10]

É claro, pois, em vista das passagens que temos citado, que entre os católicos romanos existem opiniões diversas acerca da mesma doutrina.

---

[10] *Diretório das leis* para o ano de 1825.

Para comemorar este jubileu, Leão XII mandou cunhar uma medalha, a qual tinha de um lado sua imagem, e do outro a figura da Igreja de Roma, simbolizada numa mulher com uma *taça* na mão direita, com a seguinte inscrição: *sedet super universum* (sua cadeira é todo o mundo).

A Babilônia mística do Apocalipse é representada com uma taça numa das mãos (Ap 27.4), cheia de abominações. Supõe-se que essa *rainha* governa sobre todas as nações. Sabemos que a rainha de Babilônia foi adorada sob o nome de rhea (*Chronicon Psachace, vol. I, pág. 65, Bonn, 1852*), a mãe dos deuses (*Hesiodo, Theogonia, v. 453, pág. 36, Oxford, 1737*), a qual tinha também uma taça cheia de abominações do mais repugnante caráter; e esse emblema apocalíptico da prostituta com a taça na mão foi representado nos símbolos da idolatria, derivados da antiga Babilônia, como se viram na Grécia, e assim era representada primeiramente a Venus grega. Veja-se a *Enciclopédia Bíblica*, que apresenta a gravura de uma mulher com a taça na mão, en-contrada nas ruínas de Babilônia. Pausanias descreve uma deusa gentil, com uma taça na mão direita, etc. (*Lib. I. Atlica, c. XXXIII, pág. 81. Leipsic, 1696*).

AS INDULGÊNCIAS

De nossa parte, nós, os protestantes, considerando bem este *bellum papal*, ou guerra de opiniões, pedimos tão-somente a nossos amigos romanistas que não nos chamem hereges por não crermos no que eles crêem, senão no dia em que possam estar perfeitamente em harmonia sobre suas próprias doutrinas.

Como matéria de *doutrina* ou *fé*, o credo da Igreja de Roma diz simplesmente: "Eu também afirmo que o poder das indulgências foi deixado por Cristo à igreja, e que o *uso* delas é altamente proveitoso para o povo cristão". O Concílio de Trento não dá definição alguma, mas acrescenta "que deve haver a maior prudência e cautela na concessão das indulgências, conforme o antigo costume da igreja, para que não se enfraqueça a disciplina eclesiástica por uma excessiva lassidão".

Sustentamos que, não obstante a Igreja de Roma se ter desviado do antigo costume, as últimas citações incluem o costume da Igreja de Roma na atualidade, diga o que disser em contrário Veron, ou outro qualquer romanista que se envergonhe do ensino prático de sua igreja. Como já dissemos, nada temos a ver com a diversidade de opiniões que existe no tão falado centro de unidade. A definição dada está em perfeita harmonia com o que se pratica e aceita atualmente na Igreja de Roma, por mais monstruosa, degradante e antibíblica que pareça.

VI. Intimamente relacionado com o assunto das indulgências está a publicação do *jubileu*, feita pelos papas. Um jubileu é assim definido:

Um jubileu significa uma indulgência plenária em sua forma mais ampla, concedida em diferentes períodos pelo soberano pontífice àqueles que, residindo em Roma ou estando nela de passagem, visitem ali as igrejas e façam outras obras de piedade, como oração, jejum e esmolas, acompanhadas de confissão e comunhão, sem o quê as indulgências não podem aproveitar; devendo também notar-se que essas obras facilitam a volta dos pecadores para Deus.[11]

---

[11] *Instruções e devoções para adoração das quarenta horas*, ordenada nas igrejas durante o jubileu de 1852. Publicado com a aprovação do reverendo Dr. Cullen (*Duffuy, Dubin*, 1852).

INOVAÇÕES DA IGREJA CATÓLICA ROMANA

Bonifácio VIII, no ano de 1300, foi o primeiro papa que sobre si tomou a responsabilidade de publicar um jubileu, posto que não lhe desse esse nome. Seus predecessores, Calixto II, Eugênio III e Clemente III, haviam recolhido tão rica e abundante colheita somente com a publicação das indulgências que este papa, por certo mais ousado, deu um passo mais adiante, para ver provavelmente como poderia impor-se a credulidade do gênero humano, conhecendo de antemão que, se a idéia tivesse bom êxito, teria ele segura uma rica colheita. Para tornar o tesouro da igreja mais precioso e *apetecido*, Bonifácio proclamou que o jubileu não seria concedido senão uma vez em cada século; e tão zeloso foi desse privilégio, que termina sua bula com as seguintes palavras:

"Não ouse ninguém infringir esta nossa bula, e, se tal intentar fazer, saiba que incorre na indignação de Deus Todo-Poderoso, e de Pedro e Paulo etc".[12]

Todavia, haviam passado apenas quarenta anos, e já Clemente VI, em 1343, ardia no veemente desejo de fazer bem à humanidade e obter as vantagens que necessariamente havia de ganhar, trocando pelos tesouros deste mundo os tesouros celestiais. E assim reduziu o período a cinquenta anos, e impôs o mesmo anátema, servindo-se das mesmas palavras que seu predecessor se serviu contra aqueles que violassem seu decreto. Este papa foi o que inventou o nome de jubileu. Cinquenta anos era um período de tempo muito longo ainda, e por isso Urbano VI, em 1389, não obstante as proibições e anátemas de seus antecessores, avaliando bem o valor comercial do gênero que tinha a sua disposição, achou bem depressa razões para publicar outro jubileu, reduzindo o período a trinta e três anos, por ser esta a idade de nosso Salvador. Paulo II, em 1464, não quis ficar atrás de seus predecessores, e reduziu desinteressadamente o período para vinte e cinco anos, pondo assim o benefício das indulgências

---

[12] "Nulli hominum liceat hanc paginam nostrae constitutionis ... infrigere: siquis attentare praesumpserit, indignationem omnipotentis Dei ... noverit se incursurum" (Corpus, Juris. Canon., lib. V, tit. 9, c. I, vol. II, pág. 315. Paris. 1612 e para a bula de Clemente VI, ibid, pág. 317).

AS INDULGÊNCIAS

ao alcance de cada geração. Foi esta a razão que ele deu para reduzir o período para vinte e cinco anos, ao passo que o falecido Pio IX, com aquele espírito benévolo e desinteressado que seus apologistas diziam possuir ele em alto grau, reduziu o período para seis anos. Publicou um jubileu em novembro de 1851, outro em setembro de 1857, e outro posteriormente. E por que não? Se o jubileu encerra algum bem prático, em lugar de ser concedido de seis em seis anos, pede a caridade que seja liberalizado aos fiéis anualmente.

Ao anunciar a seu rebanho o jubileu de 1857, um bispo escreveu as seguintes palavras:

"Provavelmente tereis ouvido de alguns de vossos irmãos das outras dioceses que o santo padre se dignou abrir outra vez o tesouro espiritual da igreja e conceder um jubileu a todo o mundo".[13]

É inegável que esses jubileus foram para Roma de um lucro pecuniário espantoso, pois que foram muitos os devotos (?) que foram àquela cidade para ganharem o beneficio da indulgência plenária, a qual era comprada a dinheiro de pronto.[14] O povo vinha de longe à cidade *eterna*, na persuasão de que seus pecados eram perdoados; porém, se devemos dar crédito ao historiador católico Fleury, o efeito que os jubileus produziram foi completamente contrário. Ele conta-nos que Alexandre VI proclamou um jubileu em 1500; e, ainda que o número dos que foram a Roma não foi tão numeroso como noutras ocasiões, por causa das guerras que então assolavam a Itália, contudo "a *devassidão* e a desordem reinaram em Roma mais do que em nenhum outro lugar do mundo. O crime estava assentado no trono, e jamais se viu tão monstruosa corrupção nos costumes, especialmente entre os clérigos".[15]

---

[13] "O Registro Semanal" para maio de 1858.

[14] Quem quiser conhecer a fundo como e a que títulos se concediam os tais jubileus, procure a *História Eclesiástica de Mosheim*, século XII, cap. III, seção 3. Londres. 1825. Leia-se também a *História da Igreja de Neander*, vol. XII. pág. 485. Londres, 1852.

[15] *História Eclesiástica* de Fleury, tom. XXIV, pág. 399. Paris, 1769.

INOVAÇÕES DA IGREJA CATÓLICA ROMANA

Completar-se-á nossa definição se expusermos aqui as condições em que se podia obter o benefício do último jubileu. Com a data de 2 de fevereiro de 1858, o Dr. Wiseman publicou o *"Indulto e Proclamação Quadragesimal"*, que apareceu nos periódicos semanais romanos, declarando os requisitos exigidos para se receberem os frutos do jubileu. São o seguintes:

1. Uma contrita e sincera confissão do pecado e a absolvição sacramental.
2. Receber digna e devotamente o sacramento da eucaristia.
3. Visitar três igrejas ou visitar uma três vezes.
4. Orar em cada visita que se fizer pelo triunfo e prosperidade da santa madre igreja e da sé apostólica, pela extirpação das heresias, e pela paz e concórdia entre os príncipes cristãos, e entre todo o povo.
5. Dar uma esmola aos pobres e contribuir com alguma coisa para a propagação da fé, para cujo fim o pároco mandará colocar na igreja uma caixinha com o competente rótulo.
6. Jejuar um dia pelo menos.

Pela observância exata dessas condições, o santo padre concede indulgências plenárias, em forma de jubileu, a qual é *aplicável aos fiéis defuntos*.

Não podemos deixar de combater tais declarações, pois que as consideramos como uma imposição e uma fraude.

Quanto à primeira condição, o pecado do penitente deve primeiramente ser perdoado pela confissão e absolvição. Se for admitido que se requer como elemento um sincero e verdadeiro arrependimento (chamado tecnicamente *contrição*), então nem exigiríamos do sacerdote a absolvição para purificar o pecado, nem a indulgência para perdoar o castigo devido ao pecado, pois que já se supõe que ele tenha sido perdoado, visto o Concílio de Trento declarar "que a contrição perfeita reconcilia o homem com Deus, independente de receber o sacramento da penitência". E o catecismo de Trento expõe o caso com maior clareza, dizendo o seguinte:

AS INDULGÊNCIAS

"A contrição jamais pode ser rejeitada por Deus, jamais pode ser-lhe desagradável. Ainda mais: "Logo que em nossos corações exista essa contrição, nossos pecados são-nos perdoados". *Confessarei minhas rebeliões a Jeová, e tu perdoaste a maldade de meu pecado*".[16]

Se Deus perdoa o pecado, sendo um Deus justo, também perdoa o castigo. Isso não o negará nenhum romanista. É, pois, claro que para o presente caso as indulgências são inúteis. Se, por outro lado, um sacerdote nos diz que tem poder, por meio da confissão, para absolver o pecador de seu pecado, quando o arrependimento é imperfeito, então havemos de confessar que ele mesmo toma sobre si a autoridade e prerrogativa de admitir no reino dos céus aquele a quem Deus excluiria; mais claro: pode o sacerdote perdoar um pecado que Deus não perdoa. Em ambos os casos, portanto, a aplicação da indulgência, ainda em tempo de jubileu, não pode ter efeito algum, apesar de satisfeitas as condições prescritas pelo Dr. Wiseman.

Com respeito às outras condições, colocaremos diante da teoria do Dr. Wiseman a *opinião* de outros romanistas. O Dr. Murray, arcebispo romano irlandês, testificou sob juramento, perante uma comissão da câmara dos comuns da Inglaterra, que *na regra da fé católica* de Veron, da qual já citamos algumas passagens, se encontrava (entre outros livros) a mais autêntica exposição de fé da igreja católica. O Dr. Wiseman faz dependente a recepção das bênçãos e favores do jubileu de certas condições, e da contribuição de alguma quantia para os cofres da igreja, para a propagação da fé.

Veron combate e repele uma tal doutrina, e diz (pág. 61):

"Nenhum jubileu ou indulgência concedida pelo papa ou por um Concílio, quer plenária ou de outra classe limitada a certo número de anos, quer particular, isto é, concedida por motivos particulares ou dependente de se

---

[16] Concílio de Trento, sess. XIV. cap. 4.

INOVAÇÕES DA IGREJA CATÓLICA ROMANA

praticar certos atos especiais, é artigo de fé; ou, em outras palavras, o valor de qualquer jubileu ou indulgência não é daquela certeza que é essencial a cada um dos artigos de fé, sendo certo que muitos destes não são mais do que provavelmente válidos, e outros, que têm certa aceitação, não tendo outro objeto senão uma sórdida ganância, são escandalosos, e como tais devem ser combatidos por todos os meios. As indulgências concedidas pelos papas são muito menos matéria de fé".

Se, pois, as tais indulgências não são matéria de fé, então todas as condições especificadas pelo Dr. Wiseman podem ser rejeitadas. Sim, tirai essas condições, e não obtereis o benefício das indulgências, pois que, segundo sua doutrina, todas as condições se devem cumprir, inclusive a contribuição de dinheiro, o que, segundo Veron, é altamente escandaloso; e, se esta nossa afirmativa pode ser posta em dúvida pelo romanismo, exigimos-lhe primeiramente que prove que a doutrina de Veron, apoiada no testemunho do arcebispo de Murray, é errônea.

VII. Duvidamos de todos os fundamentos sobre os quais a igreja romana faz basear a doutrina das indulgências.

1. Que o castigo fica, depois de perdoado o pecado.

Se o pecado está perdoado, por que não se remite a pena? Que autoridade têm os sacerdotes para afirmar semelhante absurdo? Nós não lhes perguntamos a *razão* em que se fundamentam para sustentar seu sistema, pois que ela é por demais notória. Os dois processos têm suas vantagens: a confissão dá uma *certa* influencia moral; o tráfico das indulgências dá uma vantagem material ao sacerdote; dispõe tanto da consciência como da bolsa do penitente.

As penitências geralmente impostas são orações, jejuns e obras de caridade. Essas obras deveriam ser atos de religiosa devoção; porém, se são feitas por sórdidos motivos, ou como um castigo ou penitência, não podem de forma alguma ser agradáveis a Deus. Os atos de devoção não se podem considerar como castigos; e, se não são castigos, qual é o valor da indulgência?

AS INDULGÊNCIAS

2. Que existe um purgatório.

Já provamos que esta doutrina é uma das muitas inovações do romanismo. Fisher, célebre bispo romano de Rochester, escreveu o seguinte em 1504:

"Não está suficientemente averiguado donde procedem as indulgências. Do purgatório pouca ou nenhuma menção fizeram os antigos padres da igreja; mas, depois que o purgatório começou a aterrorizar o mundo, depois que os homens começaram a tremer com a idéia dos tormentos futuros, principiaram então as indulgências a ter algum valor. Enquanto se não lembraram do purgatório, os homens não procuravam o perdão; desaparecido o purgatório, que necessidade haveria de indulgência?"[17]

Supondo, porém, ainda que haja um purgatório, Veron diz que não é matéria de fé, isto é, que se pode crer ou deixar de crer que "a remissão do castigo seja motivada pela aplicação de nossa satisfação às almas do purgatório".[18]

O principal valor das indulgências, segundo Fisher, depende da existência do purgatório. Deixamos a nossos leitores a faculdade de conciliar, se podem, o ensino de Veron com o ensino de Fisher.

3. Que há méritos e obras de supererrogação.

Se não há tais méritos, não pode haver tais indulgências. Veron, como temos visto, declara que a existência de tais méritos não é artigo de fé. Nós, apoiados na autoridade da Escritura, negamos sua existência. Somos salvos pela misericórdia e graça de Deus, não por nossos méritos, porque "se o justo com dificuldade se salva", que méritos sobrarão dele para o ímpio?

4. Que esses méritos, se existem, podem servir para benefício de vivos e defuntos.

Conquanto o sacerdote romano especial e enfaticamente insista na afirmativa, Hilário, bispo de Poitiers, santo canonizado pela igreja, ensinou que

---

[17] Jon. Resffens. Epis. art. 18. Assert. Lutheran. Confut, fol. 132. Colon, 1624, e fol., III. 2, Amberes, 1523.

[18] Birmingham, 1833. *Regra da fé católica.* pág. 69.

INOVAÇÕES DA IGREJA CATÓLICA ROMANA

"nenhum homem, depois desta vida, podia ser auxiliado pelas boas obras ou méritos dos outros, porque todo homem deve necessariamente prover-se de azeite para sua lâmpada".[19] E onde estão as provas em que se fundamentam para assumir este poder? Onde está a evidência dos resultados que se apregoam? Em parte alguma. Temos visto que não é matéria de fé que os méritos ou obras dos vivos possam aproveitar aos mortos; e Veron diz que "não é doutrina da igreja católica (isto é, pode-se crer ou não) que o justo possa satisfazer ou merecer pelos outros, em nenhuma das várias significações da palavra mérito, nem ainda por mérito de congruência, ou obter por seu mérito a conversão de um pecador, ou alguma outra graça qualquer".[20] Pois bem, se isso assim é, está por terra a doutrina das indulgências.

VIII. Negamos a antiguidade desta doutrina.

Admitimos que no terceiro século era costume impor mortificações e penas severas àqueles que eram réus de qualquer ofensa eclesiástica. A essas penas dava-se-lhes então o nome de penitências. Os bispos tinham poder para diminuir ou dar por terminadas essas penas, porém somente como matéria de disciplina; a isso chamou-se perdão, ou indulgência. O *caído*, especialmente durante as perseguições, devia sofrer esses castigos canônicos. Os mártires, ou os que estavam encarcerados por motivos de fé, intercediam frequentemente para que o castigo lhes fosse perdoado, e o bispo perdoava-lhes com a condição de que dariam manifestas provas de arrependimento; e então o que caíra era de novo admitido no seio da igreja. Não há em tudo isso a mais leve semelhança com a doutrina moderna das indulgências. O Dr. Wiseman alega que "há poderosíssimas razões para crer que em muitos casos a absolvição era precedida da designação da penitência, ou, pelo menos, que era concedida durante o tempo de sua operação".[21] Não há o mínimo fundamento para esta afirmação: negamo-la, e exigimos que no-la provem.

---

[19] "Alienis operibus ac meritis neminem adjuvandum, quia unicuique lampadi suae emere oleum sit necesse" (Hilario *Comment. a Mat*. canon 27, pág. 591. Paris, 1631.)

[20] Birmingham, 1833 "*Regra da Fé Católica*", pág. 34.

[21] *Discursos*. Londres, 1851. Vol II, pág. 76. Discurso XI. "Indulgências".

AS INDULGÊNCIAS

Afonso de Castro, célebre frade franciscano e arcebispo, em 1530, depois de admitir que não há assunto sobre o qual as Escrituras menos hajam falado, ou acerca do qual os antigos padres hajam escrito menos, como a doutrina das indulgências, acrescenta: "E parece que o uso delas não foi recebido, senão ultimamente, na igreja;[22] e o famoso Cardeal Caetano disse: "Nem a Escritura nem os antigos padres gregos ou latinos nos dão notícia das indulgências".[23] Certamente que não se começou a falar nelas anteriormente a Gregório I (601), o qual instituiu as indulgências periódicas, declarando nessa ocasião "que depois dele alguns papas concederam indulgências muito imprudentemente e para nenhum fim"; quer dizer, foram excessivamente brandos, e nós procederemos da mesma maneira, admitindo, com aqueles autores citados por Tomás de Aquino,[24] que as indulgências eclesiásticas por si sós não podem perdoar o castigo, nem no juízo da igreja, nem no juízo de Deus – que elas não passam de mera fraude piedosa, por meio da qual a Igreja podia atrair os homens à operação devota das boas obras.

---

[22] ... Harun usus in eclesia videtur sero receptus. (Alph. *contra haeres* VIII. *Verbo Indulgêntia*, pág. 115. Paris, 1543.)

[23] Verun quia nulla Scripturae sacrae, nulla priscorum doctorum graecorum aut latinorum authoritas scripta, hunc ad nostrum deduxit notitiam, etc. (Thom. de Vio. de Caietan. opusc. Tract. 15. *De indulg.* cap, I, tomo. I, pág. 129. August. Taurin, 1582).

[24] Errant, qui dicunt indulgentias tantum valere, quantum fides et devotio recipientis exiget: et ecclesiam ideo sic eas pronuntiare, ut quadam *pia fraude* homines ad bene faciendum alliciat. (Thom. *Summae Theol.* Supp. Tert. pars. quaest. XXV, art. IV. Colo, 1620; e Greg. de Valent. *de Indulg.* cap. 2. pág. 1784, Paris, 1609).

CAPÍTULO 12
A TRADIÇÃO

Ele (Inácio, no ano 70) exortava as igrejas a que aderissem firmemente à tradição dos apóstolos, a qual, para maior segurança, considerava necessário confiá-la ao papel.
EUSÉBIO LIB. III, CAP. 36.

Temos examinado até aqui algumas das principais doutrinas ensinadas pela igreja romana moderna, e temos demonstrado que elas foram simplesmente inventadas pelos homens. Ainda que algumas sejam antigas, não o são tanto que mereçam o caráter de apostólica. Isto nos conduz a mais um capítulo: a doutrina da tradição.

O Concílio de Trento, no primeiro decreto de sua quarta sessão, estabeleceu "para se ter constantemente diante dos olhos a remoção do erro e a preservação da pureza do evangelho da igreja, evangelho esse prometido antes pelos profetas na Sagrada Escritura, foi primeiramente publicado oralmente por nosso Senhor Jesus Cristo, o Filho de Deus, recomendando depois a seus apóstolos que o pregassem a toda criatura, como origem de toda a verdade e disciplina salvadoras", que esta verdade e disciplina estão contidas nos livros escritos e na tradição não escrita, a qual tem chegado até nós, ou foi recebida pelos apóstolos dos lábios do próprio Cristo, ou transmitida pelos próprios apóstolos, sob a inspiração do Espírito Santo. A mesma assembléia declarou que, "seguindo o exemplo dos padres ortodoxos, recebia e reverenciava com igual sentimento de piedade e veneração todos os livros, tanto do Antigo como do Novo Testamentos, e também as referidas tradições, pertencentes ambas à fé e

INOVAÇÕES DA IGREJA CATÓLICA ROMANA

aos costumes, quer recebidos do próprio Cristo, quer ditadas pelo Espírito Santo, e conservadas na igreja católica por uma ininterrupta sucessão".

É importante observar que, "para que se não levasse dúvida alguma acerca dos livros sagrados que eram recebidos por esse Concílio", julgou--se conveniente publicar uma lista deles, mas não foram publicados esses chamados pontos da fé transmitida pela "sucessão ininterrupta" e que, segundo ele, formam a tradição não escrita. O objetivo dessa omissão é claríssimo – para que tudo aquilo que a igreja romana não pudesse provar pela Escritura, o provasse pela tradição.

"A tradição, como engenhosamente observou Cano, bispo romano, é não só de maior força que a Escritura, mas também que quase todas as disputas com hereges se devem referir a ela".[11] A importância da tradição para a igreja romana resume-se na seguinte passagem de um escritor popular de seu tempo, Costero.

Falando da excelência e importância da tradição, diz ele:

"A excelência da palavra não escrita está muito acima da Escritura, que os apóstolos nos deixaram em pergaminhos; uma está escrita pelo próprio dedo de Deus; a outra, pela pena dos apóstolos. A Escritura é letra morta, escrita em papel ou pergaminho, a qual pode ser raspada ou alterada; a tradição, porém, escrita nos corações dos homens, não pode sofrer alteração. A Escritura é como uma bainha, que pode receber uma espada de chumbo, de madeira ou de cobre, e que pode ser desembainhada por qualquer interpretação. A tradição conserva a verdadeira espada dentro de sua bainha, isto é, o verdadeiro sentido da Escritura na bainha da letra. As Escrituras não contêm claramente todos os mistérios da religião, porque não foram dadas com o fim de prescrever uma absoluta forma de fé; a tradição, porém, contém em si toda a verdade, compreende todos os mistérios da fé e todo o estado da religião cristã, e resolve todas as dúvidas que possam suscitar-se com respeito à fé, resultando daqui que a tradição é a intérprete de todas as Escrituras e o

---

[1] Mel. Canus Loc. Theol. 3, cap. III, pág. 156. Colon. 1605.

A TRADIÇÃO

juiz de todas as controvérsias, a removedora de todos os erros, de cujo juízo não é lícito apelar para nenhum outro juiz; mais ainda – todos os juízes estão obrigados a guardar e seguir este juízo".[2]

Quem negará a transcendência desta doutrina? Voltemos, porém, ao decreto do Concílio de Trento, e resumamos em três pontos nossas considerações:

1. A tradição, como autoridade em matéria de fé, tende decididamente a estabelecer o erro, em vez de o remover, e concorre para a corrupção do evangelho, em vez de o conservar em sua pureza, como erroneamente se afirma.

2. É notoriamente falso que os *forjadores* do citado decreto seguissem o exemplo dos padres ortodoxos. Desafiamo-los a que citem alguns desses padres que tivessem pela tradição não escrita "os mesmos sentimentos de piedade e veneração que tinham pela palavra escrita" em matéria de fé.

3. Se os romanistas nos apresentarem alguma tradição não escrita, recebida de Cristo ou ditada pelo Espírito Santo, e conservada na igreja por uma contínua sucessão, ou alguma segura evidência de sua autenticidade, nós estamos prontos a recebê-la.

O decreto tridentino assegura, como matéria de fato, que se seguiu em tudo o exemplo dos padres ortodoxos. É, porém, ponto definido e decidido que[3] "não é artigo de fé católica que a igreja não possa errar em *matérias de fato* com relação à fé, ou em matérias especulativas, ou de política civil, dependentes do juízo ou testemunho meramente humano". Segundo o Dr. Wiseman, para se chegar a uma razoável decisão num "exame histórico", deve-se empregar toda a "prudência humana". As citadas matérias de fato podem, portanto, ser postas em dúvida, sem que por isso se incorra em heresia; e incumbe aqueles que citam uma matéria de fato provar que efetivamente ela o é. E, como a mesma essência da tradição está, ou deve estar, baseada sobre fato, este fato deve ser tão patente e manifesto que só por si mesmo se recomende da maneira a mais clara, sem oferecer a menor dúvida.

---

[2] Coster. *Eucharist.* cap. I, pág. 44. colon. 1606.

[3] *Fé dos Católicos*, de Kirk e Berington, Prop. XI, pág. 477. Londres, 1846.

INOVAÇÕES DA IGREJA CATÓLICA ROMANA

Diz-se, contudo, como veremos, que estas tradições se acham agora escritas. Assim que os fatos alegados podem, se são verdadeiros, ser colocados fora do alcance da dúvida, mediante uma prova adequada. Conquanto, porém, estejamos prontos a admitir aquelas doutrinas que se possa provar terem sido recebidas de Cristo, ou ditadas pelo Espírito Santo, e conservadas na igreja, abertamente negamos que os dogmas característicos do romanismo de hoje estejam dentro da tradição, conforme a define a igreja romana.

Além disso, tenha-se bem presente esta observação: se a doutrina da tradição, como eles pretendem, tivesse sido admitida pelos padres e transmitida "de mão em mão", até ao tempo em que se reuniram os doutores de Trento (abril de 1546), a assembléia não teria nada mais a fazer senão declarar simplesmente o ensino da igreja sobre este ponto, e não teria havido dúvida alguma; porém não aconteceu assim, porque o Cardeal Pallavacini e Paulo Sarpi, que escreveram a história do Concílio de Trento, afirmam que, quando se discutiu a doutrina da tradição, "as opiniões foram tantas como as línguas".[4]

Se, pois, a questão sobre se a tradição devia ser ou não tida com a mesma veneração que as Escrituras foi objeto de um caloroso debate, com que motivos então se nos pode exigir que aceitemos como matéria de fé proposições que estão única e exclusivamente baseadas na tradição? Os romanistas dizem-nos que na igreja existe uma autoridade, em matéria de doutrina, de igual valor que as Escrituras – a tradição. Afirmamos, porém, sem receio de que possam contradizer-nos, que no Concílio de Trento, em 1546 , foi *pela primeira vez* declarado que a tradição oral era de igual autoridade que as Escrituras, e que, além disso, devia ser "recebida com iguais sentimentos de piedade e veneração".

Roma, com isso, põe em evidência o fato de que ela ensina, como artigos de fé, pontos de doutrina que não se encontram nas Sagradas Escrituras. Melchior Cano, citado por Paulo III, no Concílio de Trento,

---

[4] "Tot sententias quot linguas tunc fuisse comperio" (Pallav. lib. II, cap. 2. Romae, 1656. Sarpi, lib. II, s. 45 e 47. Gen. 1629).

A TRADIÇÃO

testificou que "muitas coisas pertencem à doutrina da fé dos cristãos, as quais não estão contidas, nem direta nem indiretamente, nas Sagradas Escrituras";[5] e Domingos Banhes disse: "Nem tudo aquilo que pertence à fé católica se acha contido nos livros canônicos, nem clara nem ocultamente". "Nem todas as coisas necessárias para a salvação foram confiadas às Escrituras".[6]

Para podermos com exatidão entender o que significa a palavra *tradição*, adotemos as definições dadas pelo Dr. Wiseman, em seus *Discursos sobre a doutrina e práticas da igreja romana.*[7]

Admite que as Escrituras são a Palavra de Deus, a que ele chama a palavra escrita;[8] porém diz que "os apóstolos não consideram as Escrituras como o único fundamento sobre o qual a Igreja está edificada. Eles realmente usaram dois códigos, o escrito e o não-escrito". Diz mais:[9]

"Aos apóstolos foi dada autoridade para ensinar, autoridade que foi por eles transmitida a seus sucessores, juntamente com um código não escrito, de modo que aquilo que eles depois escreveram não foi senão a confirmação de *parte* daquilo de que a igreja já estava de posse".

Além disso, Wiseman afirma que essa palavra não escrita é um "corpo de doutrinas que, em consequência das expressas declarações na palavra escrita, nós cremos que não foram logo no principio confiadas às Escrituras, mas, sim, confiadas por Cristo a seus apóstolos e por estes a seus sucessores".[10] Diz mais ainda: "Tenho feito notar mais de uma vez a inexatidão daquele método de argumentar que exige que provemos cada uma de nossas doutrinas individualmente pelas Escrituras". Afirma que

---

[5] Mel. Canus *de soc. Theol.* lib. III. cap. 3 Opera, tom. I. pág. 198. Madrid, 1785.

[6] In secundam secundae, S. Thomae, q. I, Art. X. Concil. II, col. 519. Venet. 1587. Ibid. Concil. v., col. 542.

[7] *Discursos.* Londres, 1851.

[8] Discurso III, pp. 58, 60.

[9] Discurso V, pp. 128, 130.

[10] Discurso III, pág. 60.

INOVAÇÕES DA IGREJA CATÓLICA ROMANA

"muitas dessas verdades foram confiadas ao cuidado da tradição";[11] porém deseja que nos guardemos de cair no erro vulgar de supor que essas tradições não são fixas e certas: na realidade não se pode negar que estejam agora reduzidas a escritura. O Cardeal, porém, passa por alto o fato do principal ponto que tem de provar, a saber, que houve uma época precisa em que pela primeira vez as tradições foram confiadas às Escrituras: mas, foram confiadas pelos apóstolos, ou por quem?

> "Pela *palavra não escrita*, diz ele, não se deve entender que estes artigos de fé ou tradições não estejam em parte alguma consignados. Porque, supondo que, ao examinar-se qualquer ponto de doutrina, se suscita uma dificuldade tal que os homens tenham opiniões diferentes e não saibam precisamente aquilo que hão de crer, e que em tal caso a igreja julgou prudente ou necessário definir aquilo que se deva crer, o método adotado deve ser examinar cuidadosamente os escritos dos padres da igreja, para sabermos qual a crença deles, nos diversos países e nos diferentes séculos, e colecionar então as opiniões de todo o mundo e de todos os tempos; não, certamente, para formular novos artigos de fé, mas, sim, para saber qual foi sempre a fé da igreja católica. Procede-se, em todas as dificuldades, como se se tratasse de uma matéria de exame histórico, e usa-se toda a prudência para se chegar a uma decisão razoável".[12]

A investigação, portanto, reduz-se a um exame histórico, mediante o qual qualquer pessoa que seja dotada de uma extraordinária dose de paciência, e tenha conhecimento das línguas mortas, pode chegar a saber qual foi ou não a crença da igreja primitiva, tanto quanto o Dr. Wiseman ou qualquer outro sacerdote romano. Dizemos que essa mesma investigação dará como resultado, assim como tem acontecido, a seguinte demonstração: que as doutrinas peculiares do romanismo, que agora formam o credo de sua igreja, não fizeram parte de nenhum credo ou artigo de fé da

---

[11] Discurso XI. vol. II. pág. 53.
[12] Discursso III, tom. I, pág. 61.

A TRADIÇÃO

igreja cristã nos cinco primeiros séculos. Em nenhum ponto de fé romana se destaca isso mais do que no dogma de que nos estamos ocupando. Enquanto que se admite que certas cerimônias foram introduzidas no culto cristão, nos primeiros tempos, das quais mais tarde se deduziram doutrinas que foram impostas aos cristãos, sob a presumida autoridade da igreja, por eclesiásticos nisso interessados, sustentamos, apesar de tudo isso, que essas inovações se fizeram sem a sanção da Escritura, e só foram autorizadas por uma duvidosa e *desautorizada tradição*. Todas as tradições romanas foram introduzidas muito depois dos dias apostólicos. Passo a passo, pouco a pouco, o costume arraigou-se no sistema, e eventualmente tomou a forma de doutrina, e como tal foi imposta, até chegar a ser a grande massa de corrupções dos séculos passados, que os doutores de Trento não hesitaram em reconhecer e sancionar. Em 1564, pela primeira vez, foram acrescentados doze artigos ao antigo credo, compreendendo todas essas inovações, que foram impostas às crenças dos fiéis sob pena de excomunhão. Um só desses artigos diz o suficiente, pelo sentido vago em que é redigido; exige nada menos do que se aceitem todas as coisas definidas e ensinadas, não só pelo Concílio de Trento, mas também por todos os outros concílios ecumênicos. A igreja que hoje em dia exige tal coisa não tem bem presente que ainda não definiu quais os concílios que devem ou não ser tidos como ecumênicos. Os romanistas ainda não puderam concordar quanto a algumas das decisões desses concílios que devem ser aceitas ou não. Existe, porém, uma dificuldade muito maior. O Cardeal Belarmino diz que "os livros dos concílios, negligentemente conservados, estão cheios de erros".[13] E, com relação ao testemunho dos padres de que fala o Dr. Wiseman, temos a dizer que a igreja romana até hoje ainda não publicou nenhuma lista autorizada de suas obras, nem tampouco poderá atestar a autenticidade delas, sendo certo, contudo, que os escritos de muitos dos padres têm sido emendados e alterados, sempre que isso convinha à Igreja de então.

---

[13] "Libri conciliorum negligenter conservati sunt et multis vitiis scatent" (Bell. *de concil.*, lib. I. cap. 2, seção I. Praga, 1721.)

INOVAÇÕES DA IGREJA CATÓLICA ROMANA

Diz ainda o romanismo que nos documentos escritos se contêm a verdade e origem da tradição. Se se admite que o texto desses documentos escritos está corrompido, que confiança podem eles inspirar-nos? Como podem eles dar-nos a evidência que procuramos? Mas, se se servem desses mesmos escritos como argumento contra o protestantismo, então é-nos lícito juntá-los também como argumento contra a teoria apresentada pelo Dr. Wiseman. Afirmamos, pois, que, feito um minucioso exame desses escritos, facilmente se descobre que as práticas foram introduzidas na igreja no decorrer do tempo, e seu uso somente sancionado pela autoridade da *tradição*; sendo certo que, nos tempos primitivos, para se estabelecerem pontos de doutrina, *apelava-se somente* para as Sagradas Escrituras como a única fonte de *autoridade*. E não só isso, mas também que, quando os antigos cristãos aplicaram a palavra *tradição* aos pontos de doutrina, referiam-se expressamente às tradições transmitidas pelos apóstolos em *seus escritos*. Arguindo com os hereges de seu tempo. Irineu, em 140, aplicou a palavra *tradição* àquelas doutrinas que os próprios romanistas admitem e que estão claramente contidas nas Escrituras. Declarou que "as Escrituras são perfeitas, porque foram ditadas pela Palavra de Deus e por seu Santo Espírito".[14] E diz mais ainda:

> "Não conhecemos a dispensarão de nossa salvação senão por aqueles por quem o evangelho chegou até nós, evangelho esse que certamente pregaram então; mas depois, pela vontade de Deus, nos transmitiram pelas Escrituras o que havia de ser o fundamento e coluna de nossa fé".[15]

E, com efeito, este mesmo padre acusava os hereges de seu tempo de se servirem, neste mesmo assunto, do argumento de que os romanistas de hoje constantemente se servem contra o protestantismo:

---

[14] "Scripturae quidem perfectae sunt, quippe á Verbo et Spiritu ejus dictae" (Iren. *cont. haeres*, lib. II. cap. 47, pág. 173. Londres, 1522: e Edit. Grabe, 1853; e cap. 25, pág. 117. Edit. Basil. 1526).

[15] "Nom enim per alios dispositionem salutis nostrae cognovimus, quam per eos per quos evangelium pervenit ad nos: quod quidem tunc praeconiaverunt, postea vero per Dei voluntatem in Scripturis nobis tradiderunt fundamentum et columnam fidei nostrae futurum" (Iren. *Advers. haeres*. Lib. III., cap. I, pág. 198. Oxon. 1702; e pág. 117. Basil. 1526).

A TRADIÇÃO

"Quando os hereges são combatidos com as Escrituras, acusam as mesmas Escrituras, como se elas não fossem verdadeiras e de reconhecida autoridade, e porque são ambíguas porque nelas não pode ser encontrada a verdade por aqueles que ignoram a tradição, porque a verdade não nos foi transmitida por escrito, mas de viva voz".[16]

E Tertuliano, em 194, conquanto dê grande valor ao uso, ao costume e à tradição, a qual ele diz que não está autorizada pela Escritura sobre as questões de doutrina, considera as Escrituras como única fonte de autoridade. Ao arguir com os hereges, exige as provas da Escritura: "Se não está escrito, temam aquele *ai!* Lançado contra os que aumentam ou diminuem".[17] Suicier, célebre professor de grego, cujas obras são quase indispensáveis para estudar os escritos dos padres, cita exemplos de que a palavra *paradosis*, *traditio* (tradição) foi usada como sinônimo da palavra escrita.

As passagens dos primeiros pais cristãos, que afirmam que as Escrituras são a única fonte de autoridade em matérias de doutrina, são tão numerosas e tão conhecidas, que hoje em dia é trabalho e tempo quase perdido repeti-las: encontram-se em quase todas as obras protestantes de controvérsia. Transcrevemos, ainda assim, duas ou três dessas passagens, unicamente para exemplificação. Que coisa poderia ser mais concludente do que as palavras pronunciadas no primeiro Concílio de Nicéia (325) por Eusébio, bispo de Cesaréia, em nome de trezentos e dezoito bispos ali reunidos? "Crede nas coisas que estão escritas; aquelas, porém, que o não estão, não penseis nelas, nem as examineis"; Gregório, bispo de Nicéia (379), dizia: "Deixai que um homem se persuada somente

---

[16] "(Haeretici) quum enim et Scripturis arguuntur, in accusationem convertentur ipsarum Scripturarum, quasi non recte habeant, neque sint ex auctoritate, et quia varie sint dictae, et quia non possit ex his invenire veritas ab his qui nesciunt traditionem, nom enim per litteras traditam illan, sed per vivam vocem" (Iren. *cont. haeres.*, lib. III, cap. 2, in Ins. a mesma edição: e pág. 148, Basil. 1526).

[17] ... Si non est scriptum, timeat vae illud adjicientibus aut detrahentibus destinatum. (Tert. contra Hermog. pág. 272. Paris, 1580; e cap. XXII, vol. II, pág. 111).

INOVAÇÕES DA IGREJA CATÓLICA ROMANA

daquela verdade que tem o selo do testemunho escrito";[18] e Cirilo, bispo de Jerusalém (386), apresenta o assunto em toda sua clareza, quando diz:

> "Nem ainda o ínfimo dos santos e divinos mistérios da fé deve ser transmitido sem as divinas Escrituras. Não me acrediteis quando vos falo dessas coisas, se não tendes a prova do que digo na Palavra Santa. Porque a segurança e preservação de nossa fé não são sustentadas pela habilidade da palavra, mas pela prova da Sagrada Escritura".[19]

Poderíamos multiplicar os testemunhos dos Pais da Igreja primitiva; porém são suficientes os que apresentamos para provar que a doutrina moderna, de colocar a tradição no mesmo nível das Escrituras para estabelecer um ponto de fé, era naquele tempo considerada como muito herética. E, com efeito, um padre, Teófilo, bispo de Alexandria (412), disse: "É obra de um espírito diabólico seguir os sofismas das falsidades humanas, e julgar como divina alguma coisa que não esteja autorizada pelas Escrituras".[20]

Roma, porém, é que não pode prescindir da doutrina da tradição, porque, como temos visto, admite-se sem reserva que os romanistas mantêm doutrinas que não estão corroboradas nas Escrituras.

Todas elas estão muito convenientemente incluídas no capítulo das tradições apostólicas. Afirma-se com facilidade que devem ser tidas como tais; sabendo-se, de mais a mais, como é difícil provar a falsidade de semelhante afirmativa. A lógica e a boa fé exigem que se prove o que se afirma. Ninguém deve ser intimado a provar uma negativa. Diligenciaremos, contudo, cumprir esta tarefa da seguinte maneira: Examinaremos cada século consecutivo, e apontaremos por ordem cronológica, claros e inegáveis fatos históricos que mostrem a origem, progressos e completo desenvolvimento de cada um dos dogmas modernos do papismo contra os quais

---

[18] Greg. Nyc. *Dialogo. de Anima et Ressurrect*. tom I. pág. 639. Edit. Graecolat.

[19] Cyril Hiers. Catech. IV, sect. 17, pág. 108. Monac. 1848.

[20] Daemoniaci spiritus esset instinctus, sophismata humanarum mentium sagui, et aliquid extra Scripturarum auctoritatem putare, divinum" (Theophil. alex. 402 d.C. Op. Epist. Paschal. I, s. 6 in Biblioth. Vet. Patrum, tom. VII, pág. 617. Edit. Galland).

A TRADIÇÃO

protestamos. Sustentamos que anteriormente às datas consignadas, não se pode coligir evidência alguma de qualquer dos códices autênticos para mostrar que a referida doutrina existiu como artigo de fé.

O exame que vamos empreender é tão interessante quanto curioso. É um ardil comum dos romanistas, quando se alega que suas doutrinas *peculiares* são modernas, ou perguntar:

1. quando e como teve lugar a inovação?
2. Por que é que ela não foi logo descoberta, obstando-se sua introdução na igreja?

Relativamente à segunda pergunta, apresentaríamos, se ela fizesse parte do exame que nos propomos fazer, uma série regular de protestos, diretos ou indiretos, contra todos os erros e heresias que têm aparecido desde o tempo dos apóstolos até à Reforma. Á primeira vamos responder na segunda parte desta obra.

Agora passemos ao *imaculatismo* romano.

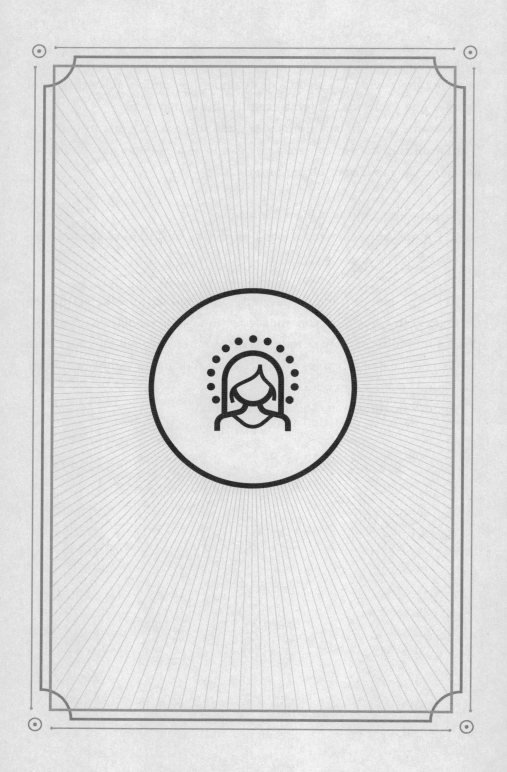

CAPÍTULO 13
A IMACULADA CONCEIÇÃO

I.

Nos capítulos anteriores vimos, com a história na mão, que a acusação de inovações, que os romanistas infundadamente fazem aos cristãos evangélicos, é exatamente, e com todo o direito, aquilo que nós podemos dizer deles.

Temos visto como, pelo decorrer dos séculos e segundo as circunstâncias, a Igreja de Roma foi acrescentando a seu credo dogmas novos, que seus teólogos foram forjando, e que o Concílio de Trento sancionou e confirmou.

Talvez que nossos leitores pensassem que um tal atrevimento não passasse além daquela época, mercê dos clamores que sem cessar levantaram os filhos da Reforma e das provas incontestáveis que produziram contra tão torpes e indignas falsificações. Vã ilusão! É uma lei da natureza, que uma vez dado o primeiro passo num plano inclinado só se pára no fim dele; e a igreja romana não parou em seus desvarios, declarando por fim, no último Concílio do Vaticano, que o papa é Deus, pois a isso equivale o dogma moderno da infalibilidade. No capítulo seguinte falaremos desta última inovação do romanismo.

II. Agora vamos falar do novo dogma chamado a *Imaculada Conceição*, definido como tal em 8 de dezembro de 1854.

É costume dos romanistas perguntarem aos protestantes onde estavam eles antes de Lutero e Calvino. Nossa resposta é simples e convincente – estávamos no evangelho: porque, ainda que o Evangelho houvesse sido deturpado pelas tradições papistas, ele é como um diamante coberto de terra, que limpo e polido recobra todo seu brilho e valor. Nós, os reformados, estávamos e estamos no evangelho, visto que nunca tivemos nem temos outra regra de fé e moral.

INOVAÇÕES DA IGREJA CATÓLICA ROMANA

Mas, agora perguntamos a nossos adversários: Onde estáveis vós, que agora possuís o novo dogma da Imaculada Conceição, antes do ano de 1854?

Se respondeis que estáveis nas Escrituras, quando nelas não se encontra tal dogma, temos o direito de dizer-vos que mui ignorantes foram vossos teólogos e vossos papas, que durante dezoito séculos não encontraram um tal dogma. Se respondeis que estáveis na tradição, também podemos dizer-vos que faltais à verdade, pois que não pode ser de tradição eclesiástica uma tal doutrina, que foi combatida por muitos papas, por escolas respeitabilíssimas, e que os padres de Trento, quando a tantas coisas se atreveram, não ousaram declarar e definir como dogma: donde resulta que em nenhum dos muitos dogmas inventados pelos romanistas há menos fundamento bíblico ou tradicional do que neste.

III. Qual foi a origem deste dogma? Vamos emitir nossa opinião, respondendo à pergunta da seguinte maneira:

Todo aquele que atentamente siga e estude as evoluções do romanismo na história facilmente poderá observar que, segundo as necessidades do coração humano, fictícias sempre, porém sempre exageradas por aqueles que nisso tenham interesse, assim tem sido as invenções romanas para explorá-las; e que na sociedade, por demais frívola e romântica, de nosso século, que tanto exaltou a mulher, rendendo-lhe um culto desconhecido dos outros séculos, era necessário explorar esse culto feminino e chamar a atenção do mundo religioso para a "mulher bendita entre todas as mulheres", e às supersticiosas e infundadas prerrogativas acrescentar uma nova que entusiasmasse as multidões e as conduzisse em tropel aos pés das imagens de Maria, feitas com toda a arte e adornadas com todos os atrativos e graças mundanas que hoje, mais do que nunca, ostentam as pessoas de seu sexo. Era preciso que, uma vez que as multidões já se sentiam cansadas e enfastiadas de ouvir sempre as mesmas coisas, se procurasse uma nova fonte de receita, um horizonte novo, donde o gênio da poesia pudesse estender seu vôo e, com seus pensamentos e frases fantásticas, pudesse atrair a si os espíritos que começavam a desertar de suas fileiras. Se os romanistas de Paris tivessem sido tão cordatos como

A IMACULADA CONCEIÇÃO

os das vizinhanças de Pau, em vez de se esforçarem por erigir um templo ao coração de Jesus em Montmartre, teriam levantado uma igreja a Nossa Senhora de Lourdes, rodeando-a, como nos tempos do paganismo, de grutas, fontes e jardins. Nunca a basílica de Montmartre será tão concorrida e tão rendosa como a de Lourdes.

Esta tendência de nosso século compreendeu-a e explorou-a hábil e sagazmente a Igreja de Roma com tantas e tão frequentes aparições de Virgens de diversos nomes, e sobretudo com o dogma da Imaculada Conceição.

IV. Tem este dogma apoio nas Escrituras? Não. Tanto o Antigo como o Novo Testamentos tendem a um ponto Cardeal: aquele a anunciar e simbolizar o Cristo, Salvador dos homens, e este a dar contas do cumprimento daquelas profecias e o desaparecimento das figuras ante a realidade que representavam. E, se Maria foi concebida sem o pecado original, não necessitou dos benefícios que a vinda de Cristo trouxe à terra. Maria concebida sem pecado seria como Eva antes da queda no paraíso; esta não necessitava de um Salvador, Maria tampouco devia precisar dele, porque não tinha pecado de que fosse salva. Ora, isso opõe-se ao ensino das Escrituras, que dizem "que todos pecaram em Adão". "Como por um só homem entrou o pecado no mundo, e pelo pecado a morte, em Adão todos morreram". Isso contradiz as palavras da própria Virgem, quando disse em seu cântico: "E o meu espírito se alegrou muitíssimo em Deus, *meu Salvador*". Se Maria não teve pecado, não precisou de expiação para ele, não necessitou de um Salvador; logo, houve no mundo uma filha de Adão que entrou no céu sem ter necessitado de Cristo. Ora, isso destrói pela base toda a Escritura.

Além do mais, a morte corporal é o castigo do pecado; se Adão e Eva não tivessem pecado, nem eles nem sua descendência teriam morrido. Maria, concebida, nascida e vivendo sem pecado, não devia morrer; porém ela morreu, porque, como todos os homens, ela pecou em Adão. É verdade que Cristo não pecou e morreu, bem sabemos, porém, que ele morreu pelos pecados dos homens.

INOVAÇÕES DA IGREJA CATÓLICA ROMANA

Depois disso, vejamos a força que têm as passagens da Escritura que os romanistas evocam em abono de seu novo dogma.

1. Gênesis 3.15: "Eu porei inimizade entre ti e a mulher, entra a tua posteridade e a sua, dela. Ela te pisará a cabeça, e tu armarás traições ao seu calcanhar".

Esta tradução é da 'Vulgata', e confessamos, com ingenuidade, que nos surpreende o atrevimento dos tradutores romanistas que, para encontrarem algum apoio para seus pretendidos dogmas, não vacilam em pôr na Santa Bíblia palavras para a obrigarem a dizer coisas que ela nunca disse. O pronome *ela*, que lemos na 'Vulgata', e que dizem referir-se à mulher, no original hebraico não se refere a ela, mas, sim, a sua semente, que é Cristo; de modo que na 'Vulgata' há dois erros de tradução: não deve ser *ipsa*, mas, sim, *ipsum*; e nem ainda tampouco deve ser *ipsum*, mas *istud*, pois que se refere ao sujeito mais próximo, e na 'Vulgata' há o gravíssimo erro de dizer *ela* em lugar *desta*.

De quem, pois, se anunciou, depois da queda de nossos primeiros pais, que quebraria a cabeça da serpente não foi a mulher, mas, sim, a semente da mulher.

Assim diz o texto hebraico, assim o entenderam os padres, e assim se depreende da consideração da promessa. Que importava, naquele instante supremo, aos dois grandes réus, Adão e Eva, saberem que a mulher quebraria a cabeça de seu inimigo, sendo concebida sem pecado, quando isso tinha um caráter essencialmente peculiar à mulher, e de maneira alguma aplicável e em nada vantajoso para nossos pais? Como pode racionalmente admitir-se que Deus, naqueles soleníssimos momentos em, que pela primeira vez, anunciava a nossos pais um Redentor, nada mais dissesse dele senão que haveria inimizades entre ele e a serpente, eclipsando dessa maneira a figura daquele a quem podemos chamar o Protagonista, e fizesse somente ressaltar a personalidade e o privilégio de uma outra figura secundária e relativamente insignificantíssima, comparada com a primeira? Que esperança ou que consolo podia proporcionar ao angustiado espírito de Adão e Eva saberem que uma filha sua, ou descendente seu, quebraria a

A IMACULADA CONCEIÇÃO

cabeça da serpente, se isso era para ela somente, e não para eles nem para sua descendência? Não se pode admitir que estas palavras, nos lábios do Senhor, se refiram a Maria, como os romanistas pretendem, mas, sim, à semente da mulher, como diz o texto hebraico, e como o diz a reta razão, ainda que o texto o não dissesse.

Além disso, Maria, concebida sem pecado, quebrou, por esta circunstância, a cabeça da serpente? Não; não fez mais que obter dela um triunfo pessoal, pisar-lhe a cabeça, mas não esmagar-lha; passou por cima dela, humilhou-a, mas disso a destruí-la, a inutilizá-la, vai uma distância imensa. Quando um cristão vence a Satanás na tentação que ele prepara, pode dizer que o calca, que o humilha, que triunfa sobre ele; porém, que lhe quebra a cabeça, que o mata, que o inutiliza, não; isso só pode fazê-lo, e fá-lo, o redentor – a semente da mulher, Cristo! Só a este, e a nenhuma outra criatura humana além dele, se podem aplicar estas palavras: "te esmagará a cabeça".

2. E assim, destruído o fundamento, a pedra angular de tal dogma, caem por terra todos os demais textos bíblicos com que os romanistas pretendem corroborá-lo. "Tu és toda formosa, amiga minha, e em ti não há mácula" (Ct 4.7). "Jardim fechado és, minha irmã, minha esposa, jardim fechado, fonte selada (Ct 4.12). "Formosa és... terrível como um exército bem ordenado, posto em campo" (Ct 6.4). Quem, entre os mesmos romanistas, ignora que estas palavras dos Cânticos de Salomão são místicas, e aplicadas à Igreja de Cristo e a este, que é seu Esposo? E que nome se deverá dar a uma igreja que aplica a Maria umas palavras que nunca dela foram ditas? E, ainda mesmo que fossem ditas de Maria, provariam estar ela isenta do pecado original? Não podem antes, e com mais propriedade, aplicar-se como ditas por Cristo acerca da alma cristã, que é sua esposa, ainda que tenha sido concebida em pecado?

3. O mesmo se deve dizer do versículo 22 e seguintes do capítulo 8 do Livro dos Provérbios: "O Senhor me possuiu no princípio de seus caminhos, desde o princípio, antes que criasse coisa alguma etc". O autor dos *Provérbios* faz aqui o elogio da *Sabedoria*, da qual diz tantas e tão

INOVAÇÕES DA IGREJA CATÓLICA ROMANA

verdadeiras grandezas; aos ouvidos de algum devoto romanista, porém, estas palavras soam com doçura, e, em seu entusiasmo, julgou-as próprias para exaltar Maria. Por este caminho, o romanismo pode justificar os maiores disparates e absurdos. Será justo torcer assim o sentido das Escrituras e fazê-las dizer aquilo com que nunca sonharam?

4. Não menos gratuita é a aplicação feita a Maria de alguns dos símbolos do Antigo Testamento. Gratuita, sim, porque nos repugna estampar aqui o epíteto que merece; como, porém, nos cumpre dizer a verdade, cometeríamos uma falta se a ocultássemos. Não podem ir mais longe a impiedade e a blasfêmia, pois impiedade e blasfêmia é roubar a Deus o que lhe pertence para o dar a uma criatura. De Maria dizem os romanistas que ela é a Arca da Aliança (*Foederis Arca*), para onde devem fugir todos aqueles que queiram pôr-se a coberto do dilúvio da justiça divina que seus pecados provocaram. Podem os ouvidos cristãos ouvir uma tal blasfêmia sem estremecer? De Maria dizem também que é a Porta do Céu (*Janua Coeli*), dando assim a entender que só através de Maria é que o homem pode conseguir sua salvação. A Maria chamam também *Estrela Matutina, Torre de Davi, Sede da Sabedoria, Causa de nossa Alegria, Rosa Mística*. Finalmente, não há no Antigo Testamento símbolo algum que não tenham aplicado à Virgem.

Permitam-nos, antes de passarmos adiante, que, depois de reivindicar para Cristo todos estes títulos, privilégios e símbolos, que a ele e só a ele se referiam, pois só ele é o ponto objetivo e o centro de toda a profecia, demos um conselho cristão a todos os romanistas de boa fé que leiam este nosso trabalho. Deus sempre se tem mostrado zeloso de sua glória, e uma das prevaricações que neste mundo ele tem castigado com a maior severidade é a de dar a outro ser a glória que só a ele é devida. "Não terás deuses estrangeiros diante de mim", foi este seu primeiro preceito no Sinai, "porque Eu Sou Jeová, teu Deus...". E vós tendes Maria como deusa a quem amais, e tendes nela mais confiança do que em Deus. Temei a ira do Senhor, e não procureis em outra parte a causa e explicação de tantos males que vedes sobre vossa igreja. Sabei que só Deus é Deus, e "a Deus

A IMACULADA CONCEIÇÃO

somente se deve adorar e servir". Bendizei, sim, recordai com afeto e respeito a Maria; porém não roubeis a Deus o culto que lhe é devido para o dar a ela, nem espereis vossa salvação senão de Deus e de seu Cristo, porque "não há outro nome dado aos homens pelo qual devamos ser salvos" senão o Nome de Jesus.

5. Depois disso, resta agora chamar a atenção dos leitores para o grande número de textos que terminantemente dizem que "todos pecaram em Adão"; não se fazendo exceção de pessoa. E, não a fazendo a Escritura, tem o romanismo direito de fazê-la? Que diz a Escritura acerca de Jesus? "Tentado em todas as coisas à nossa semelhança, exceto no pecado" (Hb 4.15). Por que se cala a Escritura a respeito de Maria? Dizem as Escrituras que Isaías e João Batista foram santificados nos ventres de suas mães. E por que é que nada dizem de Maria, sendo ainda maior seu privilégio do que o daqueles?

Além disso, temos outros textos nos quais se faz comparação entre o velho Adão e o novo, que é Cristo, e que afirmam que no primeiro morreram todos e no segundo foram todos ressuscitados; ora, se Maria foi vivificada no segundo, necessariamente havia de morrer no primeiro. "Se um morreu por todos, por consequência todos estão mortos, e Cristo morreu por todos" (2Co 5.14 e 15).

Desenganem-se os romanistas: o pretendido dogma da Imaculada Conceição não tem nenhum fundamento nas Sagradas Escrituras; antes, é por demais evidente que elas são contrárias a esta inovação do romanismo.

V. Mas, este dogma foi tradição constante da igreja? De modo algum.

Ainda que alguns dos chamados santos padres tivessem esta opinião, são muitíssimos aqueles que explicitamente ensinam o contrário; ainda que algumas escolas hajam inventado sofismas para defender aquela opinião, outras tão respeitáveis como estas sustentam opinião contrária; ainda que algumas igrejas nacionais tenham aceitado e celebrado desde tempos remotos tal crença, outras a tiveram como mal, e abertamente se opuseram a ela.

INOVAÇÕES DA IGREJA CATÓLICA ROMANA

Um autor católico, falando acerca deste assunto, diz: "Consulte-se a história dos tempos antigos e da idade média da igreja, consulte-se também a história dos tempos modernos e a história contemporânea: qualquer um poderá convencer-se de que não é uma crença que, a título de constante consentimento, se haja elevado ao augusto lugar de artigo de fé. Muitos séculos decorreram depois da fundação da igreja sem que ninguém pensasse nesta questão; os antigos cristãos foram aqueles veneráveis santos padres que, com seu talento e inspiração, defendiam a doutrina católica e combatiam os erros dos hereges; foram aqueles varões constantes que antes queriam perder a vida do que perder a verdadeira fé: foram aqueles zelosos eclesiásticos ou devotos seculares que não creram na Imaculada Conceição, porque não a encontravam contida nas Escrituras, nem definida pelos concílios, nem ensinada pelos seus doutores, nem transmitida pelas tradições".

Efetivamente, até aos tempos da idade média é absolutamente impossível encontrar o mais tênue vestígio pelo qual se possa vir a conhecer que entre o povo havia a idéia de que "Maria tinha sido isenta do pecado".

A ninguém ocorreu semelhante idéia, e certamente que os cristãos daqueles séculos primitivos não deixariam de estudar as Escrituras com mais interesse do que os cristãos dos tempos posteriores, nem deixariam de ter em grande honra a tradição, se realmente esta falasse a tal respeito. O que consta é que na idade média a superstição chegou a seu auge, e que, esquecendo os homens o espírito e a simplicidade do evangelho, trataram de multiplicar as festas e devoções particulares, e não faltou alguém que aventasse a opinião do *imaculatismo*, opinião essa que o vulgo ignorante e fanático daquele tempo não podia deixar de prestar ouvidos, como efetivamente prestou.

Encontramos o primeiro vestígio da tal crença em 1140, quando alguns cônegos de Lião instituíram pela primeira vez no ocidente um festa semelhante; mas quem ignora a censura veemente que Bernardo lhes dirigiu, como introdutores de uma tal inovação? Na igreja do oriente é verdade que existia desde o ano de 880, no dia 9 de dezembro, uma festa

A IMACULADA CONCEIÇÃO

chamada da Conceição; porém não era para celebrar seu caráter de imaculada, mas, sim, de milagrosa, porque Ana havia sido estéril. Leia-se a Homília que Gregório de Nicomédia compôs para essa festa, e ver-se-á que toda ela é dedicada a ponderar o milagre da fecundidade da estéril Ana. Padre algum, ou escritor anterior até a esta data, sustentou ou teve tal opinião, sendo certo que tiveram ocasião de o fazer, pois que alguns deles falaram de Maria.

Agostinho diz, em seus *Comentários sobre o Gêneses*, livro 10, capítulo 18, n.º 12, que a carne de Maria "*est de carnis peccati propagine*", e em seu comentário ao Salmo 34 diz mais claramente: "*Maria ex Adam mortua propter peccatum*"; e, posto que acrescente que "*em atenção e reverencia para com o Senhor*", "quando se trata do pecado, quer sempre considerar sua mãe como excetuada", depreende-se do contexto que fala da ação de pecar, ou do pecado atual (*peccatum actuale*).

O célebre Anselmo de Canterbery (1109), de quem conta a fábula que introduziu na Inglaterra a festa da Imaculada Conceição, em um seu livro intitulado *Cur Deus Homo*, diz: "Não só foi concebida, mas nascida, em pecado; ela também, como todos, pecou em Adão". Depois desta passagem tão frisante, como é que os *imaculistas* têm coragem de contar Anselmo entre seus partidários?

Leão, o Grande, em seu *sermão 1.º de Nativit.* capítulo 1º, diz: "Assim como nosso Senhor não encontrou ninguém isento do pecado, *nullum á reatu liberum reperit*, assim também veio para resgate de todos, *ita liberandis omnibus venit*". Esta declaração de Leão seria falsa se Maria tivesse sido concebida sem pecado, não necessitando, portanto, de Cristo como seu Salvador. Em outro sermão sobre o mesmo assunto, diz também: "O Senhor Jesus é o *único* entre os filhos dos homens que nasceu inocente, porque é ele o *único* que foi concebido sem o *fermento da concupiscência carnal*".

O Papa Gelásio, sobre as palavras *Ipsum audite*, diz: "Nada do que estes primeiros padres produziram por seu gérmen foi isento do contágio deste mal, que eles contraíram pela prevaricação, posto que este produto seja obra de Deus, por instituição da natureza" (*Gel. Epist. ad Episc. Picen*).

INOVAÇÕES DA IGREJA CATÓLICA ROMANA

Gregório, o Grande, que foi, sem dúvida, um dos papas mais sábios, versado e lido nas Santas Escrituras e na tradição, comentando a passagem de Jó, 14.14, diz assim: "Pode-se compreender nesta passagem que o santo Jó, chegando com seu pensamento até à encarnação do Redentor, viu que só ele no mundo é que não foi de um homem e de uma mulher, mas da Virgem Maria, e foi verdadeiramente puro em sua carne". (*Lib. 12. Moral. cap. 32, in Job, 14.4*).

VI. Outra prova, e, sem dúvida, a mais valiosa de todas – de que a opinião da conceição imaculada não foi tradição da igreja, vemo-la nessa luta terrível que até aos nossos dias têm sustentado a escola tomista e a escola scotista. Ninguém ignora que Tomás de Aquino, chamado o anjo das escolas, combateu o *imaculatismo* com todas as suas forças, e sua ordem dominicana se impôs, por meio de juramento, o dever de o seguir; ao mesmo tempo que não menos célebre Duns Scoto defendeu a opinião da conceição imaculada de Maria, e com ele toda sua ordem franciscana. É por certo mui sutil a evasiva de João Gerson, quando, respondendo aos dominicanos que lhe pediam provas da tradição da igreja a tal respeito, diz: "Da mesma maneira que Moisés e os apóstolos". Inovação esta, por certo, mais perigosa para o sistema da tradição perpétua e universal, pois que não faltará quem com o mesmo direito possa continuar esta cadeia e dizer que aos escolásticos o Espírito Santo se revelou mais do que aos padres. E realmente assim devia ser, pois que os escolásticos inventaram, por exemplo, o dogma do purgatório, em que os padres nunca pensaram.

VII. Manuseando agora a história dos concílios, vemos que o de Basiléia, na sessão 36, em 17 de dezembro de 1439, declarou como dogma esta opinião; porém as atas desse Concílio não foram aprovadas pelo papa, e, por consequência, sua declaração ficou sem valor. A célebre assembléia de Trento, que muito detidamente examinou este assunto, por isso mesmo que os bispos de Espanha estavam altamente empenhados nesta questão, não se resolveu a falar dela, apesar de que com isso teria dado um rude golpe no protestantismo, e apenas manifestou que, "ao falar do pecado original, não era intenção do Concílio compreender nele a Virgem Maria".

A IMACULADA CONCEIÇÃO

Postas as coisas neste pé, um espanhol, Francisco Yago (1620), levantou de novo a questão, despertando-se por esse motivo um verdadeiro fanatismo em Espanha em prol desta doutrina. O povo chegou até a insultar as imagens de Tomás de Aquino. Filippe III e Filippe IV enviaram legados extraordinários, pedindo a resolução desta questão. Paulo V (1617) e Gregório XV (1622) proibiram a controvérsia pública e particular sobre o assunto. Clemente XI ordenou a toda a cristandade a festa da conceição, que então já se celebrava em algumas partes (6 de dezembro de 1708).

Pio IX (2 de fevereiro de 1849) publicou uma encíclica, ordenando a todos os bispos que comunicassem à santa sé sua opinião e a opinião de suas respectivas dioceses sobre o assunto; e, apesar da opinião contrária de muitos deles, como os bispos de Paderbon, Ermeland e Breslau, o arcebispo de Paris e o Cardeal de Schwarzemberg de Praga, no dia 8 de dezembro de 1854, em presença de 54 cardeais e 140 bispos, foi definido o dogma da imaculada conceição.

Se tal dogma tem ou não fundamento nas Escrituras, ou na tradição, julguem-no, depois do que deixamos dito, os leitores. E digam também se temos ou não direito de acusar o romanismo de inovador.

CAPÍTULO 14
A INFALIBILIDADE DO PAPA

É este o dogma mais moderno da Igreja Romana, pois só foi imposto à cristandade como artigo de fé em 1870. Até àquele ano ninguém, leigo ou eclesiástico, era obrigado a aceitar tal doutrina, porém desde então todos os que a negarem são hereges, excluídos do rebanho de Cristo e infamados com o anátema que os entrega à ira de Deus.

A própria palavra *Infalibilidade* é também moderna, e não se encontra nem uma só vez na antiga literatura da igreja. A idéia de que a igreja universal era a depositária da verdadeira fé já se manifestava desde alguns séculos, porém até *agora* não estava decidido onde residia essa infalibilidade. Alguns sustentavam que ela estava na igreja; outros, no Concílio geral; outros, no Concílio geral e no papa; e outros, só no papa. Todavia, como todos convinham geralmente em que a infalibilidade residia nalguma parte, e que este ponto se devia determinar, Pio IX convocou um Concílio geral dos prelados da igreja romana para resolver e decidir, de uma vez por todas, a questão.

Esse Concílio foi celebrado em Roma, e depois de calorosos debates, decidiu-se que a infalibilidade residia somente no papa; e numa bula, expedida em julho de 1870, foi dado conhecimento oficial à igreja desta nova doutrina, como um dos artigos da fé romana. Como esta bula (*pastor Aeternus*) contém um resumo das razões que provam a infalibilidade, e nas quais esse novo dogma se fundamenta, será ela também o fundamento em que se basearão as observações que vamos fazer. Esta bula consta de uma introdução e quatro capítulos, a respeito dos quais diremos alguma coisa.

I. A introdução diz que o Senhor, "preferindo Pedro aos demais apóstolos, instituiu nele o princípio perpétuo da unidade, e um visível fundamento sobre o qual seria erguido um templo sólido e eterno". Estas palavras denotam claramente que Pedro é o fundamento da Igreja.

INOVAÇÕES DA IGREJA CATÓLICA ROMANA

Afirma isso um papa *infalível*, ao mesmo tempo que na Palavra de Deus lemos o seguinte: "Ninguém pode pôr outro fundamento, além do que foi posto – o qual é *Jesus Cristo*" (1Co 3.11).

Aos Efésios, diz Paulo que eles "estão edificados sobre o fundamento dos apóstolos e dos profetas, sendo o mesmo *Jesus Cristo a pedra angular* (Ef 2.20). Desse modo, todos os apóstolos participam da mesma honra, e dela também participam os profetas juntamente com eles. No livro do Apocalipse, lemos também (21.14) que a cidade de Deus tinha "doze fundamentos, e neles os doze nomes dos doze apóstolos do Cordeiro". Veja-se também Isaías 28.16, e Mateus 21.42.

O apóstolo Pedro nunca reivindicou para si prerrogativa de ser fundamento da igreja (At 4.11), e nenhum dos apóstolos lhe conferiu, em seus escritos, semelhante honra.

II. No primeiro capítulo da bula temos as provas da suposta instituição do primado de São Pedro. Aí encontramos o seguinte:

"A Simão unicamente foi a quem ele disse: *Tu serás chamado Cefas*; e depois da confissão que este fez: *Tu és o Cristo, o Filho do Deus vivo*, é que o Senhor lhe disse: *Bem-aventurado és, Simão filho de Jonas, porque não foi carne e sangue que to revelou, mas, sim, meu Pai que está nos céus. E eu te digo que tu és Pedro, e sobre esta pedra* (petram) *edificarei minha igreja, e as portas do inferno não prevalecerão contra ela. E eu te darei as chaves do reino dos céus. E tudo o que ligares na terra será ligado nos céus, e tudo o que desatares na terra será também desatado nos céus*".

Segue depois uma referência às palavras de nosso Senhor a Pedro (João 21.15 etc.): *Apascenta os meus cordeiros, apascenta as minhas ovelhas*.

Com relação à citação de Mateus 16.16-19, basta dizer que o poder de ligar e desligar está no mesmo evangelho, 18.18, poder esse conferido por Cristo também a *todos* os apóstolos; e isso mesmo está de acordo com as palavras de nosso Senhor, no Evangelho de João 20.21-22. Ora, se todos os apóstolos possuíam este privilégio, segue-se que o fato de

A INFALIBILIDADE DO PAPA

Pedro também o possuir não prova, de maneira alguma, sua supremacia. As palavras de João 21.15,17, não provam também a supremacia de Pedro, porque Paulo disse aos anciãos de Éfeso: "Atendei por vós e por todo o rebanho sobre que o Espírito Santo vos constituiu bispos, para *governardes a igreja* de Deus, que ele adquiriu por seu próprio sangue" (At 20.28).

Desta mesma opinião era Pedro, que disse aos presbíteros, em cujo número se contava: "*Apascentai o rebanho de Deus que está entre vós*" etc. (1Pe 5.1 e 2).

Não há uma palavra no Novo Testamento que declare que Pedro jamais tenha exercido jurisdição alguma sobre os outros apóstolos e bispos da igreja. Ele conhecia perfeitamente o sentido das palavras de Cristo, em Mateus 23.8-12.

O papa, porém, diz que a nova doutrina "foi sempre admitida pela igreja católica". Neste caso, para que o trabalho de a demonstrar? Certamente que os santos nem todos a receberam. O grande Agostinho diz, acerca das palavras "sobre esta pedra edificarei minha igreja", *que a Pedra é Cristo*.

Cipriano ensina que o poder, que primeiramente havia sido dado a Pedro, foi depois conferido aos outros apóstolos. Tertuliano claramente ensina que, qualquer que fosse o poder dado pelo Senhor a Pedro, esse poder lhe fora conferido pessoalmente; que as chaves foram usadas quando ele pregou aos judeus (At 2.22); que o poder de atar está bem patente no milagre de Ananias (At 5.3,5); que o poder de desatar está na cura do coxo (At 3, 6, 7); e que o poder de atar e desatar aparecem juntos nos Atos 15. O poder de atar e desatar, diz este santo padre, nada tinha a ver com os pecados dos crentes.

Como matéria de fato, os escritores cristãos primitivos guardam absoluto silêncio sobre a supremacia de Pedro. Clemente de Roma, Inácio de Antioquia, Policarpo de Esmirna, Justino Mártir, Atenágoras, Teófilo de Antioquia, Taciano de Assíria, Hipólito e Irineu de Lião, não ensinaram, em suas obras, tal doutrina, nem encontramos no século segundo nenhum autor que a ensine. Todavia, esta doutrina serviu de alicerce para a infalibilidade, na qual é preciso crer, sob pena de excomunhão.

INOVAÇÕES DA IGREJA CATÓLICA ROMANA

III. O segundo capítulo da bula trata da perpetuidade do primado de São Pedro.

Dizem que a sé romana foi fundada por São Pedro; porém, em que autoridade se apoiam para o provarem? O Novo Testamento nunca fala da presença de Pedro em Roma. Procuramos Pedro em Roma nos Atos dos Apóstolos, na Epístola de Paulo aos Romanos e em todas as outras epístolas, porém nada nos dizem também a este respeito. O papa, porém, diz, apesar de tudo isso, que os pontífices romanos sucederam a Pedro na sé de Roma e herdaram suas prerrogativas, e que isso mesmo foi reconhecido em todos os tempos. Clemente, um dos primeiros bispos romanos, menciona Pedro e Paulo como pregadores e mártires, porém não diz sequer uma palavra acerca de Pedro como *bispo*, nem fala de sua pessoa como *sucessor* deste apóstolo.

Tampouco encontramos a este respeito palavra alguma nas obras de Inácio, Policarpo e Justino. O primeiro que diz que Pedro pregou na Itália e morreu em Roma é Dionísio de Corinto, que dirigiu uma carta à igreja romana, um século depois da morte deste apóstolo. Deve-se notar que esta carta foi dirigida à igreja de Roma e não ao bispo Sotero, o qual é simplesmente mencionado nela. Quando os escritores cristãos primitivos falam dos trabalhos de Pedro em Roma, falam também de Paulo, e não dizem que qualquer deles fosse bispo ou papa. Tertuliano (*De Proescrip. Haeret, 36 e Adv. Marcion, 4 e 5*) chama a atenção para o fato de Paulo ter sido escolhido para pregar aos gentios e Pedro, aos judeus, e diz que Clemente fora ordenado por Pedro, porém faz uma referência aos bispos que foram constituídos pelos apóstolos (*De Proescrip. Haeret, 32*). É isso tão-somente o que ele nos diz acerca do assunto em questão. O que dizemos de Tertuliano, dizemo-lo também dos pais latinos e gregos da igreja primitiva que falam da visita de Pedro a Roma, os quais jamais se lembraram de dizer que ele fosse o único fundador da igreja de Roma, nem que em algum tempo fosse ele bispo dela, nem que os bispos o sucedessem nas admiráveis prerrogativas que lhe foram conferidas. A bula apresenta apenas uma passagem de Irineu, porém mal interpretada. É esta a única

A INFALIBILIDADE DO PAPA

alusão feita na bula aos padres dos três primeiros séculos. Procuramos os nomes de homens como Atanásio, e concílios como o primeiro de Nicéia, mas não os encontramos. E, na verdade, as autoridades são tão poucas, e em sua maioria tão modernas, que Irineu se destaca muito entre elas. Mas vejamos o que Irineu diz sobre o assunto.

Irineu era de opinião que os hereges podiam ser refutados, apelando-se para os princípios que haviam guiado sempre as igrejas fundadas pelos apóstolos; porém, como a lista de tais igrejas e seus pastores era muito comprida, resolveu limitar suas observações exclusivamente a Roma. Ele descreve esta igreja como sendo a maior, a mais antiga e conhecida de todas; foi fundada pelos dois apóstolos Pedro e Paulo; recebeu deles e de seus companheiros a tradição, e a fé dela foi reconhecida por todos os homens. "A esta igreja, por causa de sua mais poderosa importância (*propter potentiorem principalitatem*), é necessário que recorram todas as igrejas, isto é, os fiéis de todas as partes em que tem sido preservada a tradição apostólica". Disso parece depreender-se que cada igreja, de certo modo, era obrigada a recorrer à igreja de Roma, porque esta tinha uma importância maior. Irineu, porém, não quer dar a entender a suprema autoridade da igreja, mas, sim, a do império. Era a esta a quem eles, perseguidos e oprimidos, eram obrigados a apresentar suas queixas para lhes ser feita justiça. Como Paulo, eles apelavam para César, e como ele se viam obrigados a visitar Roma; e por isso é claro que estavam em comunhão com aquela igreja. Estas e outras semelhantes foram as causas que puseram em contato os membros de todas as igrejas com a igreja de Roma. Ignorando os fatos da história, condição dos tempos e o sentido de Irineu, Pio IX apresenta-o como culpado do extraordinário anacronismo de ensinar que a igreja de Roma, sob Marco Aurélio ou Comodo, desfrutou e exerceu a suprema autoridade.

Irineu atribui a fundação da igreja de Roma, não a Pedro somente, mas aos *dois* apóstolos Pedro e Paulo. Sobre isso não pode haver a mais leve dúvida; assim como também não pode haver dúvida sobre o fato de que Irineu não designa como bispo a nenhum deles: e com a mesma

INOVAÇÕES DA IGREJA CATÓLICA ROMANA

certeza diz que os apóstolos (no número plural) conferiram a Lino o cargo de bispo. Desse modo Irineu tacitamente exclui a Pedro e a Paulo do número dos bispos de Roma; diz, por exemplo, Clemente, o terceiro, Sixto, o sexto, e Eleutério, o duodécimo: ao passo que, se ele houvera crido que Pedro fora o primeiro bispo de Roma, Clemente seria o quarto, Sixto o sétimo etc. (*Iren. Adv. Haer. III, 3*).

Numa época mais posterior, Irineu escreveu uma carta a Vítor, bispo de Roma, que havia, conta Eusébio, "intentado separar da comum unidade" a todos os que não concordavam com ele acerca do tempo em que a páscoa devia ser celebrada, pedindo a seus partidários que não tivessem comunhão com eles. Por isso foi severamente censurado o prelado romano, e muitos lhe manifestaram seu desagrado. Entre eles figurou Irineu que lhe fez ver que outros bispos de Roma haviam procedido de um modo muito diferente. Vítor ficou por fim vencido, e sua decisão foi desprezada. O debate com relação ao tempo em que a páscoa devia ser celebrada não foi ultimado senão no Concílio de Nicéia, em 325, Concílio que não foi convocado nem presidido pelo papa, e que tão-somente fala do bispo romano para mostrar que, assim como ele é a principal autoridade eclesiástica em sua diocese, assim também os outros bispos devem ter a mesma autoridade em seus bispados.

Os dois presbíteros que assistiram ao Concílio como representantes do bispo de Roma subscreveram os cânones em nome de seu prelado, mas não vêm mencionados neles.

E, todavia, foi este o primeiro Concílio ecumênico!

Este primeiro Concílio ecumênico não foi convocado pelo papa, mas, sim, pelo imperador Constantino, assim como o Concílio ecumênico de Constantinopla foi também convocado pelo imperador Teodósio, e não pelo papa. Este Concílio, ao declarar que o bispo de Constantinopla era igual em honra ao bispo de Roma, reconhecia que este último tinha de seu lado a preeminência, mas não lhe reconhecia supremacia ou autoridade.

Muito depois Justiniano, na '*Novela*' apresenta uma explicação semelhante, e isso prova que já na metade do século sexto o papa de Roma não

A INFALIBILIDADE DO PAPA

era bispo universal, não tinha jurisdição universal na Igreja, não era tido como depositário da infalibilidade.

Devemos observar também que Irineu chama Pedro *um* dos *fundadores* da igreja romana, e não o *fundamento* dela; que não o chama bispo dessa igreja nem de nenhuma outra; e que atribui a ordenação de Lino, o primeiro bispo conhecido daquela igreja, a Pedro e a Paulo juntamente. Se Pedro foi a suprema cabeça da igreja, e bispo de Roma desde o ano de 43 ou 44 até ao ano de 68 ou 69, como conciliar esse fato com o de sua estada em Jerusalém no ano de 52, como consta dos Atos 15.5, 6, 7? De 2.2, da Epístola aos Gálatas sabemos que numa época posterior Pedro morava em Antioquia e foi repreendido por Paulo por falta de firmeza cristã.

IV. Consideramos, porém, o capítulo terceiro da bula de 1870, em que se expõe a doutrina da supremacia do bispo de Roma. Nossa análise será breve.

O Concílio geral de Florença foi celebrado em 1439, sob Eugênio IV, e nesse Concílio, segundo diz Pio IX, em sua bula de 1870, foi resolvida a supremacia do papa. Saiba-se, porém, que naquela mesma data se celebrava o Concílio geral de Basiléia, e o mundo presenciou o edificante espetáculo de dois concílios gerais a um só tempo. Para fazer desaparecer tal dificuldade, foram declaradas nulas as decisões tomadas no Concílio de Basiléia, porém a história nos informa que os bispos que assistiram a esse Concílio não foram a Florença. Não poderia o papa referir-se a alguma outra autoridade mais antiga e menos duvidosa? É verdade que ele apela para Gregório, o Grande, que, como seu predecessor Pelágio II, rejeitou energicamente o título de bispo universal. Efetivamente, Gregório declara que nenhum de seus predecessores havia consentido em usar tão profano título: em outras palavras, os bispos de Roma, pelo espaço de 600 anos, não reivindicaram ser o que agora se obriga a crer, isto é, que eram bispos universais.

A bula comete ainda um erro muito maior e mais grave, apelando para o Concílio Geral de Lião, em 1274. Esta passagem é tão importante que vamos citá-la textualmente. *"Et quoniam divino apostolici primatus jure*

INOVAÇÕES DA IGREJA CATÓLICA ROMANA

romanus pontifex universae ecclesiae proeest, docemus etiam et declaramus eum esse judicem supremum fidelium (Pii P. P. VI, Breve *super soliditate*, de 28 de novembro de 1786), *et in omnibus causis ad examen ecclesiaticum spectantibus ad ipsius posse judicium recurri*" (Concili: Oecum, Lugdun. II). "E porquanto, e porque, por direito divino do primado apostólico, o pontífice romano preside sobre a igreja universal, ensinamos e declaramos que ele é o supremo juiz dos fiéis, e que em todos os casos de discussão eclesiástica se pode recorrer ao seu juízo". Observamos:

1. Que as palavras citadas do Concílio de Lião não fazem parte das decisões desse Concílio, mas apenas aparecem em uma carta dirigida ao papa pelo imperador grego, Miguel VIII. Este imperador, temendo uma cruzada latina, propôs a união das igrejas grega e latina, e enviou um carta e delegados a Lião. Na carta ele cedia-nos dois grandes pontos da disputa – a processão do Espírito Santo e a supremacia da igreja romana. Este seu ato estava em oposição aos desejos do povo, que conseguiu tornar-se vencedor.

2. O imperador grego, na sentença, da qual Pio IX extrai algumas palavras, fala, não do papa, mas, sim, da *igreja* de Roma, "ad quam" – à qual, isto é, a cujo juízo, diz, se pode recorrer etc. Em toda a carta, este submisso imperador atribui sempre a supremacia à *Igreja* de Roma, e nunca ao papa (Veja-se a carta *in summa concil. Basil. tom. I, pp. 448 e 449*).

Desse modo encontramos ainda, no documento que decreta a infalibilidade do pontífice romano, gravíssimos erros. Mais duas palavras ainda acerca do segundo Concílio de Lião:

Em nossos dias existem igrejas que foram fundadas tão de pronto como a de Roma, que ainda têm seus prelados, e que jamais reconheceram o papa como o juiz supremo da fé e da moral. Essas respeitáveis comunidades estão atualmente compreendidas sob o mesmo anátema que os protestantes.

Outro ponto que contém a bula, e que muito é de se estranhar, é a condenação daqueles que crêem que é legal a apelação do papa para um Concílio Geral. Apesar disso, esta opinião foi sempre sustentada e

A INFALIBILIDADE DO PAPA

repetidas vezes posta em prática. Os concílios gerais têm formulado credos para a igreja; têm dado leis à igreja, têm deposto papas e nomeado papas etc. Eles, pois, os concílios, muito melhor que os papas, têm representado a infalibilidade que estes se atribuem.

V. Passemos, porém, ao capítulo quarto da bula, em que o papa Pio IX declara ser um artigo de fé que o pontífice romano, quando ensina oficialmente alguma coisa à igreja, relativa à fé e aos costumes, é infalível. Neste capítulo ele repete idéias que já tem apresentado, porém invoca o testemunho de três concílios gerais. Cita primeiramente o quarto Concílio Geral de Constantinopla, celebrado em 870; porém a citação não prova nada; indica simplesmente a supremacia da sé de Roma. Depois diz que, no segundo Concílio de Lião, os gregos fizeram uma declaração acerca da supremacia da igreja. Mencionamos isso, porque pode ocasionar grandes dúvidas.

Os gregos que assistiram àquele Concílio foram obrigados por Miguel VIII a comparecerem, e seu assentimento à supremacia da Igreja de Roma foi, como já dissemos, rejeitado pela Igreja Grega, que ainda hoje não crê em tal coisa. Além disso, as palavras citadas não só não definem o poder do papa, como são aplicadas exclusivamente à Igreja de Roma; e, finalmente, as palavras são copiadas da carta de Miguel, já citada, e não das decisões do Concílio. Desse modo, ainda no decreto infalível do papa, definindo sua infalibilidade, há erros gravíssimos. O terceiro Concílio a que o papa se refere é o de Florença, porém já dissemos, e repetimos, que as palavras que Pio IX cita desse Concílio dizem respeito à supremacia e não à infalibilidade. Ora, nada disso prova e confirma a infalibilidade do papa, que é a única coisa que a bula quer provar.

Esta infalibilidade é uma idéia adotada e sustentada pelos jesuítas, e em França foi pela primeira vez defendida por eles, em seu colégio de Clermont, em 12 de dezembro de 1661. "Nós, disseram eles, reconhecemos que Cristo é a cabeça; que durante sua ausência no céu delegou o governo da igreja primeiramente a Pedro, e depois a seus sucessores, concedendo-lhes a mesma infalibilidade que ele tinha, sempre que falam

INOVAÇÕES DA IGREJA CATÓLICA ROMANA

ex cathedra. Há, portanto, na Igreja de Roma um juiz infalível das controvérsias da fé, ainda mesmo sem Concílio geral, tanto nas questões de direito quanto em matérias de fato" etc.

Estes foram muito mais longe do que Belarmino, o qual admitia que, segundo todos os católicos, "o papa, agindo como papa e em união com os bispos, ou mesmo num Concílio geral, pode enganar-se em fatos particulares que dependem da informação e testemunho dos homens". Perguntamo-lhes: Que revelação ou que outro testemunho se pode evocar para fatos tais como a imaculada conceição e a infalibilidade do papa?

A igreja francesa deu a voz de alarme, e o advogado geral protestou energicamente contra tal doutrina. Inútil é dizer que as liberdades da igreja galicana foram ameaçadas, e Bossuet e outros muitos a defenderam abertamente contra os perigosos dogmas dos jesuítas. Até então toda a controvérsia versava acerca do sentido em que a Igreja de Roma reivindicava a infalibilidade. Agora o papa reivindicou a infalibilidade para ele, como cabeça, e de fato ela foi negada ao corpo, a igreja.

Pio IX afirma que "a infalibilidade do papa é um dogma divinamente revelado"; perguntamos, porém: onde está essa revelação? Não a encontramos nem na Escritura, nem nas atas dos concílios, nem nos escritos dos padres, nem na história dos papas. Poderíamos apresentar os nomes de alguns papas condenados como hereges pelos concílios gerais. Poderíamos falar de alguns papas que anularam as decisões de outros papas, e de papas cuja linguagem oficial não tem mais razão do que a do papa Zacarias, que proibiu comer lebres e carne de cavalo, e declarou herege todo aquele que cresse nos antípodas.

O sexto Concílio Geral, celebrado em Constantinopla, condenou o papa Honório, depois de sua morte, como herege, e o anátema do Concílio foi repetido em termos positivos pelo papa Leão II. A heresia de Honório é agora, certamente, negada; porém a sentença do Concílio e de Leão II deve admitir-se. Se Honório não foi herege, o que foi feito da infalibilidade de Leão? Outros papas e concílios condenaram também a Honório, como o demonstraram Bossuet, Dupin e outros escritores católicos.

A INFALIBILIDADE DO PAPA

Que muitos papas foram perversos é inegável; e como pode ser mantida sua infalibilidade em presença de um texto como o Salmo 49.16, 17? (Sl 50.16, 17 no texto hebraico.)

Mas ao ímpio disse Deus: De que te serve repetires meus preceitos, e teres nos lábios minha aliança, uma vez que aborreces a disciplina, e rejeitas minhas palavras?

Se a promessa feita a Pedro provasse sua infalibilidade, igualmente as promessas feitas aos discípulos provariam a infalibilidade destes. Comparem-se João 14.13; 1 João 2.20, 27; Mateus 18.18; Romanos 15.14; 1 Coríntios 1.5; 2 Coríntios 8.7 com Lucas 22.32; e compare-se também Atos 14.22; 15.49.

Por todas essas razões, pois, somos obrigados a duvidar da infalibilidade dos papas e a crer que o único juiz infalível e guia seguro em matérias de fé religiosa é a Sagrada Escritura (Jo 5.39; 2Tm 3.16, 17).

SEGUNDA PARTE

ORDEM CRONOLÓGICA

CAPÍTULO 15
ORDEM CRONOLÓGICA

"Onde estava vossa religião? Onde a veneração devida a vossos pais?
Haveis renunciado a vossos antepassados, a vossos costumes, a vosso
modo de viver, a vosso ensino, vossas opiniões e, finalmente, até mesmo
vossa linguagem. Louvais sempre, constantemente, a antiguidade, e
contudo gostais das novidades e delas viveis. Desse modo se mostra que,
enquanto vos separais das boas instituições de vossos maiores, conservais
e guardais o que não devíeis, não guardando o que devíei".

TERTULIANO[1]

SÉCULO APOSTÓLICO

O fundamento da religião cristã é JESUS CRISTO. Aquilo que ele fez e ensinou deve ser nossa regra e norma. O conhecimento que temos dele e de seus preceitos é pelo testemunho dos que escreveram a história de sua vida, como testemunhas daquilo que viram e ouviram, ou, como diz Lucas, pelo testemunho dos que tiveram a felicidade de tratar com ele pessoalmente.

Quando os apóstolos designados por Deus para edificar sua Igreja sobre Cristo, o único fundamento, cessaram seu ministério, devido à morte, deixaram-nos escrito um livro inspirado, para nos guiar pelo caminho reto e ensinar-nos as verdades salvíficas, confiadas a eles por seu Divino Mestre. E o que vemos nesse livro? Eles não reconheceram outro objeto

---

[1] Ubi religio? Ubi veneratio majoribus debita á vobis habitu, victu, instructu, sensu, ipso denique sermone proavis renunciastis. Laudatis semper antiquitatem, et nove de die vivitis. Per quod ostenditur, dum á bonis majorum institutis deceditis, e a vos retinere et custodire quae non debuistis, cum quae debuistis non custoditis. (Apolog. adv. gentes, cap. VI, pág. 20, vol. 20. Halae Magd. 1773).

INOVAÇÕES DA IGREJA CATÓLICA ROMANA

de adoração senão Deus, nem outro intercessor senão Cristo, nem nenhum outro sacrifício expiatório senão sua morte; nem outro meio de justificação senão a fé no bendito Redentor. Nesse livro não lemos que houvesse altar no cenáculo, nem imagens nos templos, nem bispo universal na igreja, nem almas no purgatório, nem rainha do céu, nem méritos nos santos, nem cerimônias pomposas etc., etc. O melhor ornamento da igreja era a simplicidade e pureza na doutrina e a santidade na vida.

Todo o desvio, pois, da palavra escrita e inspirada de Deus devia tão-somente assentar, como de fato assenta, em torpes invenções humanas. Tudo o que acrescentaram à Palavra de Deus é um pouco de "lenha, erva seca, palha" etc. A introdução das cerimônias judaicas e gentílicas, feita pelos primeiros convertidos ao cristianismo, a pompa do paganismo, a ignorância do povo e a conveniência ou astúcia dos que queriam ser mestres e senhores, foram pouco a pouco ofuscando o brilho da Palavra de Deus. Sob o pretexto da tradição, foram gradualmente introduzindo inovações, e pouco a pouco, passo a passo, encontramos no século XVI essa imensa deformidade chamada *papismo*.

Nas páginas seguintes vamos traçar, por ordem cronológica, o desenvolvimento gradual dos erros e corrupções do romanismo. Mostraremos como, século após século, apareceu uma série de inovações, que se foram incorporando gradualmente na fé da igreja primitiva, até que, por fim, toda essa massa heterogênea de verdades e erros que formam e compõem o credo da Igreja Romana foi sancionada e autorizada pelo Concílio de Trento.

SÉCULO SEGUNDO

O Culto Cristão da Igreja Primitiva

O caráter do século apostólico foi a simplicidade e pureza na doutrina. Justino Mártir, em 130, deixou-nos uma memória escrita acerca do culto daquele tempo. Descreve-o assim:

"No dia chamado domingo há uma reunião no mesmo lugar, quer dos que moram nas cidades, quer dos que vivem nas aldeias; lêem-se os Atos dos

ORDEM CRONOLÓGICA

Apóstolos e os Livros dos Profetas, quando o tempo o permite; depois, acabada a leitura, o presidente admoesta e exorta verbalmente os fiéis a que imitem aquilo que ouviram. Depois levantamo-nos todos e oferecemos orações em comum; oferece-se também pão, vinho e água, e o presidente da mesma maneira oferece orações e dá graças, quanto está em seu poder fazê-lo, e o povo alegremente responde: Amém. Em seguida é feita a distribuição do pão e do vinho a cada um dos que têm dado graças, e é levada pelos diáconos àqueles que não estão presentes. A este alimento damos o nome de *Eucaristia*. Nela louvamos e bendizemos o Criador de todas as coisas, por seu Filho Jesus Cristo e pelo Espírito Santo. Aqueles que são ricos e têm boa vontade contribuem segundo seu desejo, e as coletas que se fazem são destinadas a socorrer os órfãos, as viuvas e aqueles que, por enfermidade ou qualquer outra causa, se acham desamparados".[2]

Tal foi a simplicidade do culto naqueles primeiros tempos, se bem que aqui já notamos uma inovação na adição da *água* ao vinho, não autorizada pela instituição sacramental ou mandato apostólico.[3]

Ano de 110

A Celebração da Santa Ceia

Acabamos de ver que a celebração da Ceia do Senhor formava uma parte importante do culto da igreja primitiva. Os judeus, quando se apresentavam solenemente diante de Deus, faziam ofertas, geralmente dos frutos da terra, em sinal de grato reconhecimento pelas cotidianas misericórdias e benefícios recebidos. Os primeiros cristãos, que em sua maior parte eram judeus de origem, conservaram este costume, e nas assembléias públicas levavam consigo pão e vinho, frutos e grãos. Estes, depois de

---

[2] Apologia 2.ª aos cristãos. pág. 97. Paris, 1615.

[3] Segundo Polidoro Virgilio, este costume foi introduzido por Alexandre I, bispo de Roma, em 109. (Polidoro Virgilio, de Invent. Rer. B. V. Cap. VII, pág. 108. Edit. de Tangley Londre, 1551). Este escritor foi membro da igreja romana e homem de grande instrução, no século XV. Como seu livro supracitado não conviesse à igreja romana, foi, como muitos outros, posto no *indice expurgatorio*.

INOVAÇÕES DA IGREJA CATÓLICA ROMANA

consagrados pela oração, parece que eram empregados em parte para a comunhão, sendo o resto distribuído aos pobres.[4] Essas dádivas chamavam-se ofertas, e desse tão simples e inocente costume nasceram mais tarde as complicadas superstições da missa. Em consequência dessas ofertas, a eucaristia foi chamada oblação; e mais tarde, sacrifício gratulatório, porém não expiatório. Era a oferta das primícias da terra, não do corpo de Cristo, ainda que isso fosse um pretexto para mudar a ceia em sacrifícios, por causa de várias circunstâncias concomitantes e relacionadas com os cultos, como diremos mais adiante (Ano de 787).

Ano de 113

Água Benta

Platina, em sua obra intitulada Vida dos Papas, atribui o uso da água benta a Alexandre I[5] (anos de 108 a 177). A autoridade em que se apoia é uma carta decretal de autenticidade duvidosa. Ainda, porém, que assim fosse, o uso da água benta foi condenado por alguns padres como costume pagão. O imperador Juliano, para molestar os cristãos, ordenou que os víveres expostos a venda nas praças fossem aspergidos com a água benta dos templos gentílicos, com o fim, como observa Middleton, de matá-los à fome, ou obrigá-los a comer o que eles consideravam contaminado. O uso da água benta entre os gentios, à entrada de seus templos, para se aspergirem com ela, está admitido por Montfauçon e pelo jesuíta Cerda. Este último, em suas notas sobre uma passagem de Polidoro Virgilio, onde se acha mencionada esta prática, diz: "Daqui nasceu o costume da santa igreja de ter água benta à entrada de seus templos". Os sacerdotes modernos usam o mesmo *aspergilium*, ou hissopo, que foi usado pelos sacerdotes pagãos, e para o mesmo fim, como se vê nos antigos baixos relevos e medalhas. Os índios, os brâmanes e outros usam também água benta para aspergir suas casas etc., e crêem que podem, por meio dela,

---

[4] Veja-se *Pfaff, Dissert. de Oblat. at Consec. Eucharistiae;* em seu *Stigmata Dissert. Theolog.* Lutet, 1720.

[5] Nas "Constituições Clementinas" atribui-se a São Mateus a invenção da água benta (Lib. VII. CXXIX. in Labb. Concil. Tom. I, col. 494. Lut. Paris, 1671).

ORDEM CRONOLÓGICA

purificar seus pecados.[6] O abuso, porém, desse costume não foi introduzido na igreja senão alguns séculos depois. (Veja-se ano de 852.)

Qualquer que tenha sido a primeira intenção dos autores do tal costume de aspersão com água benta, o que é certo é que o uso atual dela se acha envolto nas mais grosseiras superstições. Marsílio de Coluna, arcebispo de Salerno, atribui ao uso de água benta sete virtudes espirituais: 1) Afugentar os demônios. 2) Perdoar os pecados veniais. 3) Curar as distrações. 4) Elevar o espírito. 5) Prepará-lo para a devoção. 6) Obter graça. 7) Preparar para o sacramento. Com respeito aos dons corporais: 1) Curar a esterilidade. 2) Multiplicar os bens. 3) Procurar a saúde, etc. Purificar a atmosfera dos vapores pestilenciais.[7] Há ainda outras virtudes atribuídas à água benta, as quais não são próprias para se dizerem a ouvidos delicados.[8] Ao passo que nos sentimos envergonhados de que, os que se dizem cristãos, sejam escravos de tão degradantes superstições, sentimo-nos, ao mesmo tempo, satisfeitos por ver que o protestantismo tem feito guerra a todos esses embustes e falsidades.

Várias Superstições

Existiram também neste primeiro período diversas heresias no seio da igreja, tais como as heresias dos valentianos e as dos gnósticos. Estes hereges declararam-se contra o matrimônio e proibiram que se comesse carne. Os montanistas foram também inimigos do matrimônio, especialmente do dos clérigos. Quase todas as heresias romanas existiam numa ou noutra forma, durante aqueles primeiros períodos, ou entre os pagãos ou judeus, ou entre uma ou outra das seitas heréticas. Logo veremos como e quando se foram enxertando sucessivamente na árvore frondosa do cristianismo. O Cardeal Barônio, em seus Anais (*ano de 740*), diz que "é lícito à igreja adotar para usos piedosos aquelas cerimônias que os pagãos usavam impiamente em seu culto supersticioso, depois de competentemente

---

[6] Veja-se Picards, *Ceremonies et Coutumes Religieuses*, vol. I, pág. XVIII, nota b. Amsterdam, 1743.

[7] Marsilius Columna. Hydragio log. s. III. cap. II. pág. 281. Roma, 1686.

[8] Veja-se Dominico *Magri Notigia de vocabili ecclesiae in aqua benedicta*, pág. 41 . Rom. 1669.

INOVAÇÕES DA IGREJA CATÓLICA ROMANA

purificadas pela consagração; porque o demônio é com isso mortificado, ao ver aplicadas ao serviço de Jesus Cristo aquelas coisas que foram instituídas para honra e glória sua".[9]

Ano de 140

Jejuns Quaresmais

Telésforo, bispo de Roma, instituiu o jejum quaresmal, apoiando-se numa falsa tradição apostólica. Os jejuns e as festas haviam sido praticados e observados pelos judeus e pagãos: a introdução delas no cristianismo é inocente, quando não abusiva. Quando os jejuns foram ordenados periodicamente, fizeram-se e cumpriram-se, mas de um modo verdadeiramente farisaico.

Ano de 160

Os Mártires

Foi esse o tempo de violentas perseguições e martírios. Era costume entre os gregos celebrar a memória de seus heróis junto de seus túmulos, para, desse modo, fazer nascer nos vivos o desejo de lhes imitarem as virtudes. Os cristãos, para animarem os fiéis a sofrerem o martírio pelo evangelho, imitaram esse costume grego. Recolhiam todos os restos dos mártires que podiam salvar das fúrias de seus algozes e davam-lhes sepultura honrosa; e o aniversário de sua morte era comemorado, chamando-lhe o dia de seu nascimento no céu, e isso se fazia em seus túmulos, ou no lugar de seu martírio.[10] Em suas reuniões, depois das orações e leitura das Sagradas Escrituras, proclamavam os nomes dos mártires e suas obras, e rendiam graças a Deus por lhes haver dado a palma da vitória. Esses atos terminavam pela celebração da Santa Eucaristia. O objetivo dessas reuniões era claramente manifestar que os que morriam em Cristo viviam com o Senhor e na memória da igreja, e avivar também

---

[9] Baron. *Anales*, tom. II. pág. 348, col. I, Luc, 1758.

[10] Tertull. *De Cor. Militis*, Edit, Rot. 1662. Veja-se também a carta da igreja de Smyrna a Philomelio na *Hist. Eccl.* de Eusebio, lib. IV, cap. XV.

ORDEM CRONOLÓGICA

nos vivos a constância e a fé. Isso que dizemos escreve-o o historiador eclesiástico Eusébio: "Se for possível, devemos reunir-nos em paz e alegria (no lugar onde foram depositados seus ossos), concedendo-nos o Senhor o celebrar o aniversário deste martírio, tanto em memória dos que lutaram primeiro do que nós, como para exemplo ou preparação dos que venham depois".[11] Não se rendia, porém, qualquer culto religioso aos mártires, porque Eusébio, no último tratado citado, se expressa desta forma acerca dessas cerimônias: "Ensina-se-nos unicamente a adorar a Deus e a honrar aquelas benditas potestades que vivem em derredor dele, com aquela honra conveniente e proporcionada a seu estado e condição". E diz mais ainda: "A Deus somente daremos culto e o adoraremos religiosamente".[12] Deste inocente e louvável costume nasceram as orações pelos mortos, intercessão dos defuntos e, mais tarde, o sacrifício da missa.

SÉCULO TERCEIRO
Ano de 200

Festas aos Santos

Nesse tempo começaram a aparecer ofertas nas festas celebradas em memória dos mártires: o ato, todavia, era somente comemorativo até então, porém dele nasceu o costume de se fazerem ofertas pelos mortos. Essas ofertas eram feitas geralmente pelos pais do defunto. Daqui nasceram as festas aos santos. O passo a dar para as orações pelos mortos foi fácil, e foi esta a primeira grande inovação no cristianismo. É importante observar aqui que Tertuliano, escritor desse século, claramente diz que essa prática estava fundamentada no costume e não na Escritura,[13] e portanto chamou-se-lhe uma tradição, susceptível, como todas as tradições, de abuso. Devemos também aqui notar que, apesar de alguns cristãos começarem

---

[11] *Hist. Eccl.* de Euseb. lib. V, cap. IX e lib. IV, cap. XV, Paris. 1659, pág. 135.

[12] Veja-se Eusebio, de *Praep. Evang.* lib. IV, cap. X —, pp. 88 e 89, Edit. Stephani, 1544 e lib. IV, vol. XXI, pág. 101.

[13] Tertuliano. *De Cor. Militis.* cap. III. pág. 121. D. Paris, 1634.

INOVAÇÕES DA IGREJA CATÓLICA ROMANA

nesse tempo a orar pelo mortos, não era com a idéia de os livrar do purgatório e suas penas.

Era crença comum que as almas não desfrutariam da presença de Deus senão no dia da ressurreição e do último juízo; nesse período, porém, não há vestígio algum da crença de que eles estivessem num lugar de tormento.[14] Eles oravam pela consumação de sua glória e para que eles mesmos se lhes pudessem ajuntar na ressurreição dos justos – costume que, apesar de não ser autorizado pela Sagrada Escritura, difere muito da prática moderna e intenção de orar pelos mortos.

Ano de 240

Intercessão dos Santos

O passo imediato foi o exagerado zelo dos mártires e outros em presença da morte. Começaram a fazer contratos mútuos uns com os outros, com o fim de aquele que primeiramente morresse, ao encontrar-se no outro mundo, se lembrasse do que lhe sobrevivia e implorasse em seu favor o auxílio divino. Aqui temos o princípio da intercessão dos santos, com a diferença, porém, de que eram os defuntos os que oravam pelos vivos.

Ano de 250

Pretensões do Bispo de Roma

Por esse tempo, e pouco depois, o bispo de Roma tomou sobre si, ou arrogou para si, o poder de intervir em assuntos que haviam sido julgados ou resolvidos pelo bispo da África. Cipriano, bispo de Cartago, opunha-se a esse novo poder, e negou ao bispo de Roma o direito de intervir nas decisões dos outros bispos em suas próprias sés. Escrevendo ao bispo de Roma,

---

[14]Sixto Sennensis diz, e diz muito bem, que Justino Mártir, Tertuliano, Victorino Mártir, Prudêncio, Crisóstomo, Arethas, Entymio e Bernardo (lib. VI, *Bibl. Sanct.* ano de 345) afirmaram que antes do dia do juízo as almas dos homens dormiam todas em aposentos secretos até à sentença do grande dia, e que antes disso nenhum homem seria julgado segundo suas obras feitas nesta vida. Não intervimos, de nossa parte, na questão – para dizer se esta opinião é verdadeira ou falsa, porque esses padres não a consideravam como matéria de fé; porém daqui deduzimos que, se a opinião deles é verdadeira, a doutrina do purgatório é falsa etc. Veja-se a este respeito a obra de Jeremy Taylor *Dissuasive from Popery*, seção 4. Edit, de Heber vol. X. pág. 149, Londres, 1839.

dizia-lhe que "estava decretado pelos bispos africanos que todo e qualquer crime devia ser julgado no lugar onde fosse cometido".[15] Essa intervenção continuou por algum tempo, encontrando sempre resistência, até que o Concílio de Milevi, em Numídia (415), expediu um decreto, firmado por sessenta bispos, entre os quais figura Santo Agostinho, proibindo toda apelação para qualquer outro tribunal que não fosse o primaz da província onde se tivesse originado a questão.[16]

Ano de 257

Vestes Sacerdotais

"A consagração das vestimentas dos sacerdotes e toalhas dos altares, com outros adornos das igrejas, assim como as diversas classes de hábitos das diferentes ordens, foram buscá-la ao sacerdócio hebraico, e foi pela primeira vez usada na Igreja por Estêvão, primeiro bispo desse nome em Roma; porque ao princípio os sacerdotes usavam de preferência as virtudes interiores da alma, e não as aparências exteriores do corpo, as quais são agradáveis à vista, mas de nenhuma maneira servem para a edificação dos fiéis".[17]

Ano de 260

Vida Monástica

Por causa da perseguição nesse tempo, alguns começaram a procurar os desertos e a vida monástica. Paulo foi o primeiro eremita que fugiu de Alexandria para o deserto, por causa das perseguições no tempo do imperador Valeriano. Fleury, célebre historiador eclesiástico católico romano, canonista e confessor de Luiz XV, em 1716, e cuja história eclesiástica teremos frequentemente ocasião de citar, diz: "O monasticismo introduziu-se especialmente sob a

---

[15] Ciprian. *Ep. ad Cornel*. Ep. 57, pág. 96. Edit. Paris, 1726.

[16] Can. XXII. "Item placuit ut presbyteri, diaconi, vel caeteri inferiores clerici, in causis quas habuerint, si de judicio episcoporum suorum questi fuerint, vicini episcopi eos andiant, et inter eos quid-quid est, finiant ... quod si ab eis provocandum putaverint, non provocent nisi ad africana concilia, vel ad primates provinciarum suarum. Ad transmarina autem qui putaverit appellandum, a nullo infra africam in communionem suscipiatur". (Mansi, Consils tom. IV. pág. 507. Veneza, 1785).

[17] Polidoro Virgil. tom. VI. cap. VIII. pág. 126. Londres, 1551.

INOVAÇÕES DA IGREJA CATÓLICA ROMANA

influência de Atanásio (370); porém no ano de 341 a profissão monástica era desprezada em Roma e tida como uma novidade".[18] E Polidoro Virgílio diz: "Concedo que uma tal instituição nascesse de um louvável zelo pela santidade; porém o demônio, que perverte todas as coisas boas, envenenou os corações daqueles que as seguiam, de tal sorte que tinham mais confiança nos monges do que no sangue de Cristo; e então cada um começou a fazer uma nova regra monástica, e procediam tão supersticiosamente que excediam os limites da regra, tornando-se abomináveis aos olhos de Deus".

Origem do Sinal da Cruz

Então também os cristãos, misturados com os pagãos e sofrendo suas burlas e perseguições, se deram a conhecer uns aos outros por meio do sinal da cruz, que se fazia na testa, como prova de que não se envergonhavam da cruz de Cristo. Era um gênero de divisa de sua profissão [de fé] e uma silenciosa invocação do nome de Cristo. Não se atribuía virtude alguma a esse ato: não era nada mais que uma simples profissão da fé em Cristo, cujo nome era invocado tacitamente. Nos tempos modernos, esse costume foi pervertido. Atualmente supõe-se que o sinal da cruz faz afugentar os demônios; e assim o que a princípio foi uma coisa inocente degenerou depois na mais torpe superstição.

Remissão ou Indulgência

Nesse tempo prevaleceu um costume, do qual se originou a moderna teoria das indulgências. Aos cristãos convictos de algum crime exigia-se-lhes que fizessem uma confissão pública diante de toda a congregação, implorassem o perdão e se sujeitassem a receber o castigo que a Igreja julgasse oportuno impor-lhes. Isso se fazia tanto para emenda do culpado como para evitar que os infiéis pudessem acusar a religião cristã de cúmplice nos

---

[18] Santo Atanásio contava vinte e três anos quando veio a Roma; começou a fazer aí conhecida a profissão monástica, principalmente pelo que ele tinha escrito acerca da vida de Santo Antônio, apesar de esse santo ainda estar vivo. Essa profissão era tida como uma inovação etc. (Fleury, Hist. Eccl., tom. III. pág. 340, 341, Paris, 1722).

ORDEM CRONOLÓGICA

crimes praticados. Nunca se supôs, porém, que esses castigos servissem de satisfação a Deus pelos pecados: tal idéia não se encontra em nenhum dos escritores daquele século. No fim do terceiro século, quando muitos haviam caído por medo da perseguição, o castigo tornou-se mais severo, sendo também mais prolongado o período em que permaneciam à prova antes de serem de novo admitidos. Algumas vezes o tempo da prova durava anos e anos. Daqui é que se originou o costume de fazer penitência por cinco, dez, ou mais anos; porém, a fim de que o penitente não desanimasse, ou que o medo do castigo não o impelisse à desesperação, os bispos, em certas circunstâncias, diminuíam o período do castigo. A esse ato foi dado o nome de remissão. Não foi senão muito depois que esta palavra foi substituída pela palavra indulgência; mas, ainda assim, quando foi introduzida, deu-se-lhe um sentido totalmente diferente daquele que hoje se lhe dá. Significava unicamente um indulto das censuras e penas eclesiásticas impostas pela igreja, e não uma remissão da pena devida à justiça de Deus pelo pecado do penitente já perdoado, como ensina a doutrina romana moderna. A transição de uma coisa para a outra compreender-se-á facilmente, tendo em vista a astúcia e avareza de um lado, e a superstição e ignorância do outro.

Ano de 290

Ordens Sacerdotais

Com relação às diferentes ordens do sacerdócio, Polidoro Virgílio diz:

> "Os bispos de Roma, seguindo as sombras da antiga lei dos hebreus, já cumprida [em Cristo], estabeleceram uma infinidade de ordens diversas, como ostiários, leitores, exorcistas, acólitos, subdiáconos, diáconos, presbíteros, bispos etc. Caio (290), bispo de Roma, foi o primeiro que se lembrou de tal coisa; todavia alguns dizem que fora Higino (140), muitos anos antes de Caio. Higino foi, naturalmente, o primeiro inventor, e logo depois Caio completou a obra e a levou a consumação final".[19]

---

[19]Libr. IV, cap. IV, pág. 83. Londres, 1551.

INOVAÇÕES DA IGREJA CATÓLICA ROMANA

SÉCULO QUARTO
Ano de 300

Sacrifício do Altar

Feito cristão o imperador Constantino, a igreja, livre já das perseguições, começou a tomar uma grandeza e esplendor pouco conformes com a humildade de seu Fundador. Agora encontramos mais frequentemente as palavras *sacrifício* e *altar*, apesar de usadas num sentido muito diferente do que hoje se *lhe dão*.[20] Livre da perseguição, teve a Igreja oportunidade de recolher as relíquias dos mártires. Estas então foram colocadas debaixo da mesa da comunhão. Esse costume era de origem pagã. Os atenienses, segundo refere Plutarco em sua *Vida de Teseu*, faziam o mesmo; e como eles tratavam antigamente seus heróis, assim os modernos romanistas, hoje em dia, guardam as relíquias dos chamados santos, e em sua honra fazem procissões e sacrifícios. A construção das igrejas levou-os naturalmente às consagrações supersticiosas e a outras cerimônias. Eusébio nos informa que "Constantino, para tornar a religião cristã mais agradável aos gentios, adotou os ornamentos exteriores que esses usavam em sua religião". A consagração dos templos com cerimônias supersticiosas é decididamente de origem pagã. Essa e muitas outras cerimônias semelhantes foram então adotadas.

Ano de 325

Primazia de Roma

Um Concílio Geral, o primeiro de Nicéia, celebrado nesse ano, determinou certos pontos de disciplina. Assim, determinou-se que o bispo de cada igreja metropolitana governasse o distrito que lhe pertencia, e fosse independente,

---

[20] "Quando a palavra *sacrifício* foi usada pelos padres, não era no sentido em que hoje se usa, e isso é evidentemente pelo fato de eles aplicarem a mesma palavra ao batismo, como confessa Melchior Cano. Diz ele: 'Mas vós outros perguntais que razão tinham muitos dos santos padres para chamarem ao batismo um sacrifício, e dizer, portanto, que não restava sacrifício algum pelo pecado, visto o batismo não se poder repetir. Certamente porque no batismo morremos juntamente com Cristo, e por esse sacramento nos é aplicado o sacrifício da cruz para completa remissão do pecado; por isso eles chamam, metaforicamente, ao batismo um sacrifício (*Canus, Loc. Theol. liv. XII, fol. 424-426.* Lovaina, 1569). E da mesma maneira eles chamam ao sacramento da ceia do Senhor um sacrifício, sendo metaforicamente uma *memória* do sacrifício da cruz'".

em sua jurisdição eclesiástica, de qualquer outro bispo.[21] Roma, contudo, por ser a cabeça do império, tinha uma proeminência de honra, mas não de honra eclesiástica. O bispo de Constantinopla, por um decreto do Concílio, desfrutou da mesma supremacia e prerrogativas eclesiásticas que o bispo de Roma.[22]

Este decreto é importante, porque não só declara os direitos da sé de Constantinopla, mas que expressamente declara a natureza da preferência que Roma desfrutava, preferência originada no fato dessa cidade ser a capital do império. Essa preferência era agora partilhada por Constantinopla pela mesma razão. O cânon 28 é como segue:

> "Nós, seguindo sempre em tudo a opinião dos santos padres, e reconhecendo o cânon que tem sido lido por 150 bispos dos mais queridos do Senhor, a saber, o cânon sexto de Nicéia, decretamos também e votamos as mesmas coisas com relação à santíssima Igreja de Constantinopla, nova Roma; porque os padres com razão deram preferência ao trono da antiga Roma, *por ser a cidade imperial*; e os 150 bispos, amados do Senhor, movidos pelas mesmas considerações, concederam igual preferência ao santíssimo trono da nova Roma, julgando igual honra que a antiga Roma e, como ela, ser engrandecida em assuntos eclesiásticos, tendo o segundo lugar depois dela".

Começo do Celibato

Nesse Concílio foi também seriamente discutida a questão do celibato eclesiástico. Permitiu-se depois o matrimônio aos sacerdotes, posto que anteriormente esta matéria tivesse sido objeto de discussão.[23] Os eclesiásticos,

---

[21]Veja-se o cânon 6.º do primeiro Concílio de Nicéia. Labb. et Coss. tom. II, col. 32. Paris, 1671.

[22]Concílio de Calcedônia, cânon 28, ibid. tom. IV, col. 769, Paris, 1671.

[23]O Concílio de Elvira, Espanha, em 305, foi o primeiro a anunciar, como lei, que o clero dos três primeiros graus se devia abster de todo trato matrimonial, sob pena de deposição (*História Eclesiástica*, de Neander, vol. III, pág. 208. Londres, 1851). Quanto às demais ordens, permitiu-se a cada um a liberdade de escolha. Pelo Concílio de Neo-Cesaréia (314) ficou proibido aos presbíteros o casarem-se, e decretou-se a degradação dos sacerdotes que contraíssem matrimônio depois da ordenação (Labb. et Coss. Concil. tom. I, col. 1479. Paris, 1671). E o Concílio de Ancira, reunido pouco antes, permitia, pelo cânone 10, que se casassem e permanecessem no ministério aqueles que por ocasião de ser ordenados declarassem que tinham intenção de casar-se. Aqueles, porém, que não fizessem semelhante declaração, dando assim a entender que guardariam castidade, seriam excluídos do sacerdócio se depois se casassem (Labb. et Coss. Concil. tom. I, col. 1456, e Neander, como anteriormente, pág. 209).

INOVAÇÕES DA IGREJA CATÓLICA ROMANA

ao tomarem posse de seus respectivos cargos, declaravam se tencionavam casar-se ou não, e, se respondiam negativamente, não poderiam jamais fazê-lo. A questão suscitou-se primeiramente por causa das perseguições e da pobreza da igreja. No Sínodo de Nicéia, contudo, debateu-se o ponto de o celibato ser ou não obrigatório. O bispo Paphnucio protestou contra a promulgação de uma lei sobre tal assunto, fundamentando-se em que uma tal proibição produziria grande imoralidade, e era contrária às Escrituras.[24] Por fim decretou-se que aqueles que se ordenassem, não sendo ainda casados, não poderiam casar-se; porém o costume não foi universalmente recebido, pois que, depois disso, os bispos Hilário, Gregório Nazianzeno e Basílio foram todos casados. Sinésio, no quinto século, quando foi consagrado bispo de Ptolomaida, em Pentápolis, era casado. Este, contudo, foi o primeiro passo dado para mais tarde impor-se esta antinatural e anticristã doutrina do celibato obrigatório. Ainda mais tarde, 692, no Sexto Concílio Geral, decretou-se, no cânon treze, que fossem depostos todos aqueles que proibissem os diáconos e presbíteros, depois de ordenados, de viverem com suas esposas, e que aqueles que, depois de tomarem ordens, sob o pretexto de santidade, se apartassem delas, seriam depostos e excomungados.[25] Efetivamente, a lei canônica romana admitia que o casamento do clero não era proibido pela lei, nem pelo evangelho, nem pelos apóstolos, mas, sim, única e exclusivamente, pela Igreja.[26]

Os filósofos gentílicos viviam celibatariamente, e Jerônimo, em seu segundo livro contra Joviniano, conta alguns costumes muito curiosos praticados pelos sacerdotes atenienses e egípcios. Josefo e Plínio também nos informam dos costumes da igreja judaica com respeito a este assunto.

---

[24] Sozomen. *Hist. Eccles.* lib. I, cap. XXIII, pág. 41. Cantab. 1720. Socrates, *Hist. Eccles.* lib. I, cap. XI, pág. 39. Cantab. 1720.

[25] Si quis ergo fuerit ausus, praeter apostolicos canones incitatus, aliquem eorum qui sunt in sacris, presbyterorum, inquimus, vel diaconorum vel hypodiaconorum, conjuctione cum legitima uxore et consuetudine privare, deponatur. Similiter et si quis presbyter vel diaconus suam uxorem prae tali praetextu ejecerit, segregetur et si preseveret, deponatur. (Cânon XIII. Concl. in Trullo, ano 692, col. 974, e tom. XI, Mauri Florentiae, 1765, e Surius Concl. tom. II, pág. 1042. Col. Agrip. 1567).

[26] Aute quam evangelium claresceret, multa permitebantur, quae tem pore perfectioris disciplinae penitus sunt eliminata. Copula namque sacerdotalis vel consanguineorum nec legali, nec evangelica, vel apostolica auctoritate prohibetur, ecclesiastica tamen lege penitus interdicitur. (Decreti, secunda Pars, Causa XXVI. C. II. c. I. fol. 884).

Sexta-feira Santa

Nesse tempo, Constantino, em comemoração da paixão, ordenou que se guardasse o dia de sexta-feira santa com um solene jejum.

Ano de 347

Tribunais Eclesiásticos

Supõe-se que o Concílio de Sardes ordenou no cânon quinto que, se um bispo, condenado em sua diocese, desejasse ser julgado pelo bispo de Roma e lhe rogasse para nomear alguns de seus presbíteros que o julgassem em seu nome, juntamente com os bispos, este poderia anuir a seu desejo. O doutor Barrow, porém, em seu tratado sobre a supremacia do papa, exibe razões muito plausíveis para supor-se que tal cânon é espúrio, pois era certamente desconhecido por muitos que se teriam aproveitado dele, se existisse; além de que o Concílio de Sardes foi um Concílio provincial, e seus decretos não foram confirmados nem reconhecidos. Este decreto era abertamente contrário a outro, saído do Concílio de Antioquia, seis anos antes, que entregava semelhantes casos á jurisdição dos bispos das dioceses vizinhas, sendo sua sentença, no caso de unanimidade, irrevogável,[27] e contradiz diretamente o sexto cânone do Concílio de Nicéia.[28]

Ano de 350

Os Não-Comungantes

Nesse tempo havia três classes de pessoas a quem não era permitido participar do sacramento da eucaristia – os *catecúmenos*, isto é, aqueles que estavam sendo instruídos nos mistérios da religião; os *penitentes*, que ainda não tinham sido recebidos na igreja; e os *endemoniados*, isto é, aqueles que se supunha estarem possuídos do demônio.

---

[27] Labb. et. Coss. Concl. *Synodo Ant.* Cap. XVI, tom. II, pág. 1674. Paris, 1671; e veja-se Syn. Ant. c. 9. *Ibid.* tomo II, pág. 584.

[28] *Ibid.* tomo II, col. 32, fol. 1675. Paris, 1671. Veja-se ib. tomo III, pág. 1675. Venesa, 1728. *Concl. Afric. ad Papam Celest.*

INOVAÇÕES DA IGREJA CATÓLICA ROMANA

Começo da Missa

Concluído o sermão, que naquele tempo se pregava antes da administração do sacramento eucarístico, o diácono intimava àquelas três classes de pessoas a que se retirassem, despedindo-as com as palavras: *Ité missa est*, que não tinham relação alguma com o que se seguia. Com o decorrer dos séculos, estas palavras serviram de base para mais uma inovação, e assim é que a eucaristia se chamou *Missa*.

Isso é também de origem pagã. Na obra pela qual Apuleio, filósofo platônico do segundo século, se fez tão conhecido, intitulada "De Asino Aureo" – O Asno de Ouro – lemos que, à imitação de uma antiga cerimônia dos gregos, quando se concluía o culto de Ísis, o povo era despedido por duas palavras gregas, que significavam que a festa estava terminada. Os pagãos romanos também, quando findavam suas cerimônias, despediam o povo com estas palavras: "Ité Missio est". Daqui nasceu a corrupção da palavra 'Missio', em *Missa*. A esse respeito, diz Polidoro Virgílio o seguinte:

> "Terminada a missa, o diácono, voltando-se para o povo, diz: "Ité, missa est", palavras essas tomadas do rito do paganismo, e que significam que o auditório podia retirar-se. Empregavam-se nos sacrifícios de Ísis, cujos sacerdotes, quando as cerimônias estavam de todo concluídas, deviam fazer uma admoestação, ou dar um sinal, de que era chegada a hora em que os assistentes podiam licitamente retirar-se. Daqui originou-se o costume de cantar "Ité missa est", como indício de que o culto estava terminado".[29]

Ano de 366

Supremacia do Bispo de Roma

Fleury diz que neste ano foi reconhecido o verdadeiro princípio de autoridade de apelação para o bispo de Roma.[30] Diz que o imperador Valentiniano ordenou que o bispo de Roma, juntamente com seus colegas, examinassem as causas dos outros bispos. O decreto autorizava os metropolitanos

---

[29] Lib. V. cap. IX. pág. 110. Edit. Londres, 1551.
[30] Fleury, *Hist. Eccles.* tom, IV, pág. 146. Paris, 1124; e tom. IV. pág. 154. Paris, 1760.

ORDEM CRONOLÓGICA

a julgarem (em assuntos não canônicos) o clero inferior, e o bispo de Roma a julgar os metropolitanos, exercendo-se, porém, apenas ocidentalmente a jurisdição de Roma. Esse privilégio foi concedido a Damaso, cuja eleição não foi, de modo nenhum, canônica.[31] Num Concílio celebrado depois em Roma, em 378, Damaso dirigiu um memorial ao imperador Graciano, para que este confirmasse o decreto, cujo objetivo era subtrair os clérigos da lei civil e passá-los para a jurisdição eclesiástica, ou para a do mesmo imperador. É importante, porém, notar que eles aceitaram o privilégio como indulgência, ou concessão, do imperador. Não ocorreu, nessa ocasião, a idéia do "direito divino", para o qual tão confiadamente se apela agora. E a 'isenção' não abrangia os casos de crime. Sobre esses pequenos princípios, e sobre as concessões feitas pelos príncipes temporais, é que se foi construindo, no decurso dos séculos, o vasto edifício eclesiástico e a hierarquia papista.

A Vida dos Papas

A preferência, porém, dada à sé de Roma teve origem no esplendor e importância da cidade e na magnificência e luxo de seu bispo. Fleury cita as palavras de um historiador pagão daquele tempo, o qual diz que não estranhava ver as disputas que se faziam para obter o lugar de bispo de Roma, pelo esplendor da cidade e pelos valiosos donativos que lhe faziam as senhoras. Quando saía a rua, era conduzido numa espécie de coche, esplendidamente vestido; vivia bem, e sua mesa excedia, na abundância e mimo das iguarias, à dos reis. Esse autor dizia a Damaso: "Faze-me bispo de Roma, e eu me farei cristão".[32]

Ano de 370

Invocação dos Santos

Essa época foi célebre e famosa em distintos oradores, que então floresceram, manifestando seus talentos nos panegíricos em memória dos santos

---

[31] Teve lugar uma dupla eleição, colocando-se Damaso à frente de um grupo de clérigos e leigos, que, armados de garrotes, espadas e achas, atacaram seu adversário, Urino. Do tumulto saíram mortas 160 pessoas, entre homens e mulheres. (Fleury, *Hist. Eccles.* vol. IV, pp. 145 e 146. Paris, 1724).

[32] Fleury, *Hist. Eccles.*, vol IV, pp. 145 e 146. Paris, 1724.

INOVAÇÕES DA IGREJA CATÓLICA ROMANA

e na orações fúnebres. Para produzirem efeito, começaram a apostrofar os defuntos. Gregório Nazianzeno, em sua primeira oração, exclamou: *"Ouve-me, ó alma do grande Constantino, se é que tu podes ouvir estas coisas"*.[33] E o mesmo orador, na segunda oração, dirigiu igualmente a palavra à alma de Juliano, o apóstata, a qual supunha estar no inferno.

Essas apóstrofes eram figuras de retórica; os sentimentos que expressavam não eram uma manifestação de doutrina, e eram muito diferentes do moderno costume de invocar os santos. Não há dúvida de que daqui é que nasceu a heresia moderna, porque desde então, e pouco a pouco, o povo começou a dirigir petições aos santos defuntos; mas só muito depois é que a invocação aos santos se introduziu no culto da Igreja como prática reconhecida.

Invocação aos Anjos

A invocação aos anjos tornou-se, nessa época, também comum na província da Frígia. Edificaram-se capelas e oratórios em honra de São Miguel. Esta heresia foi imediatamente condenada pelo Concílio de Laodicéia, celebrado em 378. O cânon 35 é do seguinte teor: "Não convém que os cristãos abandonem a Igreja de Deus e invoquem os santos etc. Estas coisas são proibidas. Se, pois, vier a descobrir-se que alguém se ocupa com esta idolatria, seja maldito, pois que abandona a Jesus Cristo, o Filho de Deus, para ser idólatra".[34]

Ano de 380

Progresso da Intercessão pelos Mortos

Por esse tempo, parece que se tornou mais geral o costume de *orar pelos defuntos*. Eusébio nos informa que, depois da morte de Constantino, orou-se por sua alma; deve-se observar, porém, que a intenção dessas orações era muito diferente do que se pratica hoje em dia, porque os escritores desse

---

[33]Vol. I, pág. 78. Paris, 1778. Edição Benedictina. A nota do editor é como se segue: "Se os mortos podem sentir alguma coisa". E Socrates apresentou uma frase mais completa: "Se têm algum conhecimento do que está passando aqui".

[34]Labb. et Coss. Conc. Laod. c. 35, tom. I, col. 1503. Paris, 1671.

tempo afirmam que nas mesmas orações eram incluídos aquelas a quem a moderna Igreja de Roma supõe que estão no inferno, como igualmente aqueles que, segundo agora se supõe, não necessitam de tais orações, antes, pelo contrário, se pede a eles como se pede aos patriarcas, profetas, evangelistas, apóstolos, mártires, Virgem e outros.[35] Eis aqui o fundamento em que assenta o moderno costume que, todavia, é inseparável da doutrina do purgatório, a qual nesse tempo ainda não era reconhecida.

Começo das Imagens na Igreja

De uma passagem de Epifânio[36] podemos conjeturar que foi nesse tempo que algumas pessoas começaram a introduzir pinturas nas igrejas, pois que conta o fato de ter tirado da entrada de um igreja, em certa povoação da Palestina, um lenço em que estava pintada a imagem de Cristo.[37]

Ano de 386

Vida Promíscua dos Clérigos

Se o documento não é falso (e que é, como geralmente se crê), foi nesse tempo que Sirício, bispo de Roma, foi o primeiro que proibiu que se casassem os clérigos sujeitos a sua autoridade. O Concílio anterior de Ancira, em 314, não proibiu o matrimônio aos sacerdotes; declarou apenas no cânon décimo que todo aquele que, ao ser reconhecido diácono, declarasse que fazia tenção de casar-se, poderia faze-lo e continuar no ministério; porém aqueles que não declarassem que tinham tal intenção, e que dissessem que desejavam viver solteiros, fossem depostos se se casassem depois.[38] Sócrates, historiador eclesiástico do século quinto, chama a uma tal prática "uma lei nova".[39]

---

[35] As referências aqui podem ser numerosas. Veja-se Catec. de Cyrillo, XXIII. *Mister. V.* n.º IX. X. pág. 323. Paris, 1720. Crisost. *Hom. XXIX sobre os Atos IX. Liturg.* Oper. tom. XII, pág. 1011. Pris, 1838, e admitido pelo Dr. Wiseman nos seus Discursos (Discurso XI, pág. 66, nota. Londres, 1851).

[36] Epiph. *Epist. ad Joan. Hierosolyn. Hieron.* Tom, I. pág. 251. Colon, 1682.

[37] A autoridade desta carta tem sido posta em dúvida por Bellarmino; mas foi reivindicada pelo erudito crítico Ribet, na sua *Crítica Sagrada*, lib. III, cap. 26. (Epiph. *Epist. ad Joan. Nieros.* tom. II. pág. 317. Edit. 1682).

[38] Laab. et. Coss. Concl. Gen. Concl. Ancyra, can. X. tom. I. col. 1456. Paris, 1671.

[39] *Hist. Eccles.* de Socrates. lib. I. c. II. Bib. *Max. Patr.* tom. VII.

INOVAÇÕES DA IGREJA CATÓLICA ROMANA

Devia ter dito antes que era a renovação de um antigo costume pagão. Aos antigos sacerdotes egípcios era proibido casar. Foi uma heresia maniquéia.[40] Até ao ano 950 não foi observada a lei do celibato em toda a igreja, pois que nos países da Europa muitos clérigos eram casados. Atanásio, no ano 340, escrevendo ao bispo Dracôncio, dizia-lhe "que em seu tempo muitos monges foram pais de filhos, assim como alguns bispos".[41] Graciano não vacila em testificar que muitos bispos de Roma eram filhos de clérigos, e declara os papas Damaso, Hosio, Bonifácio, Agapito, Teodoro, Silvério, Félix, Gelásio, como filhos de sacerdotes, e alguns de bispos; e acrescenta: "Houve muitos outros que eram descendentes de sacerdotes e que governavam a sé apostólica".[42] Bispos romanos, descendentes de pais eclesiásticos, e que se casaram durante o sacerdócio, foram Bonifácio I, Félix III, Gelásio I e outros. Ainda no ano de 1068, descobrimos que um Concílio de Barcelona, convocado pelo legado Hugo, concordou unanimemente em "que os clérigos não fossem casados, como até então lhes era permitido".[43] O decreto foi imposto autoritariamente em 1074, sob Hildebrando, e renovado no cânon vinte e um do primeiro Concílio lateranense, em 1123, e nos cânones sexto e sétimo do segundo Concílio de Latrão, em 1139.[44] Este último cânon proibiu ouvir-se missa celebrada por um sacerdote casado,[45] cânon esse que está em contradição manifesta com o quarto do Concílio de Gangra, em 325, ou, como outros afirmam, em 380.

Corrupção na Igreja

Nessa época começaram-se a praticar muitos costumes antibíblicos e supersticiosos, apoiando-se na pretendida autoridade da tradição; e foi tão grande a corrupção do século ainda nesse primeiro período da igreja,

---

[40] Veja-se *aug. Ep.* 74. pág. 848. tom. II. Paris, 1679.

[41] Athanas. *ad Dracontium*, pág. 739, tom. I. Heidel, 1601.

[42] "Complures etiam alli invenientur, qui de sacerdotibus nati, apostolicae sedi praefuerunt" (Grat. Par. 1. Dist. 56, cap, 3. pág. 291, tom. I. Lug. 1671).

[43] Veja-se *Manual dos concílios de Landon*, pág. 56. Londres, 1846.

[44] Labb. et Coss. concil. tom. X. col. 899. Paris, 1671.

[45] Ibid. col. 1003.

ORDEM CRONOLÓGICA

que Cipriano exclamava "que a igreja de Deus, a esposa de Cristo, havia chegado a um estado tal que, para celebrar os celestiais mistérios, os cristãos faziam as mesmas coisas que fazia o anticristo".[46] E, no século seguinte, Agostinho dizia, com magoa, que "era tal a multidão de cerimônias, que a condição dos judeus, sob o jugo servil da lei, era mais suportável que a dos cristãos, sob o evangelho".[47]

Ano de 390

Confissão Auricular

Um fato notável ocorreu nesse ano, com relação à confissão privada, fato que é referido pelos historiadores Sócrates e Sozomen.[48] Na igreja primitiva fazia-se a confissão dos pecados publicamente, diante de toda a congregação. O penitente, depois dessa confissão, e depois de ter feito penitência, era readmitido no seio da igreja. Até ao ano de 250, durante e depois da perseguição de Décio, o número dos penitentes que voltavam à fé cristã era tão grande que os bispos não podiam atender a todos, e a confissão pública era em muitos casos escandalosa. Como consequência disso, criou-se na igreja um novo oficio chamado "presbítero penitenciário", ao qual todos os que desejavam ser admitidos à penitência pública pelos pecados particularmente cometidos deviam confessar-se primeiramente, e depois, se esses pecados não eram muito escandalosos aos ouvidos do povo, confessá-los diante de todos. Isso era também necessário, visto que algumas confissões públicas tinham outros grandes inconvenientes. Foi essa a razão por que se instituiu o oficio do "presbítero penitenciário", na igreja. Nesse ano, porém (390), foi suprimido o oficio e com ele abolida a confissão privada. Foi em Constantinopla que isso se fez, por ordem de Nectário, bispo daquela cidade, sendo esse seu exemplo seguido em todo o oriente. A causa que o levou a dar esse passo foi um crime escandaloso cometido na própria igreja, depois da confissão, na pessoa de uma

---

[46] Cyprian. *Epist. Pomp*. Eps. XXIV, 224. Leipsic. edit. 1838.

[47] Aug. *Epis. ad Januar*. 55, seção 35, vol. II. pág. 142. Paria, 1700.

[48] Socrates, lib. 5. cap. 19. Soz. b. 7. cap. 16.

INOVAÇÕES DA IGREJA CATÓLICA ROMANA

senhora de distinção, por um sacerdote. A torpíssima ação praticada por esse eclesiástico refletiu-se em todos os clérigos, e toda a cidade se alvorotou; e, para apaziguar o tumulto, Nectário não só privou o sacerdote de seu ofício, como suprimiu o lugar do "presbítero penitenciário", "deixando a cada um a liberdade de participar da eucaristia", e abolindo, assim, a confissão particular, ou, como agora se diz, a *confissão auricular*. Esta foi então considerada como de instituição humana, deixando de ser, assim como a penitência, obrigatória. Mas atualmente é obrigatória para todos os membros da igreja romana, sob pena de excomunhão.

Ano de 397

Missa e Jejum

O Concílio de Cartago, celebrado nesse ano, sendo bispo Aurélio, no cânon vinte e nove ordenou que a missa (se assim se podia chamar naquela época) fosse dita em jejum.[49]

SÉCULO QUINTO
Ano de 400

Purgatório

Desde o ano de 230 até essa época foram muitas e diversas as opiniões acerca do estado das almas *depois da morte*. Orígenes (230) parece ter sido o primeiro que preparou o caminho para mais tarde a igreja romana admitir como bíblica a doutrina do *purgatório*. Sua opinião era que os fiéis, assim como os incrédulos, passariam por um fogo que consumiria o mundo no último dia depois da ressurreição, sendo todos, incluindo o próprio diabo, por fim, salvos. Esta opinião, porém, foi condenada por um Concílio Geral da Igreja.[50] Nesse tempo Agostinho, apesar de condenar as idéias de Orígenes, apresentou sobre o assunto outras novas. Disse que era provável

---

[49] Labb. et Coss. Concil. Carth. XXXIX, tom. II, col. 1165. Paris. 1671.

[50] Foi condenado pelo Concílio Geral celebrado em Constantinopla, ano de 553. Veja-se *Bals apud Beveridge* Synod. tom. I, pág. 150. Oxon, 1672, Augustin, *lib. de Haeres*, cap. XLIII. tom. VIII, pág. 10. Edit. Benedict, Paris, 1685.

ORDEM CRONOLÓGICA

que houvesse alguma coisa parecida com o fogo do *purgatório*,[51] porém jamais se lembrou de considerar este assunto como ponto de fé.

Papa como Título

No Concílio de Toledo (400) foi quando pela primeira vez se deu ao bispo de Roma o título de *papa*;[52] mas só em 1073 é que tal título foi assumido exclusivamente pelo bispo de Roma.

Ano de 417

Círio Pascal

Nesse ano ordenou Zózimo que no sábado santo, em todas as igrejas, se fizesse a cerimônia do círio pascal.[53]

Ano de 419

Trono Pontifício e Eleição Pontifícia

Bonifácio, ao ocupar o trono pontifício, manifestou que o horrorizavam os escândalos praticados com a eleição dos bispos de Roma. Para prevenir conluios e intrigas em semelhantes ocasiões, com escândalo da religião cristã, pediu ao imperador Honório que promulgasse uma lei que pusesse cobro às cenas pouco edificantes, praticadas pelos aspirantes ao papado. Em conformidade com esses seus desejos, Honório promulgou uma lei no sentido em que, quando fossem eleitos dois candidatos rivais, nem a um nem ao outro fosse conferida a dignidade, procedendo o povo e o clero a uma nova eleição.[54] É esse o primeiro exemplo, diz Bower, em sua *História dos Papas*, da intervenção dos príncipes na eleição do bispo de Roma – necessidade imposta à Igreja por causa das muitas desordens que cometiam o clero e o povo em tais eleições. Os imperadores reservavam para si o direito da confirmação, que exerceram por muitos anos depois.

---

[51] Augustin, *Enchiridion de Fide. Sp et Charitate*, tom. IV, pág. 222. Paris, 1685.

[52] Veja-se *Manual dos concílios de Landon*. Londres, 1846, pág. 587.

[53] *Polidoro Vergil*, I, VI, cap. V. pág. 120. Londres, 1551.

[54] Veja-se a *História crítica de Pagin Annal*. Baron, ano de 416.

INOVAÇÕES DA IGREJA CATÓLICA ROMANA

Um notável exemplo é o caso de Gregório I, o qual, depois de eleito, escreveu ao imperador, pedindo-lhe para que não confirmasse sua eleição.

Ano de 431

Neste ano promulgou-se a primeira lei concedendo nas igrejas asilo aos fugitivos.[55]

As Chaves

Mr. Elliot, em suas *Horas Apocalípticas*, diz que foi nessa época que o bispo de Roma adotou descaradamente as *chaves* como símbolo do poder eclesiástico. O uso das chaves, como símbolo do poder papal, está, como muitos outros costumes, estreitamente relacionado com a mitologia pagã. As chaves eram um símbolo de duas bem conhecidas divindades pagãs de Roma. Jano tinha uma chave,[56] assim como Cibele tinha outra. Dois séculos antes da era cristã foi quando se introduziu em Roma o culto a Cibele com esse nome; porém a mesma deusa, com o nome de Cardea, que tinha o *poder da chave*, foi adorada em Roma, com Jano, muitos anos antes.[57] Daqui provém, provavelmente, a origem das duas chaves que formam o brasão ou armas do papa, como insígnias de sua autoridade espiritual. O emblema era familiar aos romanos, e estava de acordo com suas idéias de soberania. Assim como a estátua de Júpiter é agora adorada em Roma, como verdadeira imagem de Pedro, assim durante muitos séculos se tem crido piedosamente que as chaves de Jano e Cibele representavam as chaves do mesmo apóstolo.

Ano de 434

Soberania Papal

Cita-se esse ano para provar que o bispo de Roma exercia já a suprema autoridade sobre a igreja, relativamente ao direito de convocar os concílios.

---

[55] *Cod. Theodosian*. lib. XI, tit. 45. I. 4, vol. III. Lips. 1736. *Hist. Eccles.* de Neander, vol III, pág. 206. Londre, 1851.

[56] Veja-se *Faustos*, de Ovidio, vol. III. 1, 101, pág. 346, Op. Leyden, 1661.

[57] Veja-se *Pantheon*, de Tooke, Cibeles, pág. 153. Lond. 1806.

ORDEM CRONOLÓGICA

Com esse intuito, e para demonstrar que os concílios não deviam ser convocados senão pelo papa, cita Belarmino[58] e outros, uma extensa carta de Sixto V aos bispos do Oriente, estabelecendo algumas das prerrogativas papais. Supõe-se que foram estas as palavras de Sixto: "O imperador Valentiniano convocou um Concílio com nossa autoridade". Está, contudo, provado com evidência que a carta é constituída por trechos extraídos do oitavo Concílio de Toledo, de Gregório I, de Félix III, de Adriano e dos Códigos Teodosiano e Justiniano, devendo, consequentemente, considerar-se espúria, e a passagem em questão forjada com o intuito de inserir uma frase que pretendiam ter sido escrita por Sixto V para justificar-se perante o Concílio, foi uma arma de que lançaram mão contra ele, mas as atas desse Concílio são tão manifestamente inverossímeis que Bírio e Barônio se viram obrigados a pô-las de parte, e o imperador, que essas mesmas atas dizem ter assistido ao Concílio, encarregou o próprio papa de pronunciar a sentença, "pois que o juiz de todos não devia ser julgado por ninguém". Não pode haver dúvida de que foi para estabelecer essa máxima que se falsificaram as atas desse Concílio, assim como as do pretenso Concílio de Sinuesa (303), que se supõe ter condenado Marcelino, e que, com detrimento da reputação desse homem, é citado para exaltar a sé de Roma. Escritor algum anterior a Anastácio, bibliotecário do Vaticano, que viveu no século IX, e ao historiador Platina, que morreu em 1481, deu crédito ao que de Sixto se propalou. A carta, assim como muitas outras falsificações palpáveis, foi durante muito tempo tida como genuína, mas hoje ninguém acredita nela. Se o sistema romano fosse de Deus, e a Igreja de Roma estivesse fundamentada sobre uma rocha, não teria, seguramente, necessidade de que a fraude, a perfídia e as falsificações a consolidassem.

Às atas do Concílio citado acrescentou-se as do juízo que se diz ter sido emitido em Roma, por ocasião de uma apelação para aquela sé por um certo Polidônio, suposto bispo de Jerusalém, que recorreu da sentença de seus colegas do Oriente para o bispo de Roma. A decisão deste foi também

---

[58] Bell. *de Concl.* lib. 2, cap. 12

INOVAÇÕES DA IGREJA CATÓLICA ROMANA

tida como verdadeira durante longo tempo, provando-se mediante ela que os bispos orientais apelavam para o bispo de Roma. Nicolau I, escrevendo, no século IX, ao imperador Miguel, afirmou a veracidade daquelas atas. Conhece-se, porém, à simples vista, que não passam de uma burla.

Chega a ser uma vergonha desperdiçar tempo a refutá-las, mas numa tabela cronológica como as que estamos apresentando é necessário fazê--lo, para mostrar a audácia do romanismo e a podridão de seus alicerces, por mais que ela, para manter-se, invoque a antiguidade. Supõe-se que a sentença em questão foi preferida quando o imperador Valentiniano foi pela sétima vez cônsul com Ariano, isto é, nada menos de doze anos depois da morte de Sixto III. Por outro lado, é evidente, pelas atas dos concílios de Éfeso (431) e Calcedônia (451), que Juvenal assistiu a ambos como bispo de Roma; ora, o primeiro desses dois concílios foi celebrado um ano antes da eleição de Sixto III; e o último, onze anos depois de sua morte (Sixto foi eleito bispo de Roma em 432, e morreu em 440); vê-se aí, portanto, que Polidônio não foi, durante seus dias, bispo de Jerusalém. É mesmo duvidoso que houvesse um bispo de Jerusalém com esse nome; pelo menos não se encontra em lista alguma de bispos daquela cidade que tenha chegado a nosso conhecimento.[59]

Ano de 450

Intervenção Soberana do Bispo de Roma

Leão I parece ter sido o primeiro bispo que interveio na eleição dos bispos das outras dioceses. Conta-se que ele interveio na nomeação de Anatólio, "que graças a ele obteve o bispado de Constantinopla"[60] e afirma-se que confirmou Máximo de Antioquia, e Donato, bispo africano. Mas, por outro lado, outros bispos se arrogaram o mesmo privilégio. Lúcifer, bispo de Sardenha, ordenou Paulino, bispo de Antioquia; Teófilo, de Alexandria, ordenou Crisóstomo; Eustáquio, de Antioquia, ordenou Evágrio, bispo de Constantinopla. E Acácio e Patrófilo depuseram Máximo, substituindo-o

---

[59] Veja-se *História dos Papas*, de Bower, vol. II, pags. 5 e 6. Londres, 1750.

[60] Labb. et Coss. Concil. Tom. IX, col. 847. Paris, 1671.

por Cirilo, bispo de Jerusalém. Todos esses fatos, e muitos outros que se poderiam citar, ocorreram sem a intervenção do bispo de Roma.

Autoridade Papal – Suprema e Universal

Leão assumiu descaradamente uma prerrogativa que não foi nunca exercida por nenhum de seus predecessores, declarando que a suprema autoridade sobre as igrejas do ocidente residia nele como bispo de Roma. "Na cadeira de Pedro", dizia ele, "reside o poder sempre vivo; a suprema autoridade". As circunstâncias que acompanharam essa usurpação de autoridade merecem ser notadas, pois por elas se patenteia que foi sancionada pelo imperador. Hilário, bispo metropolitano de Arlés, assumiu o direito de ordenar todos os bispos galicanos. Leão não podia suportar com paciência que um rival seu se achasse revestido de semelhante autoridade. Começou por acusar falsamente Hilário (vejam-se suas 9.ª e 10.ª cartas) e por fim apelou para Valentiniano III, a esse tempo imperador do Ocidente, e que era um príncipe débil e que de forma alguma poderia lutar com um homem astuto, hábil e ambicioso como Leão. Este apresentou Hilário como perturbador da paz, rebelde à sé apostólica e até mesmo inimigo dele, imperador. Valentiniano foi assim induzido a expedir o famoso decreto que investia o bispo de Roma de uma *autoridade absoluta e ilimitada* sobre as igrejas e os bispos galicanos. Esse rescrito foi dirigido a Aécio, general das forças romanas na Gália, sob o pretexto de manter a paz e tranquilidade da Igreja e do Estado. É indubitável que esse documento foi ditado pelo próprio Leão. Foi publicado na integra por Barônio em seus *Anais* (445); e apresentamos a seguinte passagem, que manifesta a natureza do poder pela primeira vez usurpado pelo bispo de Roma:

Pontífice Romano

"Com o intuito, pois, de prevenir ainda o menor distúrbio nas igrejas, a fim de que se mantenha intata a disciplina, decretamos que desde agora para sempre nenhum bispo, não só galicano, como de qualquer outra diocese, se

INOVAÇÕES DA IGREJA CATÓLICA ROMANA

permitia, em contradição com o antigo costume, fazer coisa alguma sem estar para isso autorizado pelo *venerável papa da cidade eterna*; por outro lado, tanto para ele como para todas as demais pessoas, tudo quanto a santa sé ordenar deve ser tido como lei; e desse modo, qualquer bispo que daqui em diante for citado a comparecer ao tribunal do pontífice romano, tem necessariamente de obedecer a essa ordem".

Rebelião Contra a Usurpação Papal

Foi assim que se começou a empregar a arma secular para impor a usurpação eclesiástica. Hilário e outros bispos galicanos opuseram-se até à última consequência a essa usurpação papal, e não quiseram nunca reconhecer a autoridade do bispo de Roma. Apesar de sua suposta traição e de seu repúdio de um dos pretendidos fundamentos da Igreja de Cristo, "súmula e essência do Cristianismo". Como disse Belarmino, esse mesmo Hilário foi canonizado pela Igreja de Roma moderna, e colocado a par de Leão, seu adversário e opressor. O autor desse edito não vacilou em consignar uma deliberada falsidade, ao fazer alusão ao "antigo costume". Semelhante autoridade não pode ser admitida,[61] e o próprio Leão, durante muito tempo depois do caso supracitado, não reivindicou o direito de ordenar todos os bispos das províncias ocidentais, pois que em sua octogésima nona carta, dirigida aos bispos da Gália, recusa expressamente essa prerrogativa. "Nós (disse ele) não nos arrogamos o poder de conferir ordens nas nossas dioceses",[62] e isso nos autoriza a crer que o edito é, em grande parte, apócrifo. Deve-se, porém, notar muito particularmente que Leão, ao passo que se colocava à frente dos bispos do ocidente, admitia a superior autoridade do Estado, recorrendo em todos os casos ao imperador como seu superior em assuntos eclesiásticos, sendo certo

---

[61] Foi alguns anos atrás, em 421, que o imperador Teodósio entregou a questão da eleição de Perígenes para a sé de Patras, na Acaia, uma das províncias de Ilíria, ao bispo daquela diocese, depois de haver consultado o bispo de Constantinopla. (veja-se *Cod. Theodosian*. 1.45 de *Epis*, cap. 1.6).

[62] "Non enim nobis ordinationes vestrarum provinciarum defendimus". P. Lec. Epist. 89, citado por Barrow. Veja-se *Sobre a supremacia do Papa*, pág. 343. Edição revista. Londres, 1849.

que todos os concílios gerais primitivos foram convocados sob exclusiva autoridade dos imperadores, desde o primeiro que professou o cristianismo, e de quem Eusébio diz, exprimindo o sentimento daqueles dias: "Como bispo comum, nomeado por Deus, reunia sínodos compostos de ministros do Senhor".[63]

Ano de 460

Jejuns Obrigatórios

Leão I, bispo de Roma, ordenou a observância de quatro jejuns: o da Quaresma, o de Pentecostes e os dos meses sétimo e oitavo.

Ano de 470

Invocação aos Santos Oficializada

O primeiro fato comprovativo da invocação aos santos deu-se quando o corpo de Crisóstomo foi trasladado para Constantinopla. O imperador Teodósio prostrou-se diante dele, suplicando-lhe que perdoasse a seus pais (os dele, Teodósio), que o haviam perseguido. Essa superstição, porém, foi censurada pelos padres da época.

Nicéforo, em sua *História Eclesiástica*, nos informa que um tal Pedro Gnafeo, patriarca de Antioquia, em 470, foi o primeiro que introduziu a invocação aos santos nas orações da Igreja, e ordenou que a "Mãe de Deus" fosse mencionada em todas elas. Este homem, porém, achava-se eivado de heresia autiquiana, motivo por que foi condenado pelo quarto Concílio Geral. Deu lugar a que se tornasse pública uma superstição que até aí só era praticada em particular; a comemoração dos santos transformou-se em invocação; os pregadores, em vez de dirigirem seus discursos aos vivos, incitando-os a imitarem as ações dos mortos, começaram a dirigir orações aos mortos em favor dos vivos. Semelhante prática, contudo, restringia-se a uma seita dos gregos; os latinos não a adotaram senão 120 anos depois.

---

[63] *Euseb. de Vit. Const.* I, 46, pág. 524, Cantab. 1720.

INOVAÇÕES DA IGREJA CATÓLICA ROMANA

Ano de 492

Pão Molhado no Vinho da Ceia

Nesse ano intentou-se introduzir outra inovação, que não foi avante. Na celebração da Eucaristia havia começado o costume de molhar o pão no vinho para os que não pudessem bebê-lo. Júlio, bispo de Roma, condenou, em 340, esse costume, não obstante o quê, tornou-se a introduzi-lo na Igreja de Roma.

Comunhão Numa Única Espécie

Cerca de 440, os maniqueus, que abominavam o vinho, tentaram introduzir o costume de tomar a Comunhão sob uma única espécie. Leão, em 450,[64] e Gelásio, em 492, ambos eles bispos de Roma, condenaram em termos expressivos essa heresia, e ordenaram que a comunhão, ou fosse tomada integralmente, como a instituiu nosso Senhor, ou fosse posta de parte.

As palavras de Gelásio são tão precisas e se acham em tão flagrante contradição com o ensino romano moderno, que bastaria citá-las para convencer a igreja romana de que ela impões aos cristãos uma doutrina muito energicamente condenada por um de seus bispos. Eis o que ele diz:

> "Falamos de alguns que, tendo recebido apenas uma parte do corpo, se abstêm do cálice do sagrado sangue, os quais estão, sem dúvida, sob o domínio de qualquer superstição, ou devem receber todo o sacramento ou abster-se dele por completo; pois que a divisão do mistério constitui um grande sacrilégio".[65]

Por estar relacionada com a Eucaristia, não podemos deixar este período sem consignar a decidida opinião desse mesmo Gelásio, bispo de Roma, sobre o que hoje é crido como doutrina fundamental da igreja romana.

---

[64] Leon. Mag. Oper. Int. 1623. col. 108. Serm. VI de Quadrag.

[65] Comperimus quod quidam, sumpta tantummodo corporis sacri portione, a calice cruoris abstineant; qui procul dubio (quoniam nescio quâ superstitione docentur obstringi) aut integra sacramenta percipiant, aut ab integris arceantur; quia divisio unius ejusdem mysterii sine grandi sacrilegio non potest provenire. (Gelas. in Corps. Juris Canon. Decret. Grat. tert. pars. de consecr. dist., II, cap. XII, col. 1168. Lugd. 1661. E tom. I. col. 1918. Lugd. 1671).

ORDEM CRONOLÓGICA

Referimo-nos à transubstanciação, isto é, a pretensa conversão da substância e natureza dos elementos do pão e do vinho, depois de consagrados pelo sacerdote, no verdadeiro e real corpo e sangue de nosso Salvador Jesus.

Colocamos em colunas paralelas a opinião de Gelásio e o decreto do Concílio de Trento, para mostrar claramente que a transubstanciação foi uma invenção posterior a essa data.

Gelásio, ano de 492

O corpo e o sangue de nosso Senhor, que recebemos mediante o sacramento, são, certamente, coisas divinas, porque por eles somos feitos participantes da natureza divina. Não obstante, a substância, ou natureza, do pão e do vinho, não deixam de existir; e é fora de toda dúvida que a *imagem e semelhança* do corpo e sangue de Cristo se celebram na ação dos mistérios.

Decreto de Trento, ano de 1561

Pela consagração do pão e do vinho *toda a substância* do pão se converte na substância do corpo de Cristo, e toda a substância do vinho se converte na substância de seu sangue; e essa conversão, muito conveniente, é com propriedade chamada pela Igreja Católica *Transubstanciação.*[66]

A contradição entre a opinião do Papa Gelásio e o decreto do Concílio de Trento, que dirige atualmente as doutrinas da igreja romana, é tão óbvia que não nos surpreendem os desesperados esforços que se fazem para dar outra interpretação à evidente heresia de um dos primeiros bispos de Roma. Barônio e Belarmino foram os que mais se empenharam em resolver a dificuldade que lhes saltava á vista. Recorreram, por fim, ao expediente de declarar que as palavras em questão tinham sido escritas por um outro indivíduo chamado Gelásio, não tendo, portanto, o bispo

---

[66] "Per consecrationem panis et vini conversionem fieri totius substantiae vini in substantiam sanguinis ejus. Quae conversio convenienter et proprie â sanctâ catholicâ ecclesiâ transubstantiatio est apellata". (Concil. Trid. Ses. III. Decret. de sanct. Euchar. sacramento, cap. IV. De Transubstantiatione).

INOVAÇÕES DA IGREJA CATÓLICA ROMANA

nada a ver com elas. Dupin, historiador católico romano, ocupa-se, porém, desse piedoso ardil, provando que a citada opinião é incontestavelmente do Papa Gelásio, que era bispo de Roma em 492,[67] podendo-se, por conseguinte, acusar com afoiteza a Igreja de Roma de ter introduzido uma *novidade* no credo cristão.

SÉCULO SEXTO
Ano de 500

Imagens na Igreja

Por esse tempo começaram a usar-se as imagens nas igrejas, mas unicamente como recordações históricas, obedecendo a esse intuito seu uso durante cerca de um século, não sem que vários bispos o atacassem com violência, mandando alguns destruírem as que havia em suas dioceses.

Ano 528

Unção aos Enfermos – Extrema Unção

A cura dos enfermos foi um dom que nosso Senhor concedeu aos apóstolos, e que cessou com a morte deles. Depois de ele haver cessado, alguns hereges conservaram o uso da *unção*, imitando, provavelmente, o costume referido por Tiago 5.14. Aqueles que acabavam de se banhar, assim como os atletas ao entrarem na arena, eram ungidos com óleo. Os cristãos, imitando esses costumes, untavam com óleo os que eram batizados, visto haverem sido purificados e estarem preparados para lutar com o mundo. Essa unção não fazia, todavia, parte do sacramento. Os hereges valentinos arrogaram-se o dom dos apóstolos, e ungiram seus moribundos com óleo. Essa unção, que era acompanhada de orações, contribuía, segundo eles, para a salvação da alma e não para a cura do corpo. Semelhante superstição não fez prosélitos senão nessa seita herética. Inocêncio I, em sua carta a Decênio, bispo de Eugúbio, refere-se ao costume de ungir os enfermos com óleo, o que, segundo ele, deveria ser feito, não só pelo sacerdote,

---

[67]Veja-se Dupin, *Ecc. Hist.* vol. I, pág. 520. Dublin, 1723.

ORDEM CRONOLÓGICA

como por todos os fiéis, vendo-se por aqui que ainda não era abertamente considerado como sacramento. O costume generalizou-se depois, e nesse ano, isto é, em 528, Félix IV, bispo de Roma, juntou-o a outras cerimônias cristãs e instituiu o rito da *extrema unção*, declarando que todos aqueles que estivessem *in extremis* deviam ser ungidos.[68]

As cerimônias foram, com o decorrer do tempo, crescendo em número, e por fim, passados muitos anos, a extrema unção entrou na categoria de sacramento. A origem desse pretenso sacramento tem de ser, de certo modo, procurada no paganismo.

Ano de 529

Os Beneditinos

Benedito de Nursia fundou a ordem dos frades *beneditinos*.[69]

Ano de 535

Origem das Procissões

Agapito I ordenou as *procissões* antes da festa da Ressurreição.

Ano de 536

Clérigos Isentos da Jurisdição Civil

Os clérigos ficaram fora da alçada da jurisdição civil, mediante um decreto expedido nesse ano pelo imperador Justiniano. Polidoro Virgílio, porém, diz que Caio havia anteriormente, isto é, em 290, promulgado um estatuto para que nenhum sacerdote comparecesse ante um juiz secular.[70]

Ano de 538

Altar ao Lado Oriental do Templo

Virgílio, bispo de Roma, ordenou que o sacerdote, quando estivesse no altar, voltasse o rosto para o oriente, segundo o costume pagão; e daqui se

---

[68] Polidoro Virgil. lib. V, cap. III, pág. 102, Londres, 1551.

[69] *Hist. Eccles.* de Mosheim, século VI. par. II, pág. 448, vol. I. Londres, 1865.

[70] Lib. IV. cap. VIII. pág. 93. Londres, 1551.

INOVAÇÕES DA IGREJA CATÓLICA ROMANA

originou o outro costume de se colocar o altar no lado oriental da igreja. Vitruvio, eminente arquiteto do século de Augusto, informa-nos que os pagãos colocam o coro e os ídolos principais no lado do oriente. "Os que sacrificam nos altares", diz ele, "têm os olhos fitos na parte oriental do firmamento, assim como as estátuas que se colocam nos templo... porque é necessário que os altares de Deus estejam voltados para o oriente".[71]

Os antigos romanos voltavam-se para o oriente quando sacrificavam. O costume é, pois, de origem pagã. Mosheim, em seu capítulo Ritos e Cerimônias, diz que "quase todos os povos do Oriente, antes da era cristã, costumavam adorar com os rostos voltados para o nascente: e isso porque criam que Deus, que supunham ser semelhante à luz, ou, ainda, melhor que a luz, e a quem delimitavam um lugar, tinha sua residência naquela parte do céu onde o sol se levanta. Quando se fizeram cristãos, repeliram essa crença errônea, mas retiveram o costume que se originou dela, e que era muito antigo e se havia espalhado por toda parte. E até agora ainda não foi de todo abandonado.[72] Os antigos idólatras adoravam o sol voltados para o oriente (Ez 8.16; Dt 4.19). Os maniqueus também oravam voltados para o oriente. Leão I, bispo de Roma, ordenou, em 443, que os católicos, para se distinguirem dos hereges, se voltassem para o ocidente quando fizessem oração.[73] Nos templos cristãos de Antioquia e da Síria, os altares estavam do lado do ocidente, e não do lado do oriente.[74]

Festa da Purificação

A Virgílio também se atribui a instituição da festa da Purificação da Virgem Maria, ou Candelária. É igualmente de origem pagã. Os pagãos costumavam, no princípio de fevereiro, celebrar a festa de Proserpina, queimando círios. Para tornar mais fácil o abandono do paganismo, instituiu-se no mesmo dia uma festa, queimando-se círios em honra da Virgem Maria. Segundo Picard,

---

[71] Lib. IV. cap. V. Edic. de Laet. Amst. 1649.

[72] *Hist. Eccles.* século II, par. II. cap. IV. seção 7.

[73] Ad occidentem conversi Deum colebant, Binius. (*Concl.* tom. I, fol. 932. Colônia, 1606. *Annaes do Cardeal Baronio*, ano de 443, num. 5 tom. VII pág. 556).

[74] Socrat, *Hist. Eccles. in Euseb.* lib. V. cap. XXII. Londres, 1709.

ORDEM CRONOLÓGICA

a instituição dessa festa atribui-se a Gelásio I, em 496; e a procissão das velas de cera, para afugentar os espíritos maus, a Sérgio I, em 701.[75]

Ano de 595

Bispo Universal

No fim deste século, João, patriarca de Constantinopla, tomou o título de bispo universal. Pelágio II e seu sucessor, Gregório I, bispo de Roma, ficaram escandalizados com esse fato, e exprimiram sua reprovação em termos enérgicos. Gregório, numa de suas cartas ao imperador, diz: "Afirmo sem hesitação que aquele que se chamar a si próprio bispo universal é precursor do Anticristo".[76] Assim falava naquele tempo o bispo de Roma, e, como questão de fato histórico, afirmou publicamente que nenhum de seus predecessores se arrogou jamais o profano título de bispo universal. Que diria ele de seu sucessor imediato?

Pontífice Máximo

O Pontífice Máximo era de origem pagã. Dionísio de Halicarnaso faz uma descrição do supremo pontífice dos antigos romanos em sua Vida de Numa Pompílio, bem como também Lívio. Encontram-se moedas do tempo dos Césares em que o imperador é chamado "Pont. Max". e "Summos Sacerdos". O historiador pagão Zózimo (ano de 426), nos informa o que significava esse título antes de ser usado pelos bispos cristãos. "Entre os romanos, as pessoas que tinham a superintendência das coisas sagradas eram os pontífices, ou Zephyræi, que é a palavra que no grego corresponde àquela palavra latina, e que significa construtor de pontes". E acrescenta:

> "A origem daquele nome foi a seguinte: Antes de os homens se acostumarem a dar culto por meio de estátuas, fizeram-se em Tessália algumas imagens dos deuses. Como então não havia templos, puseram essas imagens numa ponte que atravessava o rio Perusa, e aos que sacrificavam a Deus eram chamados Zephyræi, isto é, sacerdotes da ponte. Daí sucedeu que os romanos chamaram

---

[75] *Cérémonies et Coutumes Religieuses*, vol. I, epist. II, pág. 163, notas *c* e *d*. Amsterdam, 1723.
[76] Veja-se *Supremacia*, pág. 5.

INOVAÇÕES DA IGREJA CATÓLICA ROMANA

pontífices a seus sacerdotes, estabelecendo por lei que os reis, em vista do alto cargo que exerciam, fossem contados em seu número. O primeiro dos reis a quem coube esse título foi Numa Pompílio. Depois foi conferido, não só aos reis, como também a Otávio e a seus sucessores no império romano. Quando alguém era investido na dignidade imperial, os pontífices paramentavam-no com o hábito sacerdotal, e era chamado Pontifex Maximus, ou primeiro sacerdote. Os primeiros imperadores ficaram lisonjeados com a denominação, e adotaram-na de muito bom grado. O próprio Constantino, ao assentar-se no trono imperial, a aceitou, posto que, por haver abraçado a fé cristã, houvera enveredado muito pelo caminho da retidão no que dizia respeito aos assuntos sagrados. E da mesma maneira procederam todos os que o foram sucedendo até Valentiniano Nolens. Quando, porém, os pontífices levaram, segundo o costume, as vestes sagradas a Graciano, este, considerando que não era lícito a um cristão fazer uso delas, recusou envergá-las, e diz-se que o chefe dos sacerdotes fez, perante a atitude do imperador, a seguinte observação: "Visto o imperador recusar o pontificado, temos de arranjar quanto antes um pontífice".[77]

O título e o cargo são, portanto, evidentemente de origem pagã, e fundamentam-se numa cerimônia gentílica.

SÉCULO SÉTIMO
Ano de 600

Os Santos Substituem os deuses

Os chamados santos começaram a ocupar o lugar dos deuses menores dos pagãos; dedicaram-se-lhes igrejas, marcaram-se os dias em que deviam ser festejados e nomearam-se sacerdotes para lhes oferecerem sacrifícios. A invocação aos santos, que até ali tinha sido uma superstição privada, começou a ser publicamente posta em prática, mas não ainda como doutrina reconhecida. Foi por esse tempo que Gregório introduziu o nome da Virgem nas Letanias, com o ora pró nobis.[78]

---

[77] Zozimo, liv. IV. pág. 125. Edie. grega a latina. Lipsiae, 1784.

[78] Polydoro Virgilio, lib. VIII, cap. I, pág. 143. Londres, 1551.

ORDEM CRONOLÓGICA

Intercessão dos Santos

Esta nova teoria da inovação aos santos também é claramente derivada do paganismo. Apuleyo, a quem já nos temos referido, descreve desse modo, em seu livro De Deo Socratis, o sistema pagão: "Há, entre os altos céus e a terra, divindades médias, por quem são levados aos deuses nossos méritos e nossas orações, e em grego dá-se-lhes o nome de dæmones [demônios]; levam aos deuses as orações dos homens, e trazem aos homens os favores que a estes são dispensados pelos deuses; andam sempre de uma parte para outra, ora como portadores de súplicas, ora como portadores de socorros; é por seu intermédio que se alcança a salvação". Não estará isso, em grande parte, em harmonia com o que se encontra no catecismo de Trento? "Nós pedimos aos santos que nos tenham sob sua proteção e nos obtenham de Deus, que está sempre pronto a ouvi-los, aquelas coisas de que temos necessidade".[79] Cada homem e cada classe tem seu santo padroeiro, como o tinham os pagãos da antiguidade.

Purgatório

O purgatório adquiriu nesse século um tom mais definido, posto que a teoria quanto à natureza dos castigos diferisse do ensino moderno. Suponha-se naquela época que as almas dos defuntos expiavam seus pecados (doutrina que não é hoje admitida, pois que o purgatório papista obedece à teoria de que os pecados estão perdoados) de vários modos, como, por exemplo, mediante banhos, suspensões no ar e etc. Era essa a teoria de Gregório, fundamentada em bem conhecidas fábulas pagãs.[80]

Eucaristia em Prol dos Mortos

A Eucaristia, que tinha sido até então um sacramento para os vivos, começou a ser oferecida como sacrifício pelos mortos. As ofertas que eram apresentadas

---

[79] Cat. Com. Trid. par. IV, cap. VII, pág. 3.
[80] Greg. lib. 4, Dialog. cap. LV, pág. 464, tom. II. Paris, 1705.

INOVAÇÕES DA IGREJA CATÓLICA ROMANA

em memória dos defuntos chamavam-se esmolas;[81] mas passaram a ser chamadas oblações, sendo oferecidas em expiação dos pecados dos defuntos.

Ao receber as ofertas do povo, o ministro oficiante rogava a Deus que aceitasse aqueles frutos da caridade. Ainda hoje se faz uso das orações que em tais ocasiões eram pronunciadas, mas em vez de se referirem aos donativos que os fiéis traziam como esmola, referem-se aos elementos do pão e do vinho, chamados o corpo de Jesus Cristo.

Ofício da Missa em Latim

Gregório I compôs o ofício da missa; e, segundo Platina, ao uniformizar o culto nas igrejas ocidentais, ordenou o uso universal da língua latina.

Incenso, Relíquias, Velas e Quadros

Gregório introduziu, outrossim, a unção na ordenação sacerdotal, preceituou a adoção das vestes pontificais, ordenou o uso do incenso e das relíquias dos santos na consagração das igrejas, e marcou o lugar para a colocação das velas, que deviam conservar-se acesas durante o dia. Mandou que os quadros representando a Virgem Maria fossem levados em procissão e se pusessem estátuas nas igrejas para fins religiosos, e, segundo Polidoro Virgílio, foi ele o primeiro a declarar que nos dias destinados ao jejum não se devia fazer uso de carne, manteiga, ovos etc.

Ano de 604

Lâmpadas Sempre Acesas

Platina diz que Sabino, sucessor de Gregório, ordenou que as lâmpadas permanecessem ininterruptamente acesas nas igrejas. Encontra-se ainda esse preceito no ritual romano. Os egípcios foram, segundo Heródoto, os primeiros a adotar essa prática. Os pagãos romanos adotaram-na depois,

---

[81] Scuttetus, *Medulla Theologiae, Patrum*. Amster 1603, pág. 307. O leitor, examinando a obra de Scuttetus, convencer-se-á de que o esforço para identificar a missa romana com as oblações dos primeiros cristãos tem de ser abandonado pela Igreja de Roma moderna. Scuttetus era professor de teologia na Universidade de Heidelberg (1598): veja-se também Renan, *in loc. Annot. á Tertuliano*. Frank. 1597, pág. 43.

sendo o cargo das vestaes conservar as lâmpadas sempre acessas. Apuleio descreve as procissões pagãs dos romanos, e diz que o povo, também de vestiduras brancas de linho, cantava hinos e empunhava tochas de cera.[82] Observa-se atualmente o mesmo cerimonial nos países católicos romanos. Lactâncio refere-se com frequência a esse costume, que reputa de ridícula superstição, e escarnece dos romanos, que acendiam velas a Deus, como se ele vivesse nas trevas.[83]

O Uso de Círios

Tem-se suposto que o uso dos círios acesos está relacionado com algum mistério. Entre os romanos modernos admite-se, assim como se admitia entre os idólatras que tinham uma religião parecida com a deles, a presença de espíritos maus. Os zungurianos, que habitam a região do lago de Baikal, na Sibéria, colocam os círios em frente de seus deuses, ou ídolos.[84] Nas ilhas Molucas os círios são usados no culto de Nito, ou o demônio, a quem os habitantes do arquipélago adoram.[85] "Em Ceilão", diz o mesmo autor, "alguns devotos, sem serem sacerdotes, erigem capelas, mas são obrigados a ter uma imagem de Buda, e a alumiá-la com círios ou velas, e a cercá-la de flores". Como o romanismo se parece com o paganismo! As conversões de que os romanos se jactam não representam mais do que uma mudança de nome.

Ano de 607

Conluio pelo Poder

Focas, tendo obtido o império mediante o assassínio do imperador Maurício, seu predecessor, a quem matou também e esposa e os filhos, fez causa comum com Bonifácio III contra Ciríaco, bispo de Constantinopla, que recusou patrocinar seus homicídios e outras obras igualmente condenáveis. Segundo o pacto estabelecido entre os dois, Bonifácio reconheceria

---

[82] Apul. vol. I *Metam*. cap. IX, pags. 1014-1016, cap. X, pags. 1019-1021, Leipzig, 1842.

[83] Lactancio, *Instit*. lib. VI, cap. 2, pág. 289. *Cambridge*, 1685.

[84] Veja-se *Viagens na Asia*, vol. XVII, págs. 593-596.

[85] *Ritos e cerimônias*, de Hurd. pág. 91, col. I, e pág. 95, 2.

INOVAÇÕES DA IGREJA CATÓLICA ROMANA

Focas como legítimo imperador, e este reconheceria a Igreja de Roma como cabeça de todas as igrejas e o bispo daquela diocese como bispo soberano universal. Este título espiritual foi, pois, dado e confirmado ao bispo de Roma por um edito do imperador, isto é, não lhe pertence por direito divino. E é devido a semelhante título que todos os bispos de Roma têm mantido sua supremacia espiritual.

O Surgimento de Maomé

Nesse mesmo ano apareceu Maomé na Arábia; de modo que surgiam ao mesmo tempo os dois anticristos, o oriental e o ocidental. Datamos desse período o reino do papado propriamente dito.

A superstição propagou-se então rapidamente, e a simplicidade e pureza da fé cristã extinguiram-se quase por completo.

Ano de 610

Panteão Romano – Festa de Todos os Santos

Bonifácio IV consumou o fato da idolatria pagã, abrindo o panteão de Roma, e substituindo neles as divindades do paganismo pelos chamados santos, e provém daqui a festa de Todos os Santos.

Tonsura ou Calva Sacerdotal

Por esse tempo foi também introduzida a tonsura, que representava um antigo costume pagão, uma imitação do que faziam os sacerdotes de Ísis.[86] A tonsura era a visível inauguração dos sacerdotes de Baco. Heródoto diz a seu respeito o seguinte:

> "Os árabes não reconhecem outros deuses além de Baco e Urânia, isto é, a rainha dos céus, e dizem que ela tem, como aquele, o cabelo cortado, e por isso muitos deles se rapam, deixando apenas uma porção de cabelo em redor da cabeça.[87]

---

[86]Polyd. Virgil., lib. IV, cap. X, crê que esta prática é oriunda do Egito, onde os sacerdotes se rapavam em sinal de tristeza pela morte do seu deus Apis.

[87]Herodoto, *Historia*, lib. III, cap. 8, pág. 185. Paris, 1592.

ORDEM CRONOLÓGICA

Os sacerdotes de Osiris, o Baco egípcio, distinguiram-se sempre pela rapadura das cabeças.[88] O distintivo dos sacerdotes da Roma pagã, assim como o da China e da Índia, era a cabeça rapada.[89] Cinco séculos antes da era cristã, Gautama Buda, ao instituir na Índia a seita do budismo, rapou-se, obedecendo, segundo disse, ao preceito divino; e, para cumprir as ordens de Vishnu, agregou a si um certo número de discípulos, todos com as cabeças rapadas.[90]

Aos sacerdotes e levitas era proibido rapar a cabeça e a barba (Lv 21.5); os papistas modernos, que não estão debaixo da lei, preferem o costume pagão. O costume de rapar as cabeças foi adotado pelos donatistas; Optato, bispo de Milevo, na África (Ano 370) repreendeu-os, dizendo: "Mostrai-me onde está preceituado que os sacerdotes se rapem; temos pelo contrário bastantes indicações de que não devem fazê-lo".[91] Vemos, portanto, que o costume não foi sancionado, se é que não foi condenado, no princípio do século IV; pois que mediante o cânon 55 do Concílio de Elvira (composto de dezenove bispos, incluindo Ósio de Córdova e de vinte e seis sacerdotes assistentes que tivessem apenas cabelo em volta da cabeça, como os sacrifícios idólatras, ainda que não sacrificassem, tomassem a comunhão passados dois anos.[92]

Ano de 617

Invocação aos Santos

A invocação aos santos foi geralmente estabelecida pela primeira vez nas liturgias públicas sob o pontificado de Bonifácio V.

Ano de 620

Igreja Lugar de Refúgio de Malfeitores

Bonifácio V confirmou a infame lei mediante a qual as igrejas se tornaram lugares de refúgio para todos aqueles que a elas se acolhiam. Esse costume

---

[88] Macrobio. lib. I, cap. 23, pág. 189. Sanct. Colon., 1521.

[89] Tertuliano, vol. II. *Carmina*, pp. 1105 e 1106. Opera. Paris, 1844.

[90] Veja-se *Buda*, na *Antiga Mitologia do Indostão*, de Kenedy, pág. 268. Londres, 1831).

[91] "Docete ubi vobis mandatum est radere capita sacerdotum, cum e contra sint tot exempla proposita fieri non debere". (Optatus, lib. contra Parmenion. Oper. de Schism. donat. fol. Paris, 1679).

[92] "Sacerdotes, qui tantum sacrificantium coronam portant, nec sacrificant idolis, placuit post biennium communionem recipere". (Surius, Concílio Iliber. in can. 55, tomo I, pág. 356. colon, 1567, e Lab et Coss. Concíl., tom. I, col. 967. Paris, 1671).

INOVAÇÕES DA IGREJA CATÓLICA ROMANA

tinha, sem dúvida, a vantagem de ser muito antigo, pois que era de origem pagã,[93] existindo também entre os judeus, mas com a diferença de que seus sacerdotes protegiam unicamente aos que tivessem cometido crimes por qualquer acidente infeliz, ou sem má intenção, ao passo que os padres romanos concedem a proteção da igreja a verdadeiros malfeitores.[94]

Ano de 671

Festa em Exaltação à Cruz

A festa em Exaltação à Cruz foi instituída pelo imperador Heráclio, e depois estabelecida no ocidente por Honório I, bispo de Roma,[95] posto que Polidoro Virgílio date a Invenção e a Exaltação da Cruz do ano de 1620.[96]

Ano de 666

Culto em Latim

Vitálio, bispo de Roma, foi o primeiro que ordenou que o culto divino se celebrasse em toda parte na língua latina.[97] Não parece, porém, que essa ordem fosse da natureza de um decreto obrigatório, posto que o Concílio de Latrão, em 1215, a confirmasse, como depois observamos, limitando-a, contudo, a circunstâncias particulares.

Ano de 682

Dispensada a Obediência Devida ao Rei

Fleury faz menção do primeiro exemplo de um Concílio de bispos arrogar-se o direito de dispensar os súditos de um rei da obediência que a este devem.[98]

---

[93] *Hist. Eccles.* de Mosheim, século VII, parte II, pág. 28, vol. II. Londres, 1768.

[94] *Cerimônias e costumes religiosos*, de Picard, pág. 39, vol. I. Amsterdam, 1728.

[95] Veja-se Annaes de Barônio, ano de 628.

[96] Polid. Virgil., I. VI, cap. VII, pág. 122. Londres, 1551.

[97] Wolpius Lect. Memorab. Centenar. Numeris Restia. Apoc. XIII, pág. 149. Frankfort, 1671.

[98] "Au reste, c'est le premier exemple d'une pareille entreprise des evèques; de dispenser les sujets du serment de fidelité fait à leur prince". *História Eclesiástica*, de Fleury, lib. LV, pág. 71, tom. I, Paris, 1703. E tomo IX, pág. 1. Paris, 1769.

ORDEM CRONOLÓGICA

Ano de 685

Eleição do Bispo Romano Aprovada pelo Imperador

Até aqui a eleição do bispo de Roma tinha de ser confirmada pelo imperador; Platina, referindo-se a Pelágio II, que foi papa em 578, diz: "A eleição, feita pelos clérigos, só foi válida depois da aprovação do imperador".[99] Pelágio, que foi eleito durante o cerco de Roma, enviou Gregório, mais tarde papa também, ao imperador, rogando-lhe que confirmasse sua eleição. As coisas continuaram desta forma até 685, em que o imperador Constantino se recusou a fazer valer seus direitos quando foi da eleição de Benedito II. Estabelecido, porém, por Carlos Magno, o império do ocidente, Adriano I (em 795) declarou em pleno sínodo que o imperador tinha o direito de eleger o bispo de Roma e governar nessa diocese. Os arcebispos e bispos de todas as províncias tinham, além disso, de ser investidos por ele; e quando um bispo não era aprovado, ou investido, pelo imperador, não podia receber a consagração; qualquer pessoa que desobedecesse a esse decreto ficava sujeita ao anátema. Tudo isso se encontra na lei canônica romana.[100]

Luiz, filho de Carlos Magno, não quis fazer uso desse direito; mas Lotário, seu filho, voltou a exercê-lo.

Esse direito foi conservado até ao tempo de Adriano III (885). Os imperadores não se deixaram desapossar sem luta de semelhante prerrogativa, e depois daquela época elegeram alguns bispos de Roma.

Abolido o Direito do Imperador

Muitos desses foram considerados antipapas; mas Clemente II (1046) foi reconhecido como verdadeiro papa, posto que eleito pelo imperador. Só em 1080, sendo Papa Gregório VII, é que o direito do imperador foi realmente abolido.

---

[99] "Nihil a clero in eligendo pontifice actum erat, nisi ejus electionem imperator aprobasset". Plat. in Pelagio II, pág. 81. Colon, 1568.

[100] Hadrianus autem cum universâ synodo traditerunt jus et potestatem eligendi pontificem, et ordinandi apostolicam sedem. Insuper archi-episcopus per singulâs provincias ab eo investituram accipere definivit; et nisi a rege laudetur et investiatur episcopus, a nemine consecretur; et quicumque contra hoc decretum ageret, anathematis vinculo eum innodavit. (Corp. Jur. Can. vol. I. Dist. 63, cap. 22. Paris, 1695).

INOVAÇÕES DA IGREJA CATÓLICA ROMANA

SÉCULO OITAVO
Ano de 700

Missas Privativas

Nessa época introduziu-se o costume de dizer missas privativas, isto é, missas a que o povo não assistia. Essa prática nasceu da falta de comparecimento do povo, assim como do sacerdócio, aos ofícios divinos. Nos tempos primitivos a assembléia comungava diariamente; havendo, porém, esfriado a devoção, a comunhão ficou limitada aos domingos e dias de festas, celebrando e comungando o sacerdote sozinho nos demais dias. Essa foi a origem das missas privativas. O capítulo de Teodulfo, bispo de Orleans (787), proibiu terminantemente que se dissessem missas privativas,[101] e o mesmo fez o Concílio de Metz (813) e o de Paris (829).[102]

Esse costume parece haver já existido no século anterior, pois o vemos censurado por Gregório I, que disse: "Nenhum sacerdote celebrará missa estando só, pois que, como a missa não deve ser celebrada sem a saudação do sacerdote e a resposta do povo, é claro que de forma alguma pode ser celebrada apenas por um indivíduo; ao ato da missa devem estar presentes algumas pessoas a quem o oficiante possa dirigir-se, e as quais devem responder-lhe, tendo sempre em mente estas palavras de Jesus Cristo: 'Onde dois ou três se reunirem em meu nome, aí estarei eu no meio deles'".[103] Os doutores do Concílio de Trento declararam-se, porém, em aberta oposição a essas antigas prescrições, pois dizem: "Se alguém disser que as missas privativas, em que só o sacerdote comungava sacramentalmente, são ilegais, e que, portanto, devem ser abolidas, seja anátema.[104]

---

[101] "Le prêtre ne celebrera point la mese seul, il faut qu'il y ait des assistants, qui puisent lui répondre quand il salue le peuple; et le Seigneur a dit qu'il serait au milieu de deux ou trois assemblées en son nom". Fleury, *História Eclesiástica*, lib. 44, pág. 503, tom. IX, Paris, 1703; e tom. XI, pág. 459. Paris, 1769).

[102] Fleury, *História Eclesiástica*, lib. 46, pág. 144.

[103] Sacerdos missam solus nequaquam celebret: quia sicut, illa celebrar non potest sine salutatione sacerdotis et responsione nihilominus plebis, ita nimirum nequaquam ab uno debet celebrari, etc. (Greg. in. lib. *Capitulari*, cap. VII, apud. Cassand. Liturg. 33. Paris, 1605.)

[104] "Si quis dixerit, missas in quibus solus sacerdos sacramentaliter communicat, illicitas esse, ideoque abrogandas, anathema sit". (Conc. Trid. cânon VIII, ses. XXII, pág. 150, Paris, 1832).

ORDEM CRONOLÓGICA

Hóstia em Formato Esférico

A Igreja de Roma decretou por esse tempo que a hóstia tivesse a forma esférica.

Essa forma foi copiada dos egípcios. A delgada oblata esférica encontra-se em todos os altares dos egípcios.[105] Essa forma simbolizava o sol.

Ano de 750

Absolvição do Penitente

Fleury, historiador católico romano, nos informa que a primeira vez que se absolveu o penitente, imediatamente depois de se haver confessado, e antes da penitência haver sido cumprida, foi nessa época, e mediante a regra estabelecida por Bonifácio.[106]

Ano de 752

O Papa Carregado em Andor

Estêvão II, bispo de Roma, foi o primeiro que, no dia de sua eleição, foi levado processionalmente sobre um andor. Representava também um costume da Roma pagã.[107]

Ano de 754

Condenada a Adoração das Imagens

Celebra-se em Constantinopla um Concílio que condena a adoração das imagens.[108]

---

[105]Veja-se *Egípcios*, por Wilkinson, tom. V, pág. 358. Londres, 1837 – 1841.

[106]"Les canons touchant la reconciliation des penitents, chaque prêtre aussitôt qu'il aura reçu leur confession, aura soin de les reconcilier par la prière, c'est-á-dire, qu'il n'attendra pas que la penitence soit accomplie". (*Hist. Ecles.* por Fleury. tom. IX, lib. XLIII, pág. 390. Paris, 1703; e tom. IX, pág. 360. Paris, 1769).

[107]"Êtieene II élu pape, est le premier qui l ón ait porté à l'eglise sur les epaules aprés son election. Les grands de l'ancienne Rome se faisaient porter par des esclaves dans ane espèce de littiere (Lectica). II y a apparence que la coutume de porter le pape sur les épaules s'introduisit peu á peu aprés la ruine du paganisme dans Rome. Pour ce qui est d'Etienne II, il parait, par ce qu'on dit Platina, que le merite de ce pape contribua á l'honneur qu'on leur fit de porter sur les épaules. (Picard, *Cérémonies et coutumes religieuses*, tom. I" par. II, pág. 50, nota *g*. Amsterdam, 1723).

[108]Labb. et Coss. Conc. Geral, tom. VI, col. 1661. Paris, 1671.

INOVAÇÕES DA IGREJA CATÓLICA ROMANA

Ordenada a Invocação à Virgem e aos Santos

Esse Concílio foi o primeiro a ordenar, sob pena de anátema, a invocação da Virgem Maria e de outros santos.[109]

Ano de 763

Confissão Oral ao Sacerdote

Segundo Fleury, Chrodegard, bispo de Metz, estabeleceu, sob pena, a confissão oral, ou verbal, aos ouvidos do sacerdote, se bem que essa nova prática se limitasse ao mosteiro desse bispo.[110]

Ordem dos Cônegos

Esse mesmo bispo foi quem instituiu a ordem eclesiástica dos cônegos.[111] Nicolau II, num Concílio celebrado em Roma, em 1509, aboliu as antigas regras dos cônegos, e substituiu-as por outras, do que nasceu a distinção entre cônegos regulares e cônegos seculares. Os primeiros observaram o decreto de Nicolau II, e os últimos sujeitaram-se às mais severas regras do bispo de Chartres, e foram chamados cônegos regulares de Santo Agostinho, porque professavam seguir as regras desse santo.[112]

Ano de 768

O Dízimo

Até essa época recomendava-se, mas não era obrigatório, o pagamento dos dízimos. Desde então o rei Pepino tornou obrigatório para todos o pagamento do dízimo ao clero.[113]

---

[109]Labb. Concil. tom. VIII, col. 524. Paris, 1671. Ibid. 528.

[110]"Il est ordonné aux cleres de se confesser á l'évêque deux fois l'année; á savoir, au commencement du carême, et depuis la mois Aout jusque au premier jour de Novembre. Celui qui aura celée quelque péché en se condessant à l'évêque, on cherchera á se confesser á l'autres; si l'évêque le peut découvrir, il le punira de fouet ou de prison. C'est la prémiére fois que je trouve la confession commandée". (Fleury, *Hist. Ecles.*, lib 43, pág. 425 e 426, tom. IX. Paris, 1703).

[111]Le Boeuf, *Mémoire sur l'Histoire d'Auxerre*, tom. I, pág. 174. Paris, 1743.

[112]Mosheim, *Hist. Ecles.*, século XI, pág. 312 e 313, tom. II. Londres, 1758.

[113]"C'est que les dixmes n'etaient du commencement que des aumône; voluntaires". Fleury, *Hist. Ecles.*, lib. 43, num. 445, tom. IX. Paris, 1703; e tom. IX, pág. 416. Paris, 1679.

ORDEM CRONOLÓGICA

Ano de 769

Veneração das Imagens

Celebra-se em Roma um Concílio em que se vota um decreto para que as imagens sejam veneradas. O Concílio de Constantinopla, que teve lugar em 754, foi anatematizado por haver proibido esse culto.[114]

Ano de 787

Sancionado o Culto às Imagens

Anteriormente a esta data, houve grande polêmica acerca da introdução e uso das imagens no culto público. Irene, imperatriz de Constantinopla, mulher de maus sentimentos, pagã de nascimento e pela profissão religiosa, e que a tudo isso reunia a circunstância de haver envenenado o esposo para usurpar o poder, aliou-se a Adriano, bispo de Roma, e convocou o chamado sétimo Concílio Geral, celebrado em Nicéia. Foi por influência de semelhante criatura que se votou o referido decreto, sancionando o uso das imagens no culto religioso.[115] Esse decreto encontrou, contudo, uma decidida oposição da parte de outras assembléias sinodais. Os bispos que recusaram submeter-se-lhe foram castigados, perseguidos e excomungados. Não há necessidade de observar, pois que o fato é bem notório, que o uso de imagens nos exercícios religiosos procede do paganismo. Esse Concílio inventou o que se chama a adoração relativa. "A honra que se tributa à imagem é transmitida ao protótipo. E o que adora a imagem adora a realidade que é por ela representada".[116] Posto que esse Concílio, com o atrevimento que é tão peculiar à igreja romana, mantivesse que "tal instituição havia sido de antemão estabelecida pelos santos padres e pela tradição da igreja católica, composta daqueles que haviam abraçado o evangelho de um ao outro confim do mundo", ficou demonstrado no capítulo sobre as imagens que a

---

[114]Labb. et. Coss. Conciliorum, tom. VI, col. 1721.

[115]Labb. et. Coss. Concl. tom. VII, col. 899. Nicen. II. Sess. VII. Paris, 1671; e Surius Concil. tom. III> pág. 150. Col. Agrip. 1567.

[116]Labb. et Coss. Concil. tom. VIII, col. 556. Paris, 1671.

INOVAÇÕES DA IGREJA CATÓLICA ROMANA

doutrina da adoração relativa, introduzida nessa época no culto cristão pelo segundo Concílio de Nicéia, é uma prática idêntica à que foi defendida e adotada pelos idólatras, prática especialmente condenada pelos padres Arnóbio e Orígenes, do terceiro século, e Ambrósio e Agostinho, do quarto.

O recente costume de consagrar imagens, bem como de lhes acender luzes, é outro passo de retrocesso para a idolatria e o paganismo, porquanto semelhantes costumes são práticas antigas, como se pode ver no livro apócrifo de Baruque, capítulo 6, dos idólatras babilônios. Um sinal da veneração religiosa tributada às imagens era beijá-las (2Rs 19.18), como fazem hoje em dia os romanistas modernos.

Com respeito aos milagres, muitos deles eram, pelos pagãos, atribuídos às imagens; de maneira que também neste ponto são imitados pelos romanistas de nossos dias. Os exemplos que se poderiam apresentar são tão numerosos e referem-se a datas tão recentes, que não há necessidade de os mencionar.

A Eucaristia

Vem a propósito fazer uma resenha dos progressos feitos pela doutrina da suposta presença real e substancial de nosso Senhor na Eucaristia.

A Ceia do Senhor, ou a celebração da Eucaristia, é o sacramento que a Igreja tem considerado sempre como o mais solene de seu culto. Os membros da Igreja Grega faziam uso, ao referir-se a ela, de uma linguagem mística e figurada. Crisóstomo, por exemplo, fala das bocas dos que a recebem "como que ficando avermelhadas pelo sangue". Os próprios elementos recebiam o nome daquilo que representavam, e assim se dizia: "O cálice do sangue"; "O pão do corpo de Cristo".

Agostinho, que viveu no século quinto, apresenta-nos vários exemplos dessa maneira figurada de falar; e já tivemos ocasião de transcrever as outras palavras.

Se é bem verdade que muitos escritores antigos falam dos elementos, chamando-os o corpo e o sangue de Cristo, em termos tais que, tomados

ORDEM CRONOLÓGICA

literalmente e separados de seu contexto, poderiam ser tidos como favoráveis à doutrina romana; contudo, semelhantes interpretações se tornam totalmente inaceitáveis se notarmos que esses mesmos escritores, desde a mais remota antiguidade, se referem aos elementos consagrados como a símiles, figuras, imagens ou tipos.[117]

O exagero desses discursos foi levado ao extremo na Igreja Grega, ou oriental, e alguns de seus membros, levados por essas figuras de retórica, começaram a insinuar a presença real e substancial do Senhor, posto que não a transubstanciação dos elementos. Tal parece ter sido a doutrina de Anastácio do Monte Sinai (680), e de João de Damasco (740), que foi ainda mais longe, pois negou que o pão e o vinho fossem símbolos do corpo e sangue de Cristo. O Concílio celebrado em Constantinopla em 754, que condenou a adoração das imagens, reprimiu também essa nascente heresia no Oriente. Sustentou que Cristo não havia, debaixo do céu, escolhido outra figura ou tipo que representasse sua Encarnação, senão o sacramento, que deixou a seus ministros como tipo e comemoração eficientíssima de sua Pessoa, mandando que fossem oferecidas as substânciais do pão e do vinho, e esse pão, afirmava o Concílio, "é uma genuína representação da carne natural de Cristo".[118]

O segundo Concílio de Nicéia (787), que estabeleceu o uso das imagens, condenou essa proposição, de que a única e verdadeira imagem de Cristo estivesse no pão e no vinho, símbolos de seu corpo e sangue. O Concílio declarou que Cristo não disse: "Tomai, comei a imagem do meu corpo", acrescentando, para dar mais força a esta afirmação, que em lugar algum nem o Senhor, nem seus discípulos, nem tampouco os padres chamam ao sacrifício incruento, oferecido pelo sacerdote, uma imagem, visto que se referem ao próprio corpo e ao próprio sangue.

---

[117] Para prova disso, veja-se especialmente o capítulo que trata da *Transubstanciação*.

[118] Conc. Nicen. II, art. VI, Labb. et. Coss. tom. VII, col. 448, 449. Paris, 1671, e Conc. Gral. tom. III, pág. 599. Romae, 1612. A sentença do Concílio de Constantinopla vem em seguida à citação das palavras do Salvador: "Fazei isto em memória" – "Eis aqui a imagem completa daquele corpo vivificante, a substância do pão" – "Ecce vivificantis illuis corporis imaginem totam, panis, id est, substantiam". Veja-se *Surius Concl.* tom. III, pág. 153. Colon. 1567.

INOVAÇÕES DA IGREJA CATÓLICA ROMANA

Os bispos reunidos nesse Concílio deviam estar muito mal informados acerca do assunto. Gelásio, bispo de Roma, disse: "É fora de dúvida que a imagem do corpo e sangue de Cristo se explicam mediante a celebração dos mistérios".[119] Poder-se-ia citar muitíssimas passagens do mesmo teor, de vários escritores, que trataram da questão antes e depois desse Concílio.

Posto que esta heresia tivesse muitos adeptos na Igreja do Oriente, não se havia ainda propagado para o Ocidente, como amplamente o testificam escritores tais como Beda (720), Druthmar, discípulo do anterior (800), Amalar de Trier (820), Walafrill Strabo (860), e Elfric, o saxônio, que floresceu no fim do século X; todos eles se referem aos elementos consagrados, como a tipos ou imagens.

Ano de 795

O Uso do Incenso

Leão III ordenou o uso do incenso nos cultos da igreja latina.[120]

O uso do incenso no culto divino era um costume, ou prática, não só judaica como também pagã. Em todas as representações de sacrifícios, que têm chegado até nós mediante os monumentos antigos, se vê a figura de um jovem de hábitos talares, tendo na mão o vaso que contém o incenso para serviço do sacerdote ou sacerdotes oficiantes; e exatamente o mesmo pode observar qualquer pessoa que assista aos ofícios da igreja romana.

O Poder Temporal do Bispo de Roma

Não podemos deixar o século oitavo sem mencionar uma das mais importantes inovações do papado, que vem a ser a assunção do poder temporal pelo bispo de Roma.

---

[119] "...et certe imago et similitudo corporis et sanguinis Christi in actione mysteriorum celebrantur". Gelas. *de duab Christi naturis*. In. Bib. Part. tom. IV, pág. 422. Paris, 1569.

[120] Polydoro Virgil., tom. V, cap. VIII, pág. 109. Londres. 1551.

ORDEM CRONOLÓGICA

Até depois do meado do século oitavo ainda o bispo de Roma não possuía o poder temporal, que lhe foi então acrescentado a sua jurisdição espiritual. Este importante acontecimento foi levado a efeito por meio de um contrato parecido com o de Focas.

Convém observar aqui que os protestos dos bispos Pelágio e Gregório nos fornecem provas inegáveis de que anteriormente ao século sétimo bispo algum, quer da Igreja de Roma quer da Igreja Grega, assumira o supremo poder espiritual. Ao mesmo tempo, é-nos testificado por um bispo de Roma que o poder temporal havia sido repelido, antes do século quinto, pelo papa Gelásio. Este, segundo se presume, escreveu um tratado intitulado *De Anathematis Vinculo*, vínculo do anátema. Foi um dos quatro tratados escritos pelo bispo em diversas épocas, os quais, com seu nome, se acham na edições ortodoxas dos concílios, tais como as de Labbeus, Mansi, Binius e outras. Parece que essa obra tem por objetivo explicar uma frase pronunciada por seu predecessor contra um tal Acácio, e o sentido da qual era que não devia nem podia tirar-se-lhe jamais o anátema que lhe havia sido lançado. Posto que a primeira parte esteja muito confusa, a segunda é tão clara quanto importante. Nesse tratado Gelásio define claramente a distinção que existia naquele tempo entre a jurisdição temporal e espiritual dos bispos e a dos imperadores ou reis. Sustenta que nos tempos antigos as duas dignidades, real e sacerdotal, residiam muitas vezes na mesma pessoa, tanto entre os judeus como entre os gentios; mas que desde a vinda de Cristo essas duas dignidades, assim como a autoridade que a cada uma delas compete, recaíram em pessoas diferentes; do quê o autor conclui que uma autoridade não deve usurpar o que pertence à outra: o poder temporal deve estar inteiramente nas mãos dos príncipes, e o espiritual nas dos sacerdotes, sendo tão contrário à instituição de Cristo que um sacerdote usurpe a soberania real, um monarca usurpe os direitos do sacerdote. Temos aqui uma opinião claríssima, que não poderia ter sido emitida por um bispo de Roma que tivesse as idéias modernas do que atualmente ocupa o sólio pontifício, o qual assevera que o poder

INOVAÇÕES DA IGREJA CATÓLICA ROMANA

temporal é inseparável do governo espiritual.[121] Não é nosso propósito conciliar as contradições romanistas; eles que se avenham.

Já vimos que a supremacia espiritual foi devida a uma mulher que assassinou o marido; e vemos agora que o papado deve seu poder temporal a um usurpador.

Pepino, filho de Carlos Magno, aspirava ao trono de França, ocupado por Childerico III. Zacarias, bispo de Roma, consultou sobre o caso, desejando, como desejava, saber se seria lícito desapossar aquele que era o legítimo soberano, ou governador. Zacarias tinha então necessidade de que esse intrépido guerreiro o protegesse dos gregos e dos lombardos, e o resultado foi firmar-se entre os dois uma ímpia aliança, um odioso contrato. Childerico foi deposto por Pepino, para quem passou o reino, e o papa reconheceu formalmente esse fato. Estêvão II, sucessor de Zacarias, recorreu por sua vez a Pepino, pedindo-lhe que o ajudasse contra os lombardos, e em recompensa desse auxílio confirmou solenemente, em 754, a decisão de seu predecessor; desligou Pepino do juramento de fidelidade que este havia prestado a Childerico, e colocou-lhe por fim na cabeça a coroa de França. Em troca Pepino tomou pela força das armas a exarquia

---

[121] Esta declaração é tão importante que a apresentamos na língua original. Não nos é possível entrar aqui em considerações quanto ao tratado, se procede ou não da pessoa de Gelásio; para o fim que temos em vista, é suficiente consignar que os canonistas da Igreja de Roma o atribuem a este papa, e o colocam entre outros escritos de que, segundo a crença geral, é autor.

"Quamvis enim membra ipsius, id est, veri regis atque pontificis, secundum participationem naturæ, magnifice utrumque in sacra generositate sumpsisse dicantur, ut simul regale genus et sacerdotale subsistant: attamen Christus, memor tragilitatis humanæ, quod suorum saluti congrueret, dispensatione magnifica temperans, sic actionibus propriis dignitatibusque distinctis officia potestatis utriusque discrevit, suos volens medicinali humilitate salvari non humana superbia rursos intercipi; ut et Christiani imperatores pro aeternâ vitâ pontificibus indigerent, et prontifices pro imperialium cursu rerum imperialibus dispositionibus uterentur, quatenus spiritalis actio a carnalibus distaret incursibus: et ideo militans Deo, minime se negotiis saecularibus implicaret, ac vicissim non ille rebus divinis praesidere videretur, qui esset negotiis saecularibus implicatus, ut et modestia utriusque ordinis curaretur, ne extolloretur utroque suffultus et competens qualitatibus actionum specialiter professio aptaretur. Quibus omnibus rite collectis, satis evidenter ostenditur à saeculari potestate nec ligari prorsus nec solvi posse pontificem, etc". (Sacro. Conc. Coll. tom. VIII, cols. 93, 94. Mansi. Edit. Florent., 1762; e Binius, Conc. tom. II, par. I, pág. 487. Colon., 1618).

ORDEM CRONOLÓGICA

de Ravena e de outras províncias e deu-as à sé romana.[122] E foi dessa maneira que o bispo de Roma se viu pela primeira vez elevado à dignidade de príncipe temporal. Gregório, predecessor de Zacarias, havia já anteriormente, em 741, prometido retirar sua promessa de fidelidade ao imperador e prestá-la a Carlos Martel, se este livrasse a cidade do poder dos lombardos. O projeto não foi posto em execução, sendo tudo, como já vimos, tratado definitivamente entre Zacarias e Pepino.

Carlos Magno, filho de Pepino (774), não só confirmou o donativo de seu pai, como acrescentou outras províncias italianas à sé romana. Em troca desse donativo, feito por Carlos Magno à sé, o bispo de Roma concedeu-lhe o título de rei cristianíssimo, e com sua ajuda Carlos Magno tornou-se imperador de todo o ocidente.[123]

Havendo atingido essa grande dignidade por meio de uma fraude, o bispo de Roma, que, todavia, não era papa, perpetrou outra fraude maior com a apresentação das infames e notórias falsificações conhecidas pelo nome de *Epístolas decretais dos primeiros papas*.

Essas decretais foram apresentadas para confirmação do poder espiritual e temporal do bispo de Roma. Binius, arcebispo de Colônia, que em 1608 publicou uma coleção de concílios, ao passo que procurava provar a autenticidade das referidas epístolas, admitia que a maior parte delas

---

[122] Le roi en fit une donation à Saint Pierre, à l'Eglise Romaine et à tous les papes à perpétuité. Il mit ainsi le pape en possesion de toutes ces villes au nombre de vingt deux: à savoir, Ravenne, Rimini, Pesaro, Fano, Cesene, Sinigaille, Jesi, Forimpopoli, Forli Castrocaro, Monte-Feltro, Acerragio, que l'on ne connoit plus, Mont-Lucari, que l'on croit être, Vocera, Serravole, San Marini, Bobio, Urfin, Caglio, Luceoli prés de Candonio, Eugubio, Camaichio et Narni. C'est le denombrement qu'on fait Anastase. Et voilà le premier fondement de la seigneurie temporelle de l'Eglise Romaine. (*Hist. ccles.*, lib. XLIII, An. 755, cap. 18, pág. 382 e 383, tom. IX. Paris, 1703.

[123] "Em 755, o rei Pepino confirmou a Santa Sé, na pessoa de Estêvão II, a exarquia de Ravena e parte da de Romênia, que atualmente não lhe pertence; e em 774 Carlos Magno confirmou o donativo de seu pai, e acrescentou-lhe as províncias de Perugia e Spoleto, que agora procuram revolucionar, de modo que se pode cancelar ou anular com uma penada ou uma punhalada um título confirmado por mil anos de posse, e a que poucas, ou nenhuma, das dinastias européias podem ter pretensão". Pastoral do Dr. Wiseman, do ano de 60. O astuto doutor emprega a palavra 'confirmou', mas Pepino deu, "não confirmou", essas províncias ao bispo de Roma. Mais adiante chama-lhe um donativo.

INOVAÇÕES DA IGREJA CATÓLICA ROMANA

tratava da primazia de Pedro, do domínio, ou soberania, da Igreja de Roma, da consagração dos bispos e dos apelos à sé apostólica, afirmando-se também numa delas que os sacerdotes não devem ser prejudicados, acusados ou depostos.[124]

Esses documentos foram publicados pela primeira vez por Autgarius, bispo de Metz, em 836, pois que antes disso não se encontra referência alguma a elas. Essas supostas epístolas tiveram o mundo enganado pelo espaço de 700 anos, e produziram o efeito desejado. A Reforma descobriu a fraude, que hoje é reconhecida como tal pelos próprios romanistas. Os papas, porém, aproveitaram-se dela durante 700 anos, crendo-se firmemente, em todo esse período, que a supremacia espiritual e temporal, fundamentada nesse documento, começara com Pedro.[125]

SÉCULO NONO
Ano de 818

Início da Transubstanciação

Delineamos a origem e vimos os progressos que fez no oriente a heresia da suposta presença substancial de Cristo na Eucaristia. Nesse ano ela começou a propagar-se pelo ocidente. Pascasio Radberto sustentou a seguinte doutrina:

"O corpo de Cristo na Eucaristia é o mesmo corpo que nasceu da Virgem, o mesmo que sofreu na cruz, o mesmo que ressurgiu do sepulcro".[126]

Esta teoria, ainda desconhecida no ocidente, despertou logo a oposição. Em 825, Rabano, arcebispo de Maiença, em sua epístola a Heribaldo,

---

[124]Veja-se Fleury, *Hist. Ecles.*, tom. IX, lib. 44, num. 500 et seq. Paris, 1703, e tom. IX, pág. 466. Paris, 1769; em que se demonstra que as tais cartas não passavam de falsificações.

[125]Quem desejar uma descrição sucinta e popular dessas falsificações. leia a *História Eclesiástica* de Neander, tom. VI, pág. 1 e seguintes; e *Vida e Tempos de Carlos Magno*. Sociedade de Tratados Religiosos.

[126]Pascasio Radberto. *De Sacram. Eucar.* cap. III, pág. 19. Colon. 1551.

ORDEM CRONOLÓGICA

condenou esta nova teoria introduzida durante seu tempo. Eis aqui as palavras do arcebispo:

"Recentemente, é certo, alguns indivíduos, não discernindo exatamente o que diz respeito ao corpo e sangue do Senhor, têm dito que o corpo e sangue que nasceu da Virgem e em que o Senhor sofreu na cruz e ressurgiu do sepulcro, é aquele mesmo que recebemos no altar. Opondo-nos a semelhante erro tanto quanto nos fosse possível, mostramos, numa carta ao abade Egilo, o que se deve crer no tocante a esse corpo".[127]

E o arcebispo apresenta em seguida uma interpretação espiritual deduzida das palavras do Senhor, segundo o Evangelho de João, capítulo 6, aplicando-as à Ceia do Senhor. Esta teoria da presença real, novamente introduzida por alguns no ocidente e combatida por este arcebispo é a mesma que hoje ensina a Igreja de Roma. O catecismo de Trento diz que o corpo contido no Sacramento é idêntico ao "verdadeiro corpo de Cristo, o que nasceu da Virgem Maria e se assenta à destra do Pai".

Como vimos, esta doutrina foi introduzida no século nono, e não antes. Semelhante doutrina provocou um escândalo de tal ordem, que o mencionado arcebispo escreveu, não somente a Egilo, como também a Heribaldo, declarando a ambos que havia sido introduzida recentemente.

A igreja ocidental, contudo, começou a infeccionar-se, produzindo nesse caso uma certa excitação; e tanto que o imperador Carlos consultou Ratramno, monge na abadia de Corbié, o qual, em resposta, escreveu um tratado acerca do corpo e sangue de Cristo; e nesse tratado não só repelia,

---

[127] Nam qui jam nuper de ipso sacramento corporis et sanguinis Domini non recte sentientes dixerunt; "hoc ipsum corpos et sanguinem Domini quod de Maria Virgine natum est, et in quo ipse dominus passas est in cruce et resurrexit de sepulcro, idem esse quod sinitur de altari". "Cui errori, quantum potuimos, ad Egilum abbatem scribentes, de Corpore ipso quid vere credendum sit aperuimus. (Raban. Archiepis. Magunt *Epist. ad Heribald. Episc.* Antissiodor, *de Euchar.*, cap. 23, ad calc. Reginon. Abbat. Pruniens. Lib II *de Ecles. Disciplin.* et *Relig. Christian.*, pág. 516. Stephan. Baluz. Tutel. Paris, 1671.

INOVAÇÕES DA IGREJA CATÓLICA ROMANA

palavra por palavra, a idéia introduzida por Radberto, como declarava, além disso, que "o pão e o vinho são figuras do corpo e do sangue de Jesus Cristo".[128]

Ano de 845

A Confirmação Declarada Sacramento

Segundo assevera Alexandre de Hales, que pela sua erudição foi denominado "o doutor irrefragável" (1230), a *Confirmação* foi declarada sacramento no Concílio de Meaux, celebrado nesse ano.[129] Convém advertir que esse Concílio foi simplesmente provincial. A *Confirmação* foi autoritativamente admitida como sacramento pela Igreja de Roma na sétima sessão do Concílio de Trento, celebrado em 1547.

Ano de 850

A Extrema Unção

Num sínodo que se reuniu em Pavia foi sancionada e elevada à categoria de sacramento a unção sacerdotal administrada aos moribundos. Desde então, a Extrema Unção ficou constituída um dos sete sacramentos de Roma.[130]

Ano de 852

Água Benta

O capitular Hinemaro, eminente bispo francês, ordenou que a água benta fosse aspergida sobre o povo, casas, gados, e até sobre os alimentos dos homens e dos animais.[131] Veja-se ano 113.

---

[128] A resposta dada pelo monge é uma completa refutação da doutrina moderna de Roma; colocaremos no apêndice a passagem toda, com a competente tradução, e para ela chamamos particularmente a atenção dos leitores. Bertram; Presbit. *de Corp. et Sanguin. Domin.* pág. 180-222. Colon. 1551.

[129] "Institutem fuit hoc. sacramentum Spiritus sancti instinctu in concilio Meldensi". Alex. Ales. op. omu. tom. IV, pág. 109. Veult. 1575.

[130] *Hist. Ecles.* de Neander, tom. IV, pág. 116. Londres, 1852.

[131] Tous les dimanches chaque prêtre, avant le messe, fera de l'eau benite, dont ou aspergera le peuple entrant dans l'eglise: et ceux qui voudront en emporteront, pour em asperger leurs maisons, leurs terres, leurs bestiaux, la nourriture des hommes et des bêtes. Fleury, *Hist Ecles.*, lib. 44, pág. 511, Paris, 1704; e tom. X, pág. 462. Paris, 1769.

ORDEM CRONOLÓGICA

Ano de 855

Assunção de Maria

A festa da assunção da Virgem Maria não vem mencionada em nenhum documento antigo.[132] Nesse ano Leão III estabeleceu definitivamente a festividade em questão, e, para dar-lhe maior solenidade, estabeleceu também a oitava.[133]

Ano de 869

A Tradição

Até essa época, as Sagradas Escrituras foram sempre a única autoridade na Igreja. O quarto Concílio de Constantinopla (869) promulgou, em seu primeiro cânon, o reconhecimento da *tradição*; não se tratava, porém, de uma tradição oral, como a que posteriormente estabeleceu o Concílio de Trento, mas de uma tradição arquivada nos livros da Igreja, e que constava de uma ininterrupta série de testemunhos, sendo, portanto, fácil comprovar qualquer ponto. Esse Concílio tampouco considerou esta tradição, como mais tarde o fez o de Trento, no mesmo nível de autoridade que as Escrituras Sagradas, mas somente como um "oráculo secundário". Estava reservado, como já dissemos, ao Concílio de Trento o consumar a corrupção em 1546, convertendo o escrito em tradição oral, e colocando esta última ao nível da Escritura. O decreto em questão é como segue:

> "Assim, pois, professamos conservar e guardar os regulamentos que têm sido dados à Igreja Católica e Apostólica, quer pelos santos e mui ilustres apóstolos, quer por qualquer padre e mestre, que falasse divinamente; decretado canonicamente que se regulem por ela a vida e os costumes, e que não só toda a corporação dos sacerdotes, como também todos aqueles que se

---

[132] Os vários documentos citados pelos romanistas para provarem a antiguidade dessa festa são habilmente escalpelados pelo rev. Taylor, em sua *Adoração à virgem Maria*, parte II, cap. II. Londres, 1851.

[133] "Il institua l'octave de l'assomption de la Sainte Vierge, qui ne se celebrait point encore à Rome". Fleury, *Hist. Ecles.*, lib. XLIX, pág. 598, tom. X. Paris, 1704; e tom. X, pág. 502. Paris, 1769.

255

INOVAÇÕES DA IGREJA CATÓLICA ROMANA

chamam cristãos, ficam sujeitos, se assim o não fizerem, as penas e condenações proferidas e definidas por elas; o grande apóstolo Paulo abertamente nos admoesta a que sigamos as tradições que temos recebido por palavra ou por carta dos santos que viveram antes de nós".[134]

Ano de 884

Canonização dos Santos

Adriano III, bispo de Roma, foi o primeiro que aconselhou a canonização dos santos; mas a confirmação autoritativa por decreto foi de data posterior, sob Alexandre III (1160). O primeiro ato de canonização teve lugar, segundo se crê, em 933, sob João XV, e o bem-aventurado indivíduo em favor de quem se executou esse ato foi Uldarico, bispo de Augsburgo, que tinha falecido vinte anos atrás.[135] Contudo, Ferraris[136] diz que não foi João XV o primeiro que canonizou um santo, e acrescenta que, segundo a crença de muitos, o primeiro canonizado foi por Leão III, em 804.

Neander, em sua *História Eclesiástica*,[137] cita esta última data como a mais segura da introdução autoritativa da invocação dos santos, reconhecida então pela bula do papa João XV.

---

[134] Cânon I. "Igitur regulas, quae sanctae catholicae ac apostolicae ecclesiae, tam á sanctis famosissimis apostolis, quam ab ortodoxorum universalibus, necnon et localibus conciliis, vel etiam a quolibet dilectoque patre ac magistro ecclesiae traditae sunt, servare ac custodire profitemur, his et propriam vitam, et mores regentes, et omnem sacerdotii catalogum, sed et omnes qui Christiano censentur vocabulo, poenis et damnationibus, et è diverso receptionibus, ac justificationibus quae per illas prolatae sunt et definitae subjici, canonice decernentes; tenere quippe traditiones, quas accepimus, sive per sermonem sive per epistolam sanctorum qui antea fulserunt, Paulus admonet aperte, magnus apostolus". (Labb. et Coss. Concl. tom. VIII, cols. 1126, 1127. Paris, 1671).

[135] Fleury, *Hist. Ecles.*, tom. XII, pág. 275.

[136] "Hinc non certo constat, quisnam fuerit primus summus pontifex, qui solemniter canonizationem sanctorum celebraverit. Nam multi tenent quod prima canonizatio solemniter celebrata fuerit á Leone III, ano 804". Ferraris, "Biblioth. Prompt., *Veneratio Sanctorum*. tom. VII, seção XIX. Francfort, 1781. — Picard, diz: "On ne voit point d'exemple d'une canonization solemnelle avant celle de St. Suibert, que le Pape Leon III canonisa au commencement du neuvième siècle; mais quelques-uns attribuent au Pape Jean XIV ou XV, le premier saint canonisé en ceremonie. Il y a même qui donne au pape Alexander III la gloire de cette institution". *Cerémonies et coutumes religieuses*. Picard, tom. I. par. II, pág. 143. Amsterdam, 1723.

[137] Neander, *História Eclesiástica*, tom. VI, pág. 144. Londres, 1852.

ORDEM CRONOLÓGICA

SÉCULO DÉCIMO
Ano de 956

Mudança de Nome do Bispo de Roma

Otaviano foi feito bispo de Roma com a idade de oitenta anos, sob o nome de João XII. Anotamos esta circunstância, por ser este o primeiro exemplo autêntico da adoção de um novo nome pelo bispo de Roma, ao ser consagrado. Desde então seguiu-se o costume, que ainda hoje subsiste, de o papa, ao ser eleito, mudar de nome. Adriano VI (1522), de nacionalidade holandesa, recusou seguir semelhante prática. Segundo Polidoro Virgílio,[138] Sérvio I (701) foi também o primeiro a ordenar que o bispo de Roma, ao ser eleito, podia mudar de nome, seguindo o exemplo de Cristo, que mudou o nome de Simão Barjonas para Pedro.

Polidoro Virgílio, ao tratar dessa mudança, observou o seguinte: "A prerrogativa e privilégio especiais do bispo de Roma consistem em poder ele mudar de nome, se o que possui não lhe agradar aos ouvidos. Desse modo, ainda que seja um malfeitor, pode chamar-se *Bonifácio*; ainda que seja um covarde, pode chamar-se *Leão*; ainda que seja um rústico, pode chamar-se *Urbano*; ainda que seja desumano, pode chamar-se *Clemente*; ainda que seja um culpado, pode chamar-se *Inocêncio*; ainda que seja um ímpio, pode chamar-se *Pio*.

Ano de 965

O Batismo de Sinos

João XIII[139] batizou o sino maior de São João de Latrão, em Roma, pondo-lhe seu próprio nome, e desse ato nasceu o costume de batizar os sinos.

---

[138] Livro IV, cap. VII, pág. 91. Londres, 1551. Picard fez a seguinte observação a propósito desta questão: "Sergius III ou IV, qui s'appellait auparavat *os porci*, est le premier des papes qui se soit avisé de changer le nom á son exaltation au pontificat. Ses successeurs l'ont imité. D'autres croient que les papes n'ont changé de nom que depuis Jean XII, qui auparavant s'appellait Octavien, et tient le siège pontifical en 956, long temps aprés Sergius II, et plusieurs années avant Sergius IV. *Cérémonies et coutumes religieuses*, etc". Picard. tom. I, par. II, pág. 49, nota *b*. Amsterdam, 1723.

[139] Veja-se Picard, *Cérémonies et coutumes religieuses*, tom. I, par. II, pág. 108, nota *g*.

INOVAÇÕES DA IGREJA CATÓLICA ROMANA

Belarmino[140] nos informa que no batismo dos sinos se observavam todas as fórmulas usadas no batismo das crianças, tais como a água, o óleo, o sal, os padrinhos e as madrinhas. O sino que se batizava era dedicado a um santo, sob cuja proteção esperavam os que semelhante coisa faziam que obteriam o que pediam a Deus, e ensinavam que o som do sino batizado afugentava os demônios e etc.[141] Em 790, foi proibido pelo capitular de Carlos Magno que os sinos fossem batizados com água benta.[142]

SÉCULO DÉCIMO PRIMEIRO
Ano de 1000

"Eu Te Absolvo"

A fórmula moderna de absolvição: *"Eu te absolvo"*, que se alega ser essencial ao sacramento, não se encontra em nenhum documento autêntico antes dessa data. A fórmula de absolver, empregada pela igreja romana na antiguidade, era: "Que Deus onipotente tenha compaixão de ti e apague teus pecados",[143] e esta fórmula é de ato ministerial, não judicial. Foi substituída pela fórmula atual: "Eu te absolvo". Tomás de Aquino, que floresceu no meado do século XIII, assinala a data dessa importante mudança; diz esse escritor que um sábio contemporâneo se queixou da forma autoritária da absolvição, afirmando que escassamente teriam decorrido trinta anos desde que todos os confessores começaram a usar a fórmula suplicatória de "que Deus onipotente te conceda a absolvição

---

[140] Bellarmino, *Disp. de Rom. Pont.*, lib. VI, cap. XII. Praga, 1721.

[141] On ne doit pas oublier de mettre au rang des ablutoins tenues pour essentielles la benediction des cloches, telle qu'elle se pratique chez les catholiques. C'est une espéce de baptême, puis qu'on les lave avec de l'eau benite, et qu'on leur donne le nom de quelque saint, sous l'invocation duquel on les offre á Dieu, afin qu'il, saint, les protege et qu'il aide l'Eglise à aboutir de Dieu ce qu'elle lui demande, dit le rituel de la Alet. L'ablution des cloches est acompagnée de la benediction, á fin que les cloches benits aient la force de toucher les coeurs pour la vertu du Saint Esprit ... et quand on les sonne, ils chassent les demons", etc. Picard, *Cérémonies et coutumes religieuses,* tom. I, pág. XIX, Amsterdam, 1723.

[142] "On ne baptisera point des cloches", etc. Fleury, *Hist. Ecles.*, tom. IX, pág. 520. Paris, 1769, e tom. X, pág. 573. Paris, 1703. E Harduin, Concílio, tom. IV, pág. 846, num. 18.

[143] "Ablutio criminum. Misereatur tui omnipotens Deus, et dimittat tibi omnia peccata tua", etc. *Confitentium Ceremoniae Antiq.* Edit. Colon. Anno de 1530.

e te perdoe".[144] A fórmula autoritária atual foi estabelecida pela primeira vez na Inglaterra em 1268, data em que se celebrou em Londres um Concílio presidido pelo Cardeal Ottoboni, legado do papa, sendo nesse Concílio ordenado a todos os confessores o uso da dita fórmula.[145]

Consagração dos Templos com Água Benta

Por essa época foram também pela primeira vez consagrados os templos com a aspersão da água benta, à imitação do costume pagão de empregar a água lustral para o mesmo fim.

Virgem Maria

Segundo Fleury, nessa mesma data introduziu-se o oficio menor da Virgem,[146] que mais tarde foi confirmado por Urbano II no Concílio de Clermont.

Ano de 1001[147]

Eucaristia um Sacrifício

Por esse tempo também se mudou a Eucaristia num ato chamado sacrifício. E igualmente se modificou o ritual da consagração. Os ministros, que até então eram chamados a pregar o evangelho, passaram a ser ordenados com um propósito diferente, segundo a fórmula prescrita pelo ritual romano, isto é, para sacrificar. "Recebei em nome do Senhor o poder de oferecer sacrifício a Deus e de celebrar missas, tanto pelos vivos como pelos defuntos".[148]

---

[144] Aquin. *Opus* 22, *de forma absol.* cap. 5, citado por Bower na sua *História dos papas*, tom. II, pág. 135. Londres. 1750.

[145] *História Eclesiástica* de Collier, tom. I, pág. 474. Edit. folio.

[146] On ait aussi, que pour obtenir de Dieu un secour plus abondant en cette grande entreprise (la croisade) le pape ordonna dans le concil de Clermont que les clercs diroient le petit office de la vierge déjà introduit chez les moines para Saint Pierre Damien". *História Eclesiástica*, tom. XIII, pág. 105. Paris, 1767, e pág. 621. Paris, 1726.

[147] *Hist. Eccles.* de Mosheim, século X, par. II, cap. IV, seção III.

[148] A fórmula prescrita no livro de oração comum da Igreja Anglicana é: "Autorizamos a pregar a Palavra de Deus e a administrar os santos sacramentos".

INOVAÇÕES DA IGREJA CATÓLICA ROMANA

Ano de 1003

Dia de Finados

João XIV aprovou autoritativamente a comemoração dos finados, determinando que se celebrasse na manhã seguinte ao dia de Todos os Santos. Essa festa foi instituída por Odilon, abade de Clugny, no último período do século anterior. É a comemoração dos defuntos por todo o povo. Era um antigo costume pagão. Segundo Plutarco diz em sua *Vida de Rômulo*, a referida festa celebrava-se no mês de fevereiro, chamado o mês da expiação. Os romanistas modernos mudaram a época da celebração, marcando-a para 2 de novembro. Polidoro Virgílio[149] escreveu:

> "A prática de fazer culto pelos amigos falecidos foi adotada desde época antiga, como nos ensina Cícero em seu primeiro discurso contra Antônio. Assim se celebrava um culto anual, isto é, cada ano se ofereciam sacrifícios em honra dos defuntos... Disso há razão para deduzir que desse costume dos pagãos extraiu Odilon o culto anual em honra, ou em favor, dos defuntos".

Na atualidade, como em muitos outros casos, o romanismo não é senão a reabilitação do paganismo.

Ano de 1022

Penitência e Indulgência

O Concílio que se celebrou por essa data em Worms foi o primeiro que pretendeu legalizar a comutação de uma penitência por dinheiro. Fleury, historiador católico romano, transcreve com as seguintes palavras um extrato do decreto de Burchard, bispo de Worms:

> "Aquele que não puder jejuar um dia a pão e água, cantará cinquenta salmos, prostrado de joelhos na igreja, e dará de comer a um pobre nesse dia, durante o qual se alimentará como lhe aprouver, abstendo-se, porém, de vinho, carne

---

[149] Lib. IX, cap. X. Edit. Londres, 1551.

e manteiga. Em troca dos cinquenta salmos se aceitarão cem genuflexões, *e os ricos podem remir-se por dinheiro*".[150]

Ano de 1055

Ordem dos 'Flagelantes'

Vítor II foi o primeiro papa que autorizou o que se pode intitular a remissão da penitência. Até essa época as penitências canônicas eram perdoadas pelos bispos; agora decretou-se que o penitente podia comprar a remissão de sua penitência mediante "multas pecuniárias", a que maliciosamente se deu o nome de esmolas, ou dons outorgados à igreja. Os que não tinham dinheiro podiam remir-se da penitência, como já disse, por atos de austeridade, por jejuns, por mortificações voluntárias etc. Daqui nasceu o costume das disciplinas, e o estabelecimento de uma ordem de frades chamados 'flagelantes', os quais, em suas procissões noturnas, se açoitavam ou se mortificavam de qualquer outro modo. Os sacerdotes de Belona usavam cilício e castigavam o corpo com açoites. Os sacerdotes de Baal laceravam as carnes. Polidoro Virgílio (Lib. VII, cap. 6) diz que esse costume veio dos egípcios e dos romanos. Diz assim este autor: "Esses que vedes nas procissões públicas, com os rostos cobertos e os ombros lacerados pelos açoites, como convém a verdadeiros penitentes, copiaram isso dos romanos, os quais, quando celebravam as festas chamadas Lupercália, caminhavam da mesma maneira pelas ruas, nus, mascarados, e açoitando-se. E quanto à origem dessas flagelações, afirmo que é tudo derivado dos egípcios, como nos diz Heródoto. Vemos, pois, que o paganismo e o romanismo se dão as mãos. O breviário romano e as vidas dos santos estão repletos de exemplos da perpetração do tão bárbaro costume das disciplinas".

Ano de 1059

A Santa Ceia

Num Concílio celebrado em Roma, no tempo de Nicolau II, declarou-se que "o pão e o vinho são o verdadeiro corpo e sangue de Cristo"; e que

---

[150](Fleury, *Hist. Ecles.*, tom. XII, pág. 413. Edit. Paris, 1769-1774; e pág. 425, Edit. Paris, 1722).

INOVAÇÕES DA IGREJA CATÓLICA ROMANA

"Cristo é saboreado pelo fiel, cujos dentes o trituram".[151] Esta doutrina não é precisamente a da igreja romana moderna, nem o Concílio que a apresentou foi um Concílio geral. A frase anterior foi a fórmula de abjuração que pela terceira vez Berengário se viu obrigado a subscrever. Contudo, Fleury informa-nos que, posto que a maioria do Concílio fosse contrária a Berengário, alguns membros sustentaram que os termos da Escritura deviam ser tomados figuradamente.[152]

Eleição do Bispo de Roma

No mesmo Concílio, sob Nicolau II, declarou-se que, se alguém fosse eleito bispo de Roma sem o consentimento unânime e canônico dos cardeais, do clero e do povo, não seria considerado papa, mas, sim, um intruso.[153]

Ano de 1060

Polidoro Virgílio[154] diz que o direito de eleger o bispo de Roma pertencia, primitivamente, ao imperador de Constantinopla e ao legado da Itália, mas que cerca de 685 o imperador Constantino Pogonato concedeu esse direito aos cardeais e ao povo de Roma. É muito certo que até ao tempo de Leão VIII (965) a eleição do bispo de Roma era feita pelo clero e pelo povo.[155] Atualmente esse direito é exclusivo dos cardeais.

Ano de 1070

Ênfase Sobre o Purgatório

Nessa época os sacerdotes começaram a defender a doutrina do purgatório, mas as orações oferecidas com o fim de tirar as almas de semelhante lugar foram primeiramente estabelecidas por Odilon, cerca do

---

[151] Cor. Juris Can. tom. I, pág. 2104. Parte III, dist. II, cap. XLII.

[152] *Hist. Ecles.*, tom. XIII, pág. 289. Paris, 1726; e pág. 367 e 368 Paris, 1769.

[153] Labb. et Coss. Concl. tom. IX, col. 1099. Paris, 1671.

[154] Lib. IV, cap. VII, pág. 92. Londres, 1551.

[155] "Qui statim romanorum inconstantiæ pertaesus, auctoritatem omnem eligendi pontificis à clero populoque romano ad imperatorem transtulit". Platina in Vit. Leo VIII, pág. 154. Coloniæ, 1569. E veja-se Picard, *Cérémonies et coutumes religieuses*, etc. Tom. I, par. II, pág. 43, nota *c*. Amsterdam, 1723.

ORDEM CRONOLÓGICA

último período do século anterior, ao instituir uma festividade com esse propósito.[156]

Ano de 1073

O Título 'Papa'

Antes dessa data o título de 'papa' era comum a todos os bispos. Gregório VII, num Concílio celebrado em Roma, decretou que não devia haver em todo o mundo senão um papa, o qual devia ser ele próprio. Desde então o título foi dado exclusivamente ao bispo de Roma pelos bispos do ocidente, pois os bispos orientais ainda o conservam. Desde essa época, contudo, só os bispos de Roma é que têm sido propriamente chamados 'papas'.

Ano de 1074

Celibato Obrigatório

Esse mesmo papa impôs ao clero o celibato obrigatório. O matrimônio dos sacerdotes não foi proibido por completo até aos dias de Gregório VII[157] que separou os clérigos de suas legítimas esposas e os obrigou a fazerem voto de continência, e excomungou os rebeldes. Esse papa reuniu um Concílio em Roma em 1074, no qual se declarou que não se devia permitir que celebrassem missa nem desempenhassem nenhum dos ofícios superiores do altar aos sacerdotes que fossem casados.[158] No Concílio de Mogúncia, reunido no ano seguinte (1075), foi publicado o decreto de Gregório, que ordenava aos arcebispos, sob pena de deposição, que obrigassem os prelados e demais clérigos de sua jurisdição a abandonarem ou suas mulheres ou seus respectivos lugares. A clerezia que se achava presente não quis submeter-se a esse decreto, e opôs-se ao arcebispo, o qual, temendo que lhe tirassem a vida, retirou o referido decreto e pediu

---

[156] Isto teve lugar em 998. Veja-se Mosheim, *Hist. Ecles.*, século X, par. II, cap. IV, seção II.

[157] Pol. Virgil, *De Rer. Invent.* lib. V, cap. IV, pág. 54. Londres, 1551.

[158] Labb. et Coss. concl. tom. X, col. 345. Paris, 1671.

INOVAÇÕES DA IGREJA CATÓLICA ROMANA

a Gregório que tratasse pessoalmente de obrigar ao cumprimento do mesmo.[159]

O primeiro Concílio Geral da igreja romana que ordenou definitivamente o celibato do clero foi o primeiro Concílio Lateranense (1123) que se reuniu por ordem de Calixto II.[160]

Conspurcação Provinda do Celibato

É notável a opinião de Enéias Sílvio, que mais tarde (1458) chegou a ser papa com o nome de Pio II, acerca do celibato clerical. "Talvez não fosse pior que muitos sacerdotes estivessem casados, pois dessa maneira poderiam salvar-se no matrimônio clerical os que no celibato clerical estão condenados".[161] Não ficarão, decerto, surpreendidos nossos leitores ao ouvir que *este livro* foi registrado no Índice dos livros proibidos.[162] Este mesmo Enéias Sílvio disse que "como o matrimônio foi proibido aos sacerdotes por motivos ponderosos, parece, se atendermos a considerações ainda mais ponderosas, que devia ser-lhes permitido".[163] "Tirando", diz S. Bernardo, "da Igreja, isto é, do sacerdócio, o matrimônio honrado, não a enchereis de mantenedores de concubinas?"[164] Polidoro Virgílio insere a última citação de Enéias Sílvio em seu livro *De Inventionibus Rerum*, e prova que o matrimônio dos sacerdotes não era contrário à lei de Deus, e que havia permanecido como costume na Igreja durante um longo período, acrescentando em seguida: "Enquanto os sacerdotes geraram filhos legítimos, a Igreja conservou-se num estado florescente; vossos papas foram mais santos, vossos bispos mais inocentes, vossos sacerdotes e

---

[159] Labb. et Coss. concl. tom. IX, col. 345. Paris, 1167.

[160] *Ibid.* tom. X, col. 891. can. III. O Concílio Provincial de Augsburgo, em 952, proibiu que os clérigos se casassem ou tivessem mulheres em suas casas, incluindo nesta proibição os bispos e os subdiáconos. *Ibid.* tom. IX, col. 635. Paris, 1671.

[161] Aeneas Sylvius, *Cementaria de gestis Basiliensis Concilii,* lib. II. Opera, Basil, 1571.

[162] Veja-se Index lib. prohib. Madrid, 1667, pág. 30.

[163] "Sacerdotibus magna ratione sublatas nuptias, majori restituendas videri". (Platin. in vit. P. II, pág. 328. Colon., 1611).

[164] "Tolle de ecclesiâ honorabile concubium et torum immaculatum, nonne reples eam concubinariis, incestuosis, seminifluis, mollibus, masculorum concubitoribus, et omni denique genere immundorum?" (Bened., *Sermões,* LXVI, in *Cantica,* por init. tom, II, par. I, pág. 555. Paris, 1839).

diáconos mais honestos e castos".[165] O autor mostra o reverso do quadro. "Afirmarei que essa castidade forçada está tão longe de sobrepujar a castidade conjugal, que nenhum outro crime tem acarretado mais desprezo para a santa ordem, mais perigo para a religião e mais pesar para todos os homens do que a desonra de que o clero se tem coberto mediante suas luxúrias. E por isso talvez proveitoso, tanto para o cristianismo como para a santa ordem, que o direito do matrimônio público fosse restituído ao clero, a fim de que este pudesse proceder castamente, sem se infamar, sem se manchar com a satisfação de desejos bestiais. "Como Roma não quer que se lhe diga a verdade, os compiladores dos índices expurgatórios da Bélgica, e outros, ordenaram que este capítulo quarto do quinto livro da obra de Polidoro Virgílio, abrangendo sete páginas consecutivas, fosse riscado. Existe um documento curioso. É uma carta escrita por Uldarico, ou Ulrico, bispo de Augusta (870), ao papa Nicolau I. Suscitou-se uma calorosa disputa entre o bispo e o papa acerca do matrimônio dos clérigos, disputa que teve por origem a censura que o papa lançou contra Odon, arcebispo de Viena, que permitiu a um subdiácono que contraísse matrimônio. Ulrico recordou ao papa que Gregório Magno, por meio de um decreto, despojou os sacerdotes de suas esposas; e que pouco depois desse acontecimento alguns pescadores, em vez do peixe, colheram com as redes muitas cabeças de crianças que, sem dúvida, haviam sido arrojadas ao mar. O papa, ao constar-lhe semelhante crime, que era uma consequência de seu decreto, revogou-o imediatamente, e praticou muitos atos de penitência por ter dado ocasião a que se cometesse tantos infanticídios.[166]

---

[165] "Porro, dum sacerdotes generabant legitimos filios, ecclesia felici, prole virum vigebat; tum sanctissimi erant pontifices, episcopi innocentissimi, presbyteri diaconique integerrimi castissimique". *De Invent. Rerum.* lib. 5, cap. 4, pág. 86, 87.

[166] "Gregorium Magnum suo quodam decreto sacerdotibus aliquondo uxores ademisse. Cum vero paulo post jussisset ex piscina sua pisces aliquos capi, piscatores pro piscibus sex millia capitum infantum suffocatorum reperisse; quam caedem infantium cum intellexit gregorius ex occultis fornicationibus vel adulteriis sacerdotum natam esse, continno revocavit decretum, et peccatum suum dignis poenitentiae fructibus purgavit, laudans apostolicum illud, "Melius est nubere quam uri", et de suo addens, "Melius est nubere quam mortis occasionem praebere". Epist. Udalrici, apud. Gerhard, Loc. Theolog. de Minis. Eccles. lect. CCCXXXIX, tom. VI, pág. 548. Lito. Jenae, 1619.

INOVAÇÕES DA IGREJA CATÓLICA ROMANA

Conhecemos demasiados exemplos dos graves escândalos a que tem dado lugar a proibição do matrimônio aos eclesiásticos, medida condenada por todos os homens morais e retos.[167]

Poder Papal de Excomungar

Foi nessa época que o papado chegou ao seu apogeu, pois que pela primeira vez se dá o fato de um papa arrogar-se o poder de excomungar e depor um imperador. Gregório promulgou esta ordem de deposição em presença de um Concílio e sob a forma de um solene memorial dirigido a São Pedro. Era o imperador Henrique o que o referido documento alvejava. Fleury diz que foi essa a primeira vez que um papa ousou ditar uma sentença de tal ordem e que todo o império se encheu de assombro e indignação.[168]

Ano de 1090

Rosário e Paternoster

Pedro Eremita foi quem inventou o Rosário e o Paternoster, com o "Oficio e Horas de Nossa Senhora",[169] como, porém, essas invenções foram recomendadas e postas em prática geral por Domingos (1230), é este que tem passado como inventor de tais devoções.

Ano de 1095

Merece ser mencionado aqui que no Concílio de Clermont, convocado em novembro desse ano, pelo Papa Urbano II, e composto de treze arcebispos e duzentos e cinquenta bispos e abades, se dispõe, mediante o cânon 28, que todo aquele que comungue receba o corpo e sangue de

---

[167] Le catholicisme fait garder de celibat à leurs prêtes, et la regle de leur charge les condamne à une chastité perpetuelle. Fardeau impossible! dont la reformation des protestants á trés-bien connu le poids: leurs ecclesiastiques se marient et la religion n'est pas plus mal; bien qu'on pretend que le mariage et les soins d'un mênage et d'une famille detourne un pasteur des soins de l'Eglise. Les ecclesiastiques qui sont privés du mariage ont trés souvent des maitres ses, et cela ne vaut pas mieux qu'une femme. Picard, *Dissertation sur le culte religieux,* pág. XV, tom. I, *Cérêmonies et coutumes religieuses.* Amsterdam. 1723.

[168] *Hist. Eccles.*, tom. XIII, pags. 295, 301. Paris, 1769.

[169] Polydor. Vergil, lib. V. cap. VII, pág. 107. Londres, 1561.

Cristo debaixo das duas espécies, a não ser que haja qualquer circunstância que a isso se oponha.[170]

Ano de 1098

Monges Cistercienses

Roberto, abade de Moléme, bispo de Borgonha, fundou uma nova ordem de monges denominados cistercienses, nome que tomaram do lugar em que se estabeleceram, Citeaux, ou Cistercium, do bispado de Chalons, perto de Dijon, em França.

Monges Cartuxos e Monges Carmelitas

Em 1084, Bruno, clérigo de Colônia, e professor da escola catedral de Reims, estabeleceu-se em Chartreux (Cartusium) perto de Grenoble, e fundou a ordem dos monges cartuxos.[171] Em 1185 um frade grego (João Focos), visitou o monte Carmelo, na Palestina. Achou aí as ruínas de um antigo mosteiro, e encontrou-se também com um velho sacerdote, um tal Bertholdo, que, em consequência de uma visão que tivera, havia edificado naquele sítio uma torre e uma pequena igreja, onde vivia com dez companheiros. E foi essa a origem dos monges carmelitas.[172]

SÉCULO DÉCIMO SEGUNDO
Ano de 1123

Mais Proibição de Casamento

Pelo cânon do primeiro Concílio de Latrão ficou proibido o casamento aos presbíteros, diáconos e subdiáconos.[173] O cânon em questão é o seguinte:

> "Proibimos inteiramente que os presbíteros, diáconos, subdiáconos e monges contraiam matrimônio; e entendemos que os matrimônios contraídos

---

[170]"Ne quis communicet de altari nisi corpus separatim et sanguinem similiter sumat, nisi per necessitatem, et per cautelam". (Labb. et Coss. Concilior. Gen. tom. X, col. 506., can. 28. Paris, 1671.

[171]*Hist. Ecles.*, de Neander, tom. VII, pág. 367. Londres, 1852.

[172]Ibid., tom. VII. pág. 369.

[173]Labb. et Coss. concl. tom. X, col. 899. Paris, 1671.

INOVAÇÕES DA IGREJA CATÓLICA ROMANA

por tais pessoas devem ser anulados, e os ditos indivíduos convidados ao arrependimento, segundo a decisão dos cânones".

Um cânon parecido com esse foi votado pelo segundo Concílio de Latrão, em 1139, cânones VI e VII.[174]

Ano de 1130

Sete Sacramentos

Foi pela primeira vez declarado serem sete os sacramentos, sendo essa declaração feita por Hugo de São Vítor, monge parisiense, e Pedro Lombardo, bispo de Paris (1440); isso, porém, não se fixou logo como doutrina da Igreja; o número sete lê-se pela primeira vez na instrução dada a Otto de Bamberg, para pessoas recém-batizadas (1124).[175]

Ano de 1140

Festa à Imaculada Conceição da Virgem Maria

A festa da Imaculada Conceição da bendita Virgem Maria foi por essa data iniciada em Lião, mas também foi impugnada por Bernardo, por constituir uma novidade que não se apoiava nem na Escritura nem na razão.[176]

Bernardo foi um homem canonizado pela Igreja de Roma, e é considerado o último Padre. Sua opinião em questões de doutrina tem grande valor para os romanistas da atualidade. Bernardo, ao constar-lhe a introdução dessa nova festividade, escreveu uma epístola de protesto à Igreja de Lião, na qual diz:

> "Espanta-nos sobremaneira que tivésseis a ousadia de introduzir uma festa de que a igreja não tem o mínimo conhecimento, e que não tem a apoiá-la a razão nem se baseia em tradição alguma".

---

[174] Ibid., tom. X, cols. 1013 e 1014.

[175] *Hist. Ecles.* de Neander, tom. VII, pág. 465. Londres, 1852.

[176] Fleury, XIV, pág. 527. Paris, 1766; e pág. 560. Paris, 1772.

ORDEM CRONOLÓGICA

Sustenta o escritor que a tal festa se fundamenta numa "suposta revelação, destituída de autoridade", e pergunta:

"Como pode afirmar-se que uma conceição que não procede do Espírito Santo, mas antes do pecado, pode ser santa? Com que motivo se pode festejar aquilo que nem é santo? Quer-se honrar o pecado, ou autorizar uma falsa santidade?"[177]

Depois de uma declaração como a precedente, é difícil conceber sobre que terreno a Igreja de Roma pode intentar o estabelecimento da "Imaculada Conceição" como ponto de doutrina. Mais adiante (1476) tornaremos a falar acerca deste assunto, que virá então mais a propósito, visto ter-se atingido o ano em que a doutrina foi seriamente renovada.

Penitência Tríplice

Pedro Lombardo foi o primeiro que determinou as três divisões da Penitência: *Contrição*, confissão e *santi*ficação.[178]

Ano de 1151

Origem do Direito Canônico

As coleções de decretos eclesiásticos, cânones etc., de Graciano, foram aprovadas e autorizadas pelo Papa Eugênio III, o qual também ordenou que fossem estudadas nas universidades e consultadas nos tribunais espirituais. Tal é a origem do que se chama o Direito Canônico. Graciano, que foi quem em Bolonha pôs em ordem esta nova coleção de leis eclesiásticas,

---

[177] Unde miramur satis quid visum fuerit hoc tempore quibusdam vestrum voluisse mutare colorem optimum, novam inducendo celebritatem, quam ritus ecclesiae nescit, non probat ratio, nec commendat antiqua traditio ... Sed profertur scriptum supernae, ut aiunt, revelationis. Ipse mihi facile persuades scriptis talibus nom moveri, quibus nec ratio suppeditare, nec certa invenitur favere auctoritas ... Cum haec ita se habeant, quaenam jam erit festivae ratio conceptionis? Quo pacto, aut sanctus asseretur conceptus, qui de Spiritu Sancto non est, de dicam de peccato est? Aut festus habebitur, qui minime sanctus est? Libenter gloriosa hoc honore carebit, quo vel peccatum honorari, vel falsa videtur induci sanctitas? "S. Bernardo, *Epist.* 174. Oper. tom. I, págs. 390 e 391. Paris, 1839.

[178] "Compunctio cordis, confessio oris, satisfactio operis" Hist., *Ecles.* de Neander, tom. VII, pág. 282. Londres, 1852.

INOVAÇÕES DA IGREJA CATÓLICA ROMANA

pertencia à ordem dos beneditinos, e segundo outros foi um monge camaldulense.[179] A doutrina de Graciano para dar autoridade a essa lei foi: "A santa Igreja Romana autoriza os cânones, mas não está ligada pelos cânones nem se submete a eles. Como Jesus Cristo, que fez a lei, e a cumpriu para se satisfazer a si mesmo, mas depois, para demonstrar que era ele o Mestre e Senhor, dispensou-a e libertou os apóstolos do perigo da mesma". O historiador Fleury consigna esta extravagante pretensão para demonstrar sua falsidade.[180]

Ano de 1160:
Decretada a Canonização dos Santos

Alexandre III foi quem decretou a canonização dos santos, ordenado que ninguém fosse tido como tal sem o papa o haver declarado.

Polidoro Virgílio escreveu:

"O desejo de divinizar àqueles que têm prestado alguns benefícios à república é uma das coisas mais antigas que se conhece. Desde remotas eras que existe o costume de reputar como deuses os reis, que por seus muitos benefícios, por suas famosas façanhas, conquistaram os corações dos vassalos. Os romanos tornaram-se célebres pela pompa com que revestiam esses atos de gratidão pública, e pelas muitas cerimônias de que os faziam acompanhar. Nossos bispos imitaram-nos na canonização dos santos, e as festividades anuais que Gregório e Félix estabeleceram tinham apenas por fim tornar notório que esses homens e mulheres, muitos deles mártires, pertenciam à família de Deus. Alexandre III ordenou, por último, que essas solenidades divinas não se concedessem a homem algum que não estivesse canonizado e admitido como santo pelo bispo de Roma em sua bula; a fim de que ninguém elegesse para si mesmo qualquer santo, ou cometesse uma idolatria particular".[181]

---

[179] Neander, tom. VII, pág. 282. Londres, 1852.

[180] Tom. XV, pág. 49. Paris, 1769.

[181] Lib. VI, cap. VI, pág. 122. Londres, 1551. Veja-se ano de 884.

ORDEM CRONOLÓGICA

Os pagãos não faziam oração senão àqueles a quem o senado, por seus sufrágios, havia colocado entre os deuses. Tertuliano, no capítulo décimo terceiro de sua *Apologia*, escreveu o seguinte acerca dessas divindades idólatras:[182]

"A condição de cada um de vossos deuses depende da aprovação do senado; não são deuses aqueles que não têm um decreto como tais".

Não acontece exatamente o mesmo com os santos de Roma?

É oportuno notar aqui que em 1165, Carlos Magno foi canonizado como santo pelo antipapa Pascoal III e, posto que semelhante canonização fosse obra de um usurpador, de um antipapa, o decreto jamais foi abolido, e o nome de Carlos Magno encontra-se em muitos calendários.[183]

Segundo se diz, este mesmo papa (Alexandre III) foi o primeiro que publicou indulgências.

Anos de 1182 e 1183

Eleição Papal Pelos Cardeais

Uma inovação importante teve lugar nessa data, por motivo da eleição do papa Lúcio III. Até essa data tinham voz na eleição do papa o povo e o clero; mas nessa época e em virtude de um decreto do Concílio de Latrão (1179), celebrado sob Alexandre III, somente os cardeais intervieram na eleição.[184]

Nessa data ficou decidido que o indivíduo eleito pelos votos de dois terços do número total de cardeais fosse o papa legal.[185]

---

[182]Tertulliano, *Apologeticus adversus gentes*, cap. XIII, tom. V, pág. 38. Edit. Haloe. Madg. 1783.

[183]"Ce n'est que depuis cette canonisation de Frederic Barberousse, que Charlemagne à commencé d'être honoré comme saint, d'un culte public en quelques églises particulières, et quoique cette canonisation fut faite de l áutorité d'um antipape, les papes legitimes ne s'y sont pas opposés". Fleury, tom. XX, pág. 192. Paris, 1769, e pág. 219. Paris, 1719.

[184]Labb. et Coss. Concl. tom. VII, col. 5126. Paris, 1671. Fleury. tom. XV, pág. 437. Paris, 1769. Mosheim, *Hist. Ecles.*, s. XI, nt. II, num. 26, tom. II. Londres, 1768.

[185]Veja-se *História Eclesiástica* de Neander, tom. VII, pág. 233, Londres, 1852.

INOVAÇÕES DA IGREJA CATÓLICA ROMANA

SÉCULO DÉCIMO TERCEIRO
Ano de 1215

Confissão Auricular

Com essa data, e mediante o quarto Concílio de Latrão, foi exigida a confissão auricular a todos aqueles que tivessem chegado à idade da discrição, sob pena de pecado mortal.[186] A confissão devia ser feita uma vez, pelo menos, em cada ano. Fleury diz: "É este, dos cânones que conheço, o primeiro que ordena a confissão geral."[187]

Já observamos que no ano de 329 foi introduzida pela primeira vez a confissão secreta, ou privativa, feita ao sacerdote, assim como também já falamos da supressão de semelhante prática e de sua subseqüente reintrodução em 763. Na época atual vemos já convertido em doutrina, pela igreja romana, aquilo que era apenas um costume. Isso significou também introduzir na Igreja Cristã outro costume idólatra, seguindo a Igreja de Roma o sistema de Babilônia, o qual exigia a confissão secreta, feita ao sacerdote, segundo uma fórmula prescrita, a todos aqueles que eram admitidos aos 'Mistérios', não podendo ser iniciados neles enquanto não tivessem efetuado tal confissão.[188]

Eusébio Salverte[189] refere-se a essa confissão como observada na Grécia, mediante ritos que demonstram claramente proceder de origem babilônica. Diz este autor:

"Todos os gregos, desde Delfos até as Termópilas, estavam iniciados nos mistérios do templo de Delfos. Seu silêncio em nada declarar mostra que lhes fora recomendado segredo, o qual ficava garantido não só mediante castigos que correspondiam a uma revelação perjura, como também mediante confissão geral que se exigia aos candidatos antes de serem iniciados nos ditos

---

[186] Labb. et. Coss., tom XI, par. I, Concl, Lat. IV, Decreto XXI, cols. 171, 173. Paris, 1671. Veja-se Neander, *Hist. Ecles.*, tom. VII, pág. 491. Londres, 1852.

[187] Fleury, *Hist. Ecles.*, tom. XVI, pág. 375. Paris, 1769.

[188] Veja-se um livro muito notável, intitulado *As Duas Babilônias*, por Alexandre Hislop. Londres e Edinburgo, 1862. Terceira edição, pág. 12; em que se prova que o culto papista é o culto de Ninrode e de sua esposa.

[189] *Des Sciences Occultes*, cap, XXVI, pág. 428. Paris, 1856.

ORDEM CRONOLÓGICA

mistérios, confissão em que havia mais motivo para temer a indiscrição do sacerdote do que a indiscrição do iniciado."

Potter, em suas *Antiguidades Gregas*,[190] refere-se a essa confissão quando faz a resenha dos mistérios eleusianos, posto que, com receio de ofender, oculte, pondo a palavra 'etcetera', vários pontos em que se insiste na confissão. O romanismo segue o antigo paganismo até nas obscenidades que são inseparáveis à confissão, e que constituem um dos característicos do sistema moderno.

Ano de 1215

Missa em Latim

O Concílio de Trento, na sessão vigésima segunda, declarou que a missa, posto que seja uma grande fonte de instrução para o povo, não deve ser celebrada na língua vulgar.[191] E ficou, por conseguinte, decretado que todo aquele que dissesse que as missas se deviam celebrar na língua vulgar fosse excomungado.[192]

É difícil dizer quando, como e por que se generalizou esse estranho costume; o que se sabe é que esse é o primeiro cânon que, longe de tornar obrigatório o uso da língua vulgar, anatematiza aqueles que afirmarem que o culto deve ser na língua que o povo conheça. Vemos que esse decreto de Trento está em direta contradição com um cânon votado anteriormente no quarto Concílio de Latrão (1215), que os romanistas dizem que foi um Concílio geral. O cânon nono desse Concílio assim reza:

"Porquanto nalgumas localidades ou dioceses residem pessoas com dialetos diferentes, tendo sob a mesma fé ritos e costumes diversos, ordenamos terminantemente aos bispos das ditas localidades ou dioceses, que as provenham de pessoas idôneas, que celebrem ofícios divinos e administrem os

---

[190] Poter, tom. I, *Eleusinia*, pág. 356. Oxford, 1697.

[191] "Etsi missa magnam contineat populi fidelis eruditionem nom tamen expedere visum est patribus est vulgari passim lingua celebraretur". Conc. Trid. sess. XXIII, cap. 8, pág. 156. Paris, 1832.

[192] Si quis dixerit – lingua tantum vulgari missam celebrari debere — anathema sit. *Ibid.*, can. 9. *de Sacrificio Missae, pág. 150. Paris, 1832.*

INOVAÇÕES DA IGREJA CATÓLICA ROMANA

sacramentos da Igreja segundo os diversos ritos ou línguas e que as instruam pela palavra e pelo exemplo."[193]

Temos aqui, pois, um decreto de um Concílio geral estabelecendo, de uma maneira direta e clara, que os ofícios divinos e os sacramentos da Igreja sejam ministrados numa língua que o povo entenda. A tudo isso podemos acrescentar que o papa, em suas decretais, declarou publicamente sobre o mesmo propósito:

"Ordenamos que os bispos dessas cidades, onde vivem misturados os povos, as provenham de homens que ministrem o sagrado serviço segundo a diversidade de seus costumes e idiomas."[194]

E Cassander testifica que as orações, e especialmente as palavras da consagração, eram lidas pelos antigos cristãos de tal maneira que o povo as compreendia.[195]

É, portanto, evidente que os romanistas modernos mudaram o antigo costume. E, como a generalidade do povo não compreende o culto em latim, lêem-se geralmente outras orações enquanto se celebra o culto ordinário, e isso é permitido, e até recomendado, pelos sacerdotes.

Novamente a Transubstanciação

Posto que já se insistisse no fato da presença real e corpórea de nosso Senhor Jesus Cristo no sacramento, até ao quarto Concílio de Latrão,

---

[193] Can. IX. "Quoniam in plerisque partibus intra eamdem civitatem sive diocesim permixti sunt populi diversarum linguarum, habentes sub una fide vários ritus et mores; districte praecipimus, ut pontifices hujusmodi civitatum sive dioecesium provideant viros idoneos, qui secundum diversitates rituum et linguarum divina officia illis celebrent, et ecclesiastica sacramenta ministrent instruendo eos verbo pariter et exemplo." (Labb. et Coss. Concl. tom. XI, pág. 161. Paris, 1671).

[194] Decret. Gregor. lib. III, tit. 31, de offic. Gud. Ord., cap. 14. Veja-se Cassander, Liturg. pág. 87. Paris, 1610.

[195] "Canonicam precem, et imprimis Dominici corporis et sanguinis consecrationem ita veteres legebant, ut á populo intelligi, et amen declamari posset." Cassand. Liturg., cap. 28, pág. 17. Colon. 1558.

reunido no pontificado de Inocêncio III, não se declarou que o pão se transubstanciava no corpo e o vinho no sangue de Cristo; deste modo, a transubstanciação veio a converter-se em artigo de fé mediante um Concílio geral, ou, como se exprime Neander, esta doutrina foi estabelecida definitivamente pela Igreja no Concílio Lateranense de 1215.[196]

> "... A verdadeira Igreja Universal é uma, fora da qual absolutamente ninguém se pode salvar; é seu sacerdote e sacrifício o mesmo Jesus Cristo, cujo corpo e sangue se contêm no sacramento do altar debaixo das espécies do pão e do vinho que mediante o divino poder são transubstanciadas, o pão no corpo, e o vinho no sangue, para que, pelo cumprimento do divino mistério da unidade, possamos receber dele aquilo que ele recebeu de nós."[197]

Origem dos Sacrários

Como conseqüência desse decreto, ordenou-se que todas as igrejas estivessem providas de um armário em que se depositassem as hóstias consagradas, e essa disposição foi a origem dos sacrários.

Antigamente o pão e o vinho que sobravam dava-se ou queimava-se. Os católicos romanos supõem que a hóstia é o verdadeiro Deus. "Mandamos", diz Inocêncio, "que em todas as igrejas a Eucaristia esteja fechada à chave, para que lhe não toquem mãos sacrílegas."

Arnóbio, escritor cristão do terceiro século, metia os pagãos a ridículo por guardarem seus deuses de uma forma semelhante. "Para que", pergunta ele, "os fechais? É com medo de que venham de noite os ladrões e os roubem? Se tendes a certeza de que são deuses, deixai que eles se guardem a si mesmos; conservai os templos sempre abertos."[198]

---

[196] Neander, tom. VII, pág. 466. Londres, 1852.

[197] "Una vero est fidelium universalis ecclesia, extra quam nullus omnino salvatur. In qua idem ipse sacerdos et sacrificium Jesus Christus; cujus corpus et sanguis in sacramento altaris sub speciebus panis et vini veraciter continentur; transubstantiates, pane in corpus, vino in sanguinem, potestate divina, ut ad perficiendum mysterium unitatis accipiamus ipsi de suo quod accepit de nostro." (Lab. Concl. tom. XI, pág. 143. Paris, 1671).

[198] Arnob, *Notitia Litteraria*. Lib. VI, tom. I, edit. Lips., 1816.

INOVAÇÕES DA IGREJA CATÓLICA ROMANA

Ano de 1217

Elevação e Adoração da Hóstia

Honório III instituiu a elevação e adoração da hóstia.[199] Fleury sustenta que o costume de elevar a hóstia, antes da consagração do cálice, não existiu antes desse século.[200] Os escritores cristãos primitivos descrevem desenvolvida e reiteradamente a maneira em que o sacramento era recebido na época em que viveram, e não encontramos referência alguma à elevação e adoração da hóstia. Além disso, as liturgias mais antigas e as fórmulas eucarísticas que nelas se registram dão a entender que não existia semelhante adoração, pois em nenhum desses livros se menciona, quer feita pelo povo, quer feita pelo sacerdote, como vem indicado no missal romano, nem aparecem as orações que se acrescentam agora ao breviário. Cassander, católico romano de grande erudição, que morreu em 1566,[201] colecionou muitas das liturgias antigas, em seu empenho de provar, até onde lhe fosse possível, sua concordância com a da Igreja Romana, mas nem nas gregas nem nas latinas deparou com caso algum que justificasse a afirmativa de que o povo ou o sacerdote adorava a hóstia depois de consagrada. Não obstante a importância que têm no moderno culto romano, a elevação e a adoração só foram introduzidas na liturgia depois de a Igreja de Roma haver estabelecido a doutrina da transubstanciação, que produziu uma grande alteração, não só na liturgia, como em grande parte no sistema religioso, criando uma adoração desconhecida tanto dos que viveram nos primeiros séculos da Igreja como dos que viveram um milhar de anos depois de Cristo.[202]

---

[199] "Sacerdos quilibet frecuenter doceat plebem suam ut cum in celebratione missarum elevatur hostia salutaris, quilibet reverenter se inclinet". Veja-se Reynaldus ad. an. 1219. Estas palvras acham-se na Epist. de Honorio aos bispos latinos do patriarcado de Antiochia, ano de 1219.

[200] "Cette question náuroit pas eu lieu si l'usage eût été dès lors d'adorer et élever l 'hostie avant la consecration du calice: aussi n'ai-je trouvé jusqu'ici aucun vestige de cette cérémonie." Fleury, *Hist. Ecles.*, tom. XV, lib. 74, pág. 663. Paris. 1719; e tom. XV, pág. 580. Paris, 1769.

[201] Cassander, *Liturgia* oper. pág. 10, etc. Paris, 1616.

[202] Veja-se Gibson, *Preservatismo contra o papismo*, nova edição, pág. 141, tom. XI, 1848, obra em que se examinam e se explicam os trechos dos primeiros autores cristãos de que os romanistas se servem em apoio deste costume.

ORDEM CRONOLÓGICA

O cardeal Guido era de parecer que não se tratava de uma adoração da hóstia, mas, sim, de promover que o povo orasse e pedisse perdão de seus pecados enquanto aquela era elevada.[203]

Os ritualistas Bona, Merati Benedicto XIV, Lebrun e outros, reconhecem que antes dos séculos XI ou XII não havia indício de elevação da hóstia na Igreja do Ocidente.[204]

A elevação da hóstia parece ter sido introduzida na diocese de Paris cerca de 1200, por Odon de Sulli, bispo de Paris,[205] e em 1536 o sínodo de Colônia explicou que a elevação da hóstia diante dos olhos do povo servia para que este se lembrasse da morte do Senhor e lhe rendesse graças prostrado em adoração.[206]

A veneração ou adoração da hóstia não foi, contudo, preceituada senão em 1551, mediante o cânon V da décima terceira sessão do Concílio de Trento. Declara o capítulo quinto que não se pode duvidar de que todos os fiéis de Cristo, "segundo o costume que foi sempre observado na Igreja Católica, dão ao sacramento a adoração de *latria*, que é a suprema adoração, devida a Deus. O cânon sexto anatematiza aqueles que neguem que a Eucaristia "não deva expor-se publicamente à adoração do povo".

O costume de adorar a hóstia elevada ou de orar na presença da mesma converteu-se, como se expressa anteriormente, na verdadeira adoração dos elementos, como se esses fossem o próprio Deus, mas não é possível precisar a data da transição. Que se prestou adoração aos elementos antes que o referido cânon fosse aprovado, é um fato evidente. Fisher, bispo romano de Rochester, disse em 1504 que, se na Eucaristia não existisse

---

[203] "Bonam illic consuetudinem instituit, ut ad elevationem hostiae omnis populus in ecclesia ad sonitum notae veniam peteret, sicque ad calicis benedictionem prostratus jaceret". Reynaldus, 1203.

[204] Bona, *Rer Lithurg.*, lib. II, c. 12. Gavanti Thesaurus a Merati. Lambertinus, *de Missa*, pág. 115. Le Brun, *Cérémonies de la Messe*, tom. I, pág. 489, etc. (Veja-se Palmer, *Tratado da Igreja de Cristo*, tom. I, pág. 240. Londres, 1842).

[205] Harduini Concilia, tom. XI, pág. 1945.

[206] "Post elevationem consecrati corporis ac sanguinis Domini ... ab omni populo mortis Dominicae commemoratio habenda, prostratisque humi corporibus, animis in caelum erectis, gratiae agendae Cristo Redemptori, qui nos sanguine suolavit morteque redemit." (Synod Colon. anno de 1536, par. II, can. 14, Lab. tom. XIV. Paris, 1671).

INOVAÇÕES DA IGREJA CATÓLICA ROMANA

mais do que o pão, a Igreja tinha cometido idolatria durante dezesseis séculos, pois que nesse espaço de tempo o povo tinha adorado a criatura em vez do Criador.[207] Não obstante a asseveração desse bispo, não podemos descobrir um único caso que confirme o fato de que a hóstia fosse adorada pelo povo sob a suposição de que estivesse contida nela a presença real de Jesus Cristo, antes do tempo de Durand, bispo de Mende, que faz menção disso em 1286.[208]

João Daille, fiel e ativo esquadrinhador de obras antigas, diz que não pôde encontrar, entre os intérpretes dos ofícios eclesiásticos da igreja latina, anteriormente ao século XI, referência alguma a qualquer forma de elevação.[209]

Ano de 1229

Proibida a Leitura da Bíblia

Foi nesse ano, e por decisão do Concílio de Tolosa, que se proibiu aos leigos a *leitura da Bíblia*. O decreto proibitório reza assim: "Também proibimos aos leigos que possuam os livros do Antigo e Novo Testamentos; aqueles em quem foram mais intensos os sentimentos de devoção podem fazer uso de um Saltério ou do Breviário dos ofícios divinos. Proibimos terminantemente aos leigos que tenham em seu poder os mencionados livros na língua vulgar.[210] Esse Concílio foi presidido pelo legado de Roma, com a assistência de três arcebispos, vários bispos e outras dignidades.[211]

---

[207]"Nulli dubium esse potest, si nihil in eucharistia praeter panem sit, quin tota ecclesia jam XV annos centenarios idolatra fuerit; ac, provide, quot-quot ante nos hoc sacramentum tunc adoraverunt, omnes ad unum esse damnatos: nam creaturam panis adoraverint, Creatoris loco." Fisher Roffens, *Cont. CEcolamp.* oper. pág. 760. Wirceburgo, 1597.

[208]Veja-se a sua *Rationale Divinorum officium*, IV, 41.

[209]Dallaeus, De Relig. Cult. Object., lib. II, cap. V. Gen. 1664.

[210]Prohibemus etiam, ne libros Veteris Testamenti aut Novi, laici permittantur habere; nisi forte Psalterium, vel Breviarium pro divinis officiis, aut Horas Beatae Mariae, aliquis ex devotione, habere velit. Sed ne praemissos libros habeant in vulgari translatos, arctissime inhibemus. Lab. et Coss. Concil. tom. XI, part. I, col. 425, Concl. Tolosanum, can. XIV. Paris, 1671.

[211]Para se ficar bem informado acerca deste assunto, leia-se Massy, *História secreta do Romanismo*, pág. 72 e 73. Londres, 1853.

ORDEM CRONOLÓGICA

Ano de 1230

Uso da Campainha na Missa

Foi Gregório IX quem introduziu o uso da campainha, para indicar ao povo quando este se devia ajoelhar para adorar a hóstia.

"Alberic, em sua *Crônica* ad an. 1200, informa-nos que Guido, abade cisterciense, a quem o papa fez cardeal e enviou como seu legado a Colônia, foi quem sugeriu a idéia de, por ocasião da elevação da hóstia na missa, se fazer sinal por meio de uma campainha, devendo o povo prostrar-se em adoração e assim se conservar até à bênção do cálice."[212]

Parece que cerca do ano de 1220 Guilherme, bispo de Paris, havia ordenado que, no momento da elevação, se tocasse uma campainha com o fim de excitar o povo a orar, mas não a adorar a hóstia.[213]

Ano de 1237

Salve Rainha

É introduzida, a instância dos frades pregadores, a antífona *Salve Rainha*.[214]

Ano de 1238

Simonia e Depravação do Clero

O patriarca de Antioquia excomunga Gregório IX e toda a igreja romana, por se entregarem à simonia, à usura e a toda espécie de crimes.[215]

Ano de 1245

Indumentária dos Cardeais

O Concílio de Leão decreta que os cardeais usem chapéus encarnados e capas escarlates, para mostrarem que estão prontos a derramar seu

---

[212] Veja-se *Hist. Ecles.* de Mosheim, século XII, par. II, cap, IV seção II, pág. 423, nota 2. Edição de Londres, 1852.

[213] "Praecipitur quod in celebratione missarum quando Corpus Christi elevatur in ipsa elevatione, vel paulo ante, campana pulsetur, sicut alias fuit statatum, ut sic mentes fidelium ad orationem excitentur". (Bin. Concilia. tom. VII, par. I, pág. 204. Paris, 1636).

[214] Fleury, XIII, pág. 204. Paris, 1769.

[215] Fleury, XVII, pág. 225. Paris, 1769.

INOVAÇÕES DA IGREJA CATÓLICA ROMANA

sangue pela liberdade da Igreja. Segundo Polidoro Virgílio, foi Inocêncio IV, em 1254, quem promulgou o decreto que obrigava aos cardeais o uso de chapéus vermelhos, e Paulo II, em 1464, quem mandou trazer mantos escarlates.[216]

Ano de 1264

Corpus Christi

Urbano IV, fundamentando-se na revelação de uma freira, institui a festividade de *Corpus Christi*, e a respectiva oitava. Essa instituição foi confirmada por um Concílio que, sob a direção de Clemente V, reuniu-se em Viena em 1311.[217] O ofício foi composto por Tomás de Aquino.

As linhas que se seguem foram extraídas de *Uma viagem à Itália*, do cônego Wordsworth.

Lendas em Comprovação da Festa

"A história da instituição dessa festa é muito significativa. No século XIII, e ano de 1262, época de corrupção moral e de impiedade, segundo o testemunho dos escritores católicos romanos, um sacerdote que não cria na doutrina da transubstanciação estava numa ocasião celebrando missa em Bolsena (Toscana), e viu que a hóstia gotejava sangue, fato esse que constitui o assunto de um dos quadros de Rafael que se encontram no Vaticano. O papa Urbano IV, tendo notícia desse milagre, foi a Bolsena, e ordenou que o corporal tinto de sangue fosse conduzido processionalmente para a catedral de Orvieto. Em 1230, perto de Liège, uma monja cisterciense (Santa Juliana) teve uma visão, em que se lhe apresentou a lua cheia, parte da qual estava como que encoberta; perguntando o que significava aquela ausência parcial da lua, foi-lhe dito que a lua representava a Igreja e que aquela parte que lhe faltava aludia a uma grande solenidade que era

---

[216] Polidor. virgil., *de Invent. rer* lib IV, cap. VI, pág. 90. Londres, 1551.

[217] Veja-se Mosheim, *Hist. Ecles.*, século XIII, par. II, cap. IV, seção II. Londres, 1826. *História da Igreja*, de Neander, tom. VII, pág. 474. Londres. 1852.

indispensável para que ela estivesse completa, e que essa solenidade tinha de ser a festa do *Corpus Domini*.[218] E foi dessa maneira revelada a vontade de Deus, de que se destinasse um dia a cada ano para a veneração do Santo Sacramento. O bispo de Liège patrocinou a sugestão, que foi confirmada pelo legado apostólico na Bélgica. O papa Urbano IV, estimulado pelo que tinha sucedido em Bolsena, e ambicionando estabelecer um protesto perpétuo contra as doutrinas de Berengário, então predominantes, decretou que a festa de *Corpus Domini* se celebrasse todos os anos, na quinta-feira que se segue à oitava do domingo de Pentecostes, e encarregou o célebre Tomás de Aquino (o doutor angélico), que se encontrava por esse tempo em Roma, de compor para a dita festa um adequado ofício divino. A observância anual dessa festividade recebeu, em 1551, a sanção adicional do Concílio de Trento.[219]

Tomás de Aquino foi também o autor da teoria das obras de supererrogação e do tesouro celestial, de que já se falou no capítulo das Indulgências, colocando os superabundantes méritos de Cristo e dos santos à mercê do papa, que dispõe deles mediante as indulgências.[220]

SÉCULO DÉCIMO QUARTO
Ano de 1300

O Jubileu

Bonifácio VIII instituiu o jubileu, ordenando, por meio de uma bula, que se celebrasse de cem em cem anos. Esse período foi sucessivamente encurtado por diversos papas, como mostramos ao tratar das Indulgências.

Polidoro Virgílio diz que Bonifácio se regulou pelas antigas festas de Apolo e Diana, que os idólatras romanos celebravam de cem em cem

---

[218] A explicação da origem dessa festa encontra-se na pág. 300 de uma obra escrita, em 1862, por Dom. Giuseppe Riva, penitenciário da catedral de Milão, e da qual se tem tirado treze edições.

[219] Sess. XIII, cap. V.

[220] Século XIII, par. II, cap. III seção III. Londres, 1825. *Hist. Ecles.* de Mosheim.

INOVAÇÕES DA IGREJA CATÓLICA ROMANA

anos, e que se denominavam *Ludi seculares*. "Esses jubileus, testifica Virgílio, eram outras tantas ocasiões de se alcançar uma perfeita remissão do castigo do pecado.[221] O cardeal Parie, numa carta que dirigiu ao papa Paulo II, afirma que os jubileus são uma imitação das superstições de era remota.[222]

Henrique Cornélio Agripa diz que o poder de conceder indulgências, exclusivamente exercido em benefício das almas que estão no purgatório, foi promulgado por Bonifácio VIII.[223]

Ano de 1317

João XXII publica as Constituições Clementinas.

Ave Maria

O mesmo papa ordenou que os cristãos acrescentassem a suas orações a Ave Maria, ou seja, as palavras que o anjo Gabriel proferiu ao saudar a bendita Virgem.

Ano de 1360

Procissão da Hóstia

Institui-se a prática de conduzir a hóstia processionalmente debaixo do pálio. Virgílio, em seu primeiro livro de as *Geórgicas*, refere-se à festa anual dos lavradores, dedicada a Ceres, em que a hóstia (= vítima) era levada processionalmente.

> "Annua magnæ sacra refer Cereri
>
> . . . .
>
> Terque novas circum felix eat Hostia fruges."[224]

---

[221] Lib. VIII, pág. 144. Londres, 1551.

[222] "Antiquae vanitates". Veja-se Picard, *Cérémonies e costumes religieuses*, tom. I, par. II, pág. 168. Amsterdam, 1723).

[223] De incertitudine et vanitate scientiarum atque artium, cap. LXI, pág. 115, Lugd. *s. a.* (1531). Agrippa era médico, filósofo e teólogo. Faleceu em 1535,

[224] Livro I, linhas 238 a 345.

ORDEM CRONOLÓGICA

E Ovídio diz que aqueles que conduziam a hóstia eram seguidos de outros que levavam brandões acesos e iam vestidos de branco. O ritual romano prescreve que o sacerdote que leva a hóstia vista uma capa branca, e que todos aqueles que formam o acompanhamento empunhem velas acesas.

As pastáforas, ou mulheres consagradas, conduziam, nas procissões religiosas dos antigos egípcios, o deus Horus dentro de uma caixa, e de vez em quando caíam de joelhos e apresentavam o ídolo à adoração da multidão. Não provirá daqui o costume da igreja latina, de levar a obreia numa caixinha, perante a qual se prostra solenemente a multidão?

A descrição que Clemente Alexandrino[225] faz acerca da cerimônia de remover a tampa da caixa tem muitos pontos parecidos com as diretrizes do Cânon Missae. As palavras do missal parecem uma tradução das palavras gregas citadas por Clemente.

Ano de 1362

Tríplice Coroa Papal

O primeiro papa que fez uso da tríplice coroa foi Urbano V. Parece que a tiara, como a intitulam os italianos, é de época mais antiga; diz-se, posto que sem grande autoridade, que Clóvis, primeiro rei cristão, mandou uma a Hormisdas, bispo de Roma, em 520, em testemunho de que devia o reino, não a sua espada, mas a Deus. Convém notar que o presente era feito, não ao bispo, mas ao apóstolo Pedro. A referida coroa ficou pendurada em frente do altar em que se supõe estarem depositados os restos do apóstolo. O primeiro bispo de Roma que, segundo a história, foi coroado, foi Damaso II.

Coroa Tríplice = Jurisdição Tríplice

Antes do bispo Marcos (335), não consta que os bispos de Roma tivessem outra coroa que não fosse a do martírio. Segundo alguns escritores, até ao tempo de Bonifácio VIII a coroa dos bispos de Roma era fechada pela parte superior. O mesmo Bonifácio acrescentou-lhe uma segunda, e por fim

---

[225] Veja-se *Tesouro Grego de Estêvão*. Edição de Valpi, tom. I, par. CLXXXIII.

INOVAÇÕES DA IGREJA CATÓLICA ROMANA

ordenou-se que a tiara, ou tríplice coroa, fosse levada processionalmente, como emblema da tríplice jurisdição que o bispo de Roma exerce sobre o universo.[226]

Ano de 1366

Rosa de Ouro

Urbano V enviou pela quaresma a Joana, rainha da Sicília, uma rosa de ouro, e decretou que se comemorasse todos os anos essa brincadeira, no primeiro domingo da quaresma.

Ano de 1390

Venda de Indulgências

Os historiadores Platina e Polidoro dizem que Bonifácio IX foi o primeiro que vendeu indulgências, traficando com elas. Eis as palavras de Polidoro Virgílio: "Quem foi seu primeiro autor (das indulgências)? Li apenas que Gregório proclamou as indulgências como recompensa àqueles que freqüentavam suas estações. A semente lançada à terra por Gregório foi crescendo, e amadureceu no tempo de Bonifácio IX, que foi quem recolheu o dinheiro de toda aquela palha. Descobrir a autoridade em virtude da qual foram introduzidas na Igreja as indulgências tem dado não pouco trabalho aos teólogos modernos. É um assunto que sob nenhum ponto de vista se torna claro, e quer-nos parecer que o melhor é admitir o testemunho de João, bispo de Rochester (1504), que encontramos numa obra que escreveu contra Lutero. Há muita gente, diz ele, que tem pouca confiança nas indulgências, fundamentando-se em que o uso delas na Igreja é de época recente. E acrescenta: Nenhum católico romano ortodoxo duvida da existência de um purgatório. Quando, pois, a idéia do purgatório não trazia inquietas as almas, ninguém procurava as indulgências; pois que todo o valor destas se estriba no purgatório.

---

[226] Veja-se Picard, *Cérémonies et coutumes religieuses*, tom. I par. II, pág. 50-52, notas *h* e *a*. Amsterdam, 1723.

Eliminando-se o purgatório, para que serviriam as indulgências? As indulgências começaram, portanto, quando as pessoas começaram a temer os tormentos do purgatório. Assim se exprime o bispo Fisher (conclui Polidoro); visto, porém, tratar-se de um assunto de tanta importância, é lícito que se espere encontrar dados mais seguros, relativamente a sua existência na palavra de Deus."

SÉCULO DÉCIMO QUINTO
Ano de 1414

Suprimido o Cálice na Ceia

Foi o Concílio de Constança que negou, por imposição da Igreja de Roma, o cálice aos leigos na Ceia do Senhor. O decreto reconhece que o preceito de Cristo abrangia ambos os elementos, e que a Igreja primitiva dava as duas espécies a todo o povo, e, não obstante, proibiu que os seculares se servissem do cálice.[227] Anteriormente a essa data, isto é, desde 1220, que foi quando se instituiu a adoração da hóstia, já se havia introduzido parcialmente este costume, que não foi, contudo, universalmente admitido pela Igreja de Roma.

Ano de 1438

Sanção Pragmática

Uma vez que não faça estritamente parte do plano desta obra, não podemos deixar de nos referir à oposição feita pela igreja galicana a usurpação de Roma. O Concílio de Bourges,[228] convocado e presidido por Carlos VII, votou um decreto que se compunha de vinte e três artigos, que formavam a base do que se chamou a Sanção Pragmática, confirmada pelo parlamento

---

[227] ...Hinc est, quod hoc praesens concilium sacrum generale Constantiense, in Spiritu Sancto, etc.; declarat, discernit, et diffinit, quod, licet Chrispost coenam instituerit et suis discipulis administraverit sub utraque specie panis et vini hoc venerabile sacramentum, tamen hoc non obstante, etc...Et sicut consuetudo haec ad evitandum aliqua pericula et scandala est rationabiliter introducta, quod, licet in primitiva ecclesia hujusmodi sacramentum á fidelibus sut utraque specie reciperetur; postea, etc. (Labb. et Coss. Concilio, tom. XII, col. 99. Paris, 1672. Veja-se anos de 230 e 1095, neste livro).

[228] Labb. et Coss., tom. XII, col. 1429. Paris, 1672.

INOVAÇÕES DA IGREJA CATÓLICA ROMANA

francês em 13 de julho de 1439. Essas constituições, que se intitulavam o baluarte da igreja galicana, tiravam aos papas o direito de preencher os benefícios e de decidir as causas eclesiásticas, dentro do reino; e França conservou essa autonomia até à concordata celebrada em Bolonha, entre Leão X e o rei Francisco I. Em virtude dessa concordata, a Sanção Pragmática foi aprovada pela bula do papa, na undécima sessão do Concílio de Latrão, em 1516.[229]

Ano de 1439

Sete Sacramentos

O Concílio de Florença foi o primeiro a declarar que os sacramentos da Igreja são sete. [230] Esta doutrina recebeu, mais tarde, a sanção final no Concílio de Trento.

Invocação aos Santos

Esse mesmo Concílio florentino foi o primeiro a declarar que os santos defuntos se acham em estado de beatitude, e foi, por conseqüência, nessa época que eles começaram a ser legalmente invocados, segundo a teoria da igreja romana. Esta doutrina não se registra em época anterior.

A Doutrina do Purgatório

A doutrina do purgatório recebeu a primeira aprovação de um Concílio geral, posto que não fosse definitivamente confirmada senão no Concílio de Trento. O decreto reza assim:

"Em nome da Santíssima Trindade, Pai, Filho e Espírito Santo, com a aprovação deste Concílio geral de Florença, decretamos também que se algum verdadeiro penitente partir deste mundo, tendo a graça de Deus, mas sem haver satisfeito com dignos frutos de penitência suas faltas de omissão e comissão,

---

[229] Id. tom, XV. Concl. Lat., ano de 1512, sess, II, ano de 1516. Veja-se *História da Sanção Pragmática e da Concordata, por Pithon.*

[230] Novae legis septem sunt sacramenta; videlicet, baptismus, confirmativo, eucharistia, poenitentia, extrema unctio, ordo et matrimonium. Decretum Concl. Florent. Lab. Concilia, tom. XIII, col. 534. Paris, 1672.

ORDEM CRONOLÓGICA

sua alma se purifica depois da morte mediante as penas do purgatório; e lhes aproveitam, em descargo de suas penas, os sufrágios dos fiéis, isto é, o sacrifício da missa, orações, esmolas e outras obras piedosas que a Igreja designa, e que são feitos segundo o costume dos fiéis em favor de outros crentes.[231]

Podemos afirmar, como coisa positiva, que essa crença estava no ano de 1146 em estado progressivo, pois que no dito ano Othon Frisigense se refere a ela nos seguintes termos: "Afirmam alguns que existe, depois da morte, um lugar chamado purgatório.[232] A doutrina não foi, porém, aceita pela Igreja grega."

Primazia do Bispo Romano

A primazia do bispo de Roma e a precedência de sua sé foi definida nessa época pelo referido Concílio geral de Florença, convocado por Eugênio IV. Esse Concílio promulgou o seguinte em sua décima sessão:

> "Outrossim decretamos que a santa e apostólica sé e o pontífice romano têm a primazia sobre todo o mundo; e que o pontífice romano é o sucessor de S. Pedro, príncipe dos apóstolos e o verdadeiro vigário de Cristo, cabeça da igreja universal, e pai e mestre de todos os cristãos; e que a este pontífice, conforme Cristo o demonstrou na pessoa do bem-aventurado Pedro, é dado o poder de apascentar, dirigir e governar a igreja universal, segundo se acha definido nas atas dos concílios gerais e nos santos cânones."

Esta declaração foi considerada numa bula de Benedito XIV, em 1742, como "artigo de fé católica".[233]

---

[231] Sessão XXV. In nomine igitur Sanctae Trinitates, Patris et Filii et Spiritus Sancti, hoc sacro universali approbante Florentino Concilio: diffinimus, item, si vere poenitentes in Dei Charitate decesserint, antequam dignis poenitentiae fructibus de comissis satisfecerint et omissis, eorum animas poenis purgatoriis, post mortem purgari, et ut á poenis hujusmodi releventur, prodesse eis fidelium vivorum suffragia; missarum scilicet sacrificia, orationes et elleomosynas, et alia pietatis officia, quae á fidelibus pro aiis fidelibus fieri consueverunt, secundum ecclesiae instituta. Labb. Concilio, tom. XIII, pág. 515. paris, 1671.

[232] 1 Chronic. lib. VIII, cap. 26, citado por Taylor na sua obra *Razões contra o papismo*, cap. I, seção IX. Edição de Heber, tom. X, pág. 149.

[233] Bened. XIV, Bullar. tom. I, N.º I de Dog. et Ritib. seção I, de Fide Cathol. pág. 345. Malinas, 1826.

INOVAÇÕES DA IGREJA CATÓLICA ROMANA

As "atas do Concílio geral" e os "santos cânones" supracitados são puras invenções. Os padres baseiam-se, provavelmente, nas supostas cartas decretais que haviam sido incorporadas no direito canônico.

Aproximava-se já nessa época a queda do império grego. O imperador Paleologo, acompanhado de alguns bispos gregos, assistiu a esse Concílio, com a esperança de receber auxílio contra os turcos, e os ditos bispos tiveram a liberdade de votar o decreto.

Quando, porém, os deputados gregos regressaram a Constantinopla, a igreja repeliu com indignação tudo quanto seus bispos tinham aprovado no Concílio, e dezoito meses depois do de Florença reuniu-se um Concílio em Constantinopla, o qual declarou nulos todos os decretos daquele e condenou o próprio sínodo.[234] Gregório, patriarca de Constantinopla, e que era partidário dos latinos, foi deposto, e para ocupar o patriarcado escolheram Atanásio.

Assistiram a esse Concílio de Constantinopla os patriarcas de Alexandria, Antioquia, Jerusalém, e os principais dos antigos patriarcas de Éfeso, Heráclea, e Cesaréia, assentindo todos na condenação dos decretos do Concílio florentino.

A Santa Madre Igreja

A Igreja de Roma ainda não era então chamada "A Santa Madre Igreja". Desde uma época remota que se dava a todos os bispos em geral o título de vigário de Cristo, mas o Concílio de florença decretou que só fosse conferido ao bispo de Roma, reservando-se os direitos do bispo de Constantinopla. Hoje só o papa se arroga semelhante título.

Ano de 1470

O Rosário

Alano de la Roche, da ordem dos jacobinos, inspirado, segundo ele mesmo afirmou, por certas visões, inventou o Rosário, mais tarde aprovado

---

[234] Labb. et Coss. Concil. conc. Constantin. sess. 2, tom. XIII, col. 1367. Paris, 1672.

ORDEM CRONOLÓGICA

oficialmente por Sixto V. Mosheim diz, contudo, que a invenção desse brinquedo eclesiástico data de uma época mais antiga, isto é, do século X.[235]

A palavra *rosário* significa *lembrança*. Parece derivar-se das palavras caldaicas *Ro*, 'pensamento', e *Shareb* 'diretor'. Tanto a idéia quanto o objeto são de origem pagã. Deve-se rezar umas tantas orações, e as contas servem para se fixar na *memória* as que já foram rezadas. Os antigos mexicanos faziam também uso, para o mesmo fim, de uma enfiada de contas. O rosário é usado pelos brâmanes e pelos hindus, e no Tibete faz, desde tempo imemorável, parte do culto religioso. Entre os tártaros encontra-se o rosário de 108 contas, e têm também um outro de 18 contas, de tamanho inferior, mediante o qual os bonzos contam suas orações e jaculatórias, exatamente como no ritual romano. De modo que essa prática romana, posto que represente uma *inovação* introduzida no cristianismo, é copia do que os antigos pagãos faziam.

Ano de 1476

Festa da Imaculada Conceição

Foi o papa Sixto IV quem decretou que se festejasse solenemente a Imaculada Conceição da Virgem Maria por meio do oficio *parvo*, posto que semelhante teoria ainda não constituísse doutrina da Igreja.

A festa da Conceição de Maria, como já dissemos, foi introduzida em Lion em 1140, e encontrou a oposição de Bernardo (hoje canonizado pela igreja romana), por ser uma inovação que não tinha em seu favor nem a Escritura nem, a razão. Bernardo qualificou essa idéia de «falsa, nova, vã e supersticiosa".[236] Segundo o historiador Fleury, foi um tal João VI, vulgarmente denominado Duns Scoto, quem, nos princípios do século XIV, começou a defender seriamente a doutrina da Imaculada Conceição.[237]

---

[235] *Hist. Ecles.* de Mosheim, século X, par. II, cap. IV, seção III. Veja-se Mabillon, Acta Santor. Ord. Bened. Poef. ad saecul. X, pág. 58, etc.

[236] Fleury, *Hist. Ecles.*, tom. XIV, lib. XVII, pág. 527. Pris, 1769; e 560, tom. XIV, Paris, 1727. "Nulla si ratione placebit contra ecclesiae ritum praesumpta novitas, mater temeritatis, soror superstitionis, filia levitatis". San Bernardo, Ep. 174. tom. I col. 393. Paris, 1839.

[237] *Hist. Ecles.*, tom. XIX, pág. 150 Paris, 1769.

INOVAÇÕES DA IGREJA CATÓLICA ROMANA

O Concílio de Basiléia, reunido em 1439, e que a Igreja romana condenou, deixou declarado, em sua trigésima segunda sessão, que se devia considerar blasfema a doutrina de que a Virgem Maria partilhara o pecado original; e que, pelo contrário, a doutrina de que ela foi sempre isenta tanto do pecado original quanto do atual, e de que, portanto, foi santa e imaculada, deve ser aprovada, sustentada e abraçada por todos os católicos, como doutrina pia e conforme com o culto eclesiástico, a fé católica, a razão e as Escrituras, não sendo, por conseguinte, legal ensinar ou pregar o contrário.[238] O dia destinado para a celebração dessa festa foi o de 17 de dezembro. O Concílio de Avignon, reunido em 1457, confirmou a deliberação do Concílio de Basiléia, e, além disso, proibiu, sob pena de excomunhão, que se pregasse em desabono de semelhante doutrina.[239]

A doutrina deu lugar a uma profunda divisão na Igreja de Roma. Os dominicanos, seguindo seu chefe Tomás de Aquino, combateram esse novo dogma com a maior veemência, taxando-o de contrário à Escritura, à tradição e à fé da igreja, ao passo que os franciscanos a defendiam com o mesmo ardor. Sempre que se chegava ao dia em que a festa era celebrada, o escândalo assumia tão altas proporções que o papa Sixto IV expediu, em 1483, uma bula, sem que ninguém lhe tivesse solicitado, em que condenava àqueles que dissessem que a doutrina era herética, e que a celebração da festa constituía um pecado, ou que os defensores dessa doutrina incorriam em pecado mortal; e lançou à excomunhão a todos aqueles que procedessem de uma forma oposta ao que nesse documento preceituava. Na mesma bula fulminava com penas semelhantes àqueles que sustentassem que os opositores da doutrina estavam em pecado mortal, alegando como razão que ela ainda não estava definida pela igreja romana nem pela sé apostólica.[240] A despeito da bula pontifícia,

---

[238] Labb. et Coss. Concl. tom. XII, col. 1403. Paris, 1671.

[239] Labb. et Coss. tom. XIII, col. 1403. Paris, 1671.

[240] Este decreto acha-se no apêndice de todas as edições autorizadas dos decretos do Concílio de Trento.

ORDEM CRONOLÓGICA

a discórdia continuou, com grande escândalo da religião, e, quando no Concílio de Trento se discutiu a doutrina do "pecado original", os dominicanos e os franciscanos começaram a divergir nesse e naquele ponto, e renovaram a luta. O debate tornou-se tão acalorado que o papa ordenou, mediante seus legados, que o Concílio não se intrometesse nesse assunto, que poderia dar lugar a um cisma entre os católicos, e procurasse antes conciliar as duas partes e achar um meio de satisfazer a ambas; mas que, acima de tudo, fosse observado o breve do papa Sixto IV, que proibia que os pregadores declarassem herética a doutrina da Imaculada Conceição.[241]

O Concílio de Trento, 1546, excluía expressamente a Virgem Maria do que estava exarado no decreto acerca do pecado original, mas declarou que as constituições do papa Sixto IV deviam ser observadas, sob as penas contidas nas mesmas. E assim ambos os partidos se consideraram vitoriosos. A contenda teológica tornou-se mais violenta do que nunca. Devido a essas estéreis disputas, a Espanha viu-se, no século XVII, na maior das confusões, procurando por fim pôr-lhes ponto final mediante um apelo à suposta cabeça infalível da Igreja, rogando-lhe a publicação de uma bula que resolvesse a questão. "Ao cabo das maiores instâncias e importunidades", observa Mosheim, "tudo o que a corte de Espanha obteve do pontífice foi uma declaração de que a opinião dos franciscanos tinha um elevado grau de probabilidade em seu favor, e a proibição de que os dominicanos atacassem publicamente o que aqueles sustentavam"; mas essa proibição foi acompanhada de uma outra, que era dos franciscanos taxarem de errônea a doutrina dos dominicanos.[242]

Alexandre VII, em 1661, procurou, ainda que inutilmente, pôr termo à contenda, pondo em vigor as constituições de Sixto IV, mas ao mesmo tempo declarou que a Igreja não havia decidido ainda a tão debatida questão, e que por sua parte não desejava nem pensava decidi-la.[243]

---

[241] F. Paul Sarpi. *Hist. Ecles. Conc. Trid.* lib. II, cap. 68 Genebra, 1629.

[242] Nosheim, *Hist. Ecles.*, século XVII, seção II, par. I, cap. I, s. 48.

[243] Alex. Sept. An. Dom. 1661. *Mag. Bull. Romanum*, tom. VI, pág. 15. Edit. Luxemburghi, 1727.

INOVAÇÕES DA IGREJA CATÓLICA ROMANA

Clemente XI determinou uma festa em honra da Imaculada Conceição, que se devia celebrar anualmente na Igreja de Roma, mas os dominicanos recusaram obedecer a essa lei.

Por fim o papa Pio IX encarregou-se de liquidar, de uma vez para sempre, segundo se crê, a tão debatida questão. Em 2 de fevereiro de 1849 expediu uma encíclica a todos os patriarcas, primados, arcebispos e bispos do orbe católico, exortando-os a que em suas respectivas dioceses se fixassem rogativas, suplicando ao "Pai de misericórdia, ao Deus da luz, que o iluminasse (a ele, papa) com a brilhante claridade do divino Espírito, e o inspirasse com o sopro de seu poder, para que, num assunto de tão grande importância, pudesse tomar a resolução que melhor contribuísse para a glória de seu santo nome, louvor da bendita Virgem e proveito da igreja militante"; e concluindo, dizendo que desejava conhecer a opinião das dignidades a quem se dirigia. A 24 de março o *Tablet*, periódico católico romano, dava a notícia de que o papa ia "resolver definitivamente o assunto, pondo assim termo a uma polêmica que durante 500 anos com tanto ardor se estivera sustentando. Franciscanos e dominicanos mantêm-se na expectativa, e o mundo católico pede uma sentença definitiva da parte do juiz infalível".

Em dezembro de 1854, o papa, numa assembléia de bispos (da qual foram excluídos os que não se conformaram com sua decisão), expediu uma bula, declarando que a doutrina em questão se tornara matéria de fé.[244] "Que ninguém (diz o decreto) intervenha nesta nossa declaração, nem se lhe oponha, nem a contradiga com temerária presunção. Se alguém ousar contradizê-la, saiba o tal que incorrerá na indignação do onipotente Deus e de seus bem-aventurados apóstolos Pedro e Paulo." Daqui deduzia o jornal *Tablet* que todo aquele que de futuro negasse que a bem-aventurada Virgem Maria fora, em virtude de uma milagrosa interposição da providência de Deus, concebida sem o pecado original, seria condenado como herege.

---

[244] *O Universo*, Paris, 20 de janeiro de 1855; *O Tablet*, Londres, 27 de janeiro de 1855.

ORDEM CRONOLÓGICA

O exposto é uma resumida história da doutrina da Imaculada Conceição, que erroneamente se julga ser uma doutrina da igreja romana. O papa de Roma, segundo os princípios ortodoxos dessa igreja, não pode definir doutrinas que não emanem de um Concílio ecumênico.[245]

Ano de 1478

Santa Inquisição

Estabelece-se a inquisição em Castella, no reinado de Fernando e Isabel. Consignamos esse fato, por se tratar de uma instituição eclesiástica. Fleury diz expressamente que o estabelecimento da inquisição teve lugar por conselho do arcebispo de Servilla, e com a devida autorização do papa Sixto V.[246]

Possuímos, porém, elementos que nos habilitam a datar o começo da referida instituição de uma época anterior. No Concílio de Verona, em 1184, o papa Lúcio III publicou uma constituição contra os chamados hereges, na qual se ordenava aos bispos que por intermédio de comissários se informassem das pessoas suspeitas de heresia, seja pela opinião pública, seja por diligências particulares. No caso de os terrores espirituais não produzirem efeito, o delinqüente devia ser entregue ao poder secular, que lhe aplicaria o castigo.[247] O Concílio de Tolosa, em 1228, estabeleceu formalmente as inquisições locais.

No Concílio de Narbona, em 1235[248] estabeleceu-se, por mandado do papa, uma série de leis opressivas e cruéis contra os que fossem qualificados de hereges; e no Concílio de Beziers, em 1147, estabeleceu-se também, por ordem do papa, a inquisição dos frades pregadores para as províncias de Aix, Arles e Ebrum. Os quarenta e sete artigos aprovados por esse Concílio, conjuntamente com os que votou o Concílio de Narbona, foram o fundamento das leis mais tarde adotadas pela Inquisição.[249]

---

[245] Tenha-se presente que isto foi escrito antes do Concílio do Vaticano, em que foi declarada a absoluta infalibilidade do papa.

[246] Fleury, *Hist. Ecles.* cont. tom. XXIII, pág. 478. Paris, 1769.

[247] Fleury, *Hist. Ecles.* Cont. tom. XXIII, pag. 478. Paris, 1769.

[248] Labb. Et Coss, Concl. Tom. X, cols. 1737 e 1741. Paris, 1671.

[249] Labb. Et Coss. Tom. XI, col. 676.

INOVAÇÕES DA IGREJA CATÓLICA ROMANA

Ano de 1495
Dispensa Papal do Matrimônio

Alexandre VI anunciou um novo poder, que consistia em permitir que se contraísse matrimônio dentro dos graus proibidos de parentesco. Esse papa concedeu dispensa a Fernando, rei de Nápoles, para casar com sua sobrinha, que contava 14 anos.[250]

SÉCULO DÉCIMO SEXTO
Anos de 1515-17
Venda de Indulgências

Teve lugar nesses anos a grande venda de indulgências promovida por Leão X, a qual foi uma das causas imediatas da Reforma. O fim que se tinha em vista com semelhante negócio era encher os cofres do papa, despejados mediante suas prodigalidades, ou, antes, mediante suas devassidões, isso por um lado, pois que por outro obedecia ao intuito de concluir a construção da Igreja de S. Pedro, começada por Júlio II. Informa-nos o historiador Fleury que Leão concedia indulgências com tanta facilidade que aqueles que recusavam ganhá-las davam prova do pouco ou nenhum cuidado que lhes dava a salvação.[251]

Ano de 1540
Inácio de Loyola e o Jesuitismo

Inácio de Loyola funda a ordem dos jesuítas. Loyola nasceu na província de Guipuzcoa, em 1491. Seguiu a princípio a carreira militar, mas depois deixou essa profissão e entrou para a igreja. Faleceu em julho de 1556. A ordem foi confirmada por Paulo III, que a princípio lhe pôs algumas restrições, dando-lhe, porém, mais tarde liberdade absoluta.

Ano de 1545
Concílio de Trento

O Concílio de Trento reúne e colige os erros e superstições antigas, confirmando-as por meio de decretos conciliares.

---

[250] Fleury, tom. XXIV, pag. 225. Paris, 1769.
[251] Fleury, tom. XXV, pag. 498. Paris, 1769.

ORDEM CRONOLÓGICA

Ano de 1546

Tradição e Sagrada Escritura

Coloca-se pela primeira vez a tradição ao nível das Escrituras Sagradas. A doutrina é essencial para o sistema romano, pois que com a capa da tradição procura encobrir e sustentar todas as suas inovações. Os romanistas declararam que em matérias religiosas as Escrituras não são suficientes, e daí sua absoluta necessidade da tradição. Se há assunto em que os antigos padres cristãos tenham insistido bastante é a suficiência e perfeição da Escritura como única regra de fé; e assim foi considerada pela Igreja de Roma até essa época. Citemos um eminente cardeal dessa igreja, que floresceu no fim do século XV. Gabriel Biel afirmou que "só a Escritura nos ensina tudo quanto é necessário para nossa salvação", e cita aquilo que se deve fazer ou deixar de fazer, amar ou desprezar, crer ou deixar de crer. "A vontade de Deus é-nos manifesta na Escritura, e só por meio dela é que a podemos conhecer em toda sua plenitude."[252] Segundo as palavras que acabamos de transcrever, a tradição não tem valor algum.

Os livros apócrifos são incluídos no cânon sagrado da Escritura.

Definição Doutrinal

Em junho de 1546, em sua quarta sessão, o Concílio de Trento ocupou-se em definir qual era a doutrina da Igreja acerca do pecado original, da justificação, das boas obras e dos merecimentos. As várias opiniões exteriorizadas pelos membros da igreja constituem uma prova evidente de que até essa data não estava ainda estabelecida doutrina alguma sobre qualquer desses pontos.

É certo que muitos clérigos, impulsionados por motivos corruptos e torpes, apresentaram durante muitos anos os méritos pessoais e as boas obras como garantia da salvação, pondo quase inteiramente de parte a graça e a fé, mas a par desses havia muitos outros que ensinavam a verdadeira doutrina da justificação pela fé. Esse Concílio emitiu sua opinião sob títulos diferentes,

---

[252] "Et coetera nostrae saluti necessaria, quae omnia sola docet sacra Scritura". "Haec autem in sacris Scripturis discuntur, per quas solum plenam intelligere posssumus Dei voluntatem". (*Lection, in Canon Missae*, folio CXLVI, par. I, col. II. Ludg, 1511).

INOVAÇÕES DA IGREJA CATÓLICA ROMANA

compendiados em dezesseis capítulos e trinta e três decretos, acompanhando-os de outros tantos anátemas e maldições lançadas sobre aqueles que não os aceitassem. Esses decretos, contudo, foram votados em meio a grande alvoroço. Entre os franciscanos e os dominicanos travou-se, como de costume, uma renhidíssima luta. Dois veneráveis prelados demonstraram o zelo de que se achavam possuídos, quanto a suas idéias particulares, agarrando-se às barbas um do outro,[253] e Carlos V ameaçou-os de os lançar a todos ao Adige, se não se comportassem melhor. Pelo motivo de serem tão várias as opiniões, foi preciso redigir os decretos por uma forma ambígua; e o Concílio conseguiu mistificar tão completamente o assunto que mal tinha terminado a reunião quando Domingos Soto, que tomara uma parte principal nos debates, publicou um livro sobre a justificação, ao qual respondeu André Véga, que se havia oposto às idéias que ele apresentava no Concílio, reivindicando cada autor a autoridade do mesmo Concílio em apoio a suas idéias particulares. Essas discussões e debates, sustentados pelas diversas seitas do romanismo, continuaram até muito depois de encerrado o Concílio. Podemos assegurar, sem receio de ser desmentido, que antes de junho de 1546 não tinha a igreja romana definido doutrina alguma acerca desses pontos. Temos, contudo, dois pontos muito claramente definidos por esse Concílio. Em primeiro lugar, o cânon vigésimo quarto, que trata da justificação, anatematiza todo aquele que disser que as boas obras são frutos e sinais da justificação recebida, e não a causa de seu desenvolvimento. O segundo ponto é que, "se alguém disser que as boas obras são de tal sorte dom de Deus que não constituem mérito para a pessoa justificada, ou, por outra, que os justificados não merecem realmente aumento de graça e vida eterna, seja igualmente anatematizado.[254] Agostinho proferiu uma grande verdade bíblica quando disse: "Todos os nossos méritos são operados em nós mediante a graça, e Deus,

---

[253] "Tum vero Cavensis ut mos est, iracundia quam ultum ibat ... Nam in Chironensis barbam injecta manu, multus ex eâ pilos avulsit, et confestim abscessit". Cardeal Pallavacini, *Hist. Ecles.*, *Concl. Trid.* Tom. I, pag. 227. Aug. Vind., 1775.

[254] Roga-se ao leitor que consulte 1 Reis 8.46; Romanos 3.23; Isaías 53.10; Atos 13.39; Efésios 2.8, 9; Romanos 11.10; Lucas 17.10; Salmo 142.2; Tito 3.5.

quando coroa esses méritos, não faz mais que coroar seus próprios dons."[255] Esse pensamento, porém, repugnava tanto aos interesses sórdidos de uma igreja corrupta que se deu ordem para que se eliminasse das obras do antigo Padre a passagem em questão.[256]

Ano de 1547

Intenção do Sacerdote para Que o Sacramento Tenha Validade

O Concílio de Trento, em sua sétima sessão, decretou a necessidade da intenção do sacerdote, para que um sacramento cristão fosse válido.[257] Essa doutrina não foi inventada pelo Concílio de Trento, mas está provado que não fez parte da doutrina romana em época anterior a essa, e para isso basta ver as discussões que houve acerca do assunto e a oposição com que foi recebida ao ser apresentada.[258] A idéia já estava mencionada num decreto de Eugênio, emanado do Concílio de Florença, em 1439.[259] Seja como for, o que é certo é que no espaço de mil e duzentos anos não existe vestígio dessa doutrina em nenhum escritor eclesiástico. Apresenta-se como origem de semelhante introdução a extrema ignorância de alguns sacerdotes que tinham de fazer o culto em latim, que não entendiam, provindo daqui uma não intencionada mutilação do texto. Isso originou uma discussão entre os escolásticos, sobre se um sacerdote que altera a pronúncia das palavras sacramentais pode administrar um sacramento válido. A opinião geral parecia ser a de que era suficiente que o sacerdote tivesse *intenção* de fazer o que a Igreja ordena, ainda que não entendesse o que dizia. Tal foi, segundo parece, o raciocínio formulado pelo papa Zacarias em sua resposta a Bonifácio[260]

---

[255] "Omne bonum meritum nostrum, in nobis faciat, et cum Deus coronat merita nostra, nihil aliud coronat quam munera sua." Aug. At Sextum. Epist. CV, tom. II. Edit. Basil. 1529, e também pág. 1117, tom. IV, par. II. Paris, 1671.

[256] Ex-Indice Augustini dele: Non merita nostra, sed dona sua Deus coronat, in nobis." *Index Expurgatorius jussu*, Bernardi de Sandoval et Rojas, Matriti, 1612, et per Turretin, Genevæ, 1619.

[257] "Si quis dixerit: In ministris, dum sacramenta conficiunt et conferunt, non requiri intentionem saltem faciendi quod facit ecclesia, anathema sit." (Conc. Trid. Sess. VII. Decretum de Sacramentis, in genere. Can. XI, pág. 77. Paris, Edit. 1848).

[258] Veja-se a Introdução da presente obra.

[259] Labb. Et Coss. Concl. Tom. XIII, col. 535. Paris, 1572.

[260] Avent. Annal. B. 1, 3. pág. 297. Ingolst. 1554.

INOVAÇÕES DA IGREJA CATÓLICA ROMANA

acerca da ignorância de um sacerdote da Baviera que havia batizado *in nomine Patria, Filia, et Spiritua Sancta*. Até à promulgação do decreto de Trento, em março de 1547, que declarava essencialmente necessária a intenção do sacerdote, parece que predominava a idéia de que, uma vez que existisse a *intenção*, o sacramento era válido, uma vez que as palavras fossem incorretamente proferidas; não obstante, a Igreja exige atualmente, para que o sacramento seja válido, que, além da intenção, a forma seja estritamente correta.

Confirmação dos Sete Sacramentos

Na sétima sessão do Concílio de Trento também se confirmou, como artigo de fé, a existência dos chamados sete sacramentos.[261] Esse número especial foi acrescentado pela primeira vez no século XII por Pedro Lombardo, bispo de Paris, já que ele existia como uma opinião particular.[262] O Concílio de Florença, em 1439, aprovou um decreto sobre este mesmo assunto; alguns, depois dessa data, imputaram a doutrina, que também forneceu matéria para sérios debates e renhidas polêmicas na sétima sessão do Concílio tridentino. Os Salomões da teologia quiseram fazer valer sua opinião por meio de uma analogia. A falta de outro argumento a que se apoiasse sua nova teoria, afirmaram que o número sete é um número místico; há, disseram eles, sete virtudes, sete pecados mortais, sete planetas, sete defeitos que procedem do pecado original; o Senhor descansou no sétimo dia; foram sete as pragas do Egito; havia no Templo sete lâmpadas; e, portanto, sete deviam ser também os sacramentos.[263] O cardeal Belarmino, porém, dá, provavelmente, a melhor razão por que se deve adotar esse número, dizendo que foi decretado pelo Concílio.[264]

---

[261] Si quis dixerit, sacramenta novae legis non fuisse omnia a Jesu Christo, Domino nostro, instituta; aut esse plura vel pauciora quam septem anathema sit." (Conc. Trid. Sess. VII. Decretum de Sacramentis, can. I. De sacrament. In genere).

[262] "Non temere quemquam reperies ante Petrum Lombardum qui certum aliquem ac definitum numerum sacramentorum statuerat." (Cassander, Consult. Art. XIII, pág. 951. Paris, 1616).

[263] Veja-se Paulo Sarpi, *História do Concílio de Trento*, lib. III, cap. LXXXV, tom. I, pág. 576. Londres, 1736.

[264] "Quod testimonium, etiam si nullum habemus aliud, deberet sufficere."Bell. *de effect sacr*. lib. II, cap. XXV, s. 4, tom. III, pág. 109. Edição de Praga, 1721.

ORDEM CRONOLÓGICA

Ano de 1551

Doutrina da Atrição

Define-se a doutrina da atrição.[265] Gibson, em seu livro *Preservativo contra o papismo*, diz que foi o bispo de Canosa quem apresentou a doutrina de que a atrição, unida ao sacramento da penitência, é suficiente para se obter o perdão dos pecados.[266]

Ano de 1552

Oração do Senhor Dirigida aos Santos

No Concílio celebrado em Edinburgo pelo arcebispo Andrews declarou-se que a oração do Senhor pode ser dirigida aos santos.[267]

Ano de 1563

Confirmada a Doutrina do Purgatório

Na vigésima quinta (última) sessão do Concílio de Trento ficou definitivamente confirmada a doutrina do Purgatório.

O Teor do Concílio de Trento

O Concílio de Trento votou, sobre matérias doutrinais, quinze decretos, quarenta e quatro capítulos e cento e trinta cânones, obrigando ao cumprimento dessas doutrinas mediante cento e vinte e cinco anátemas ou maldições.

Duração do Concílio de Trento

Esse ocupou-se também da reforma interna. Sobre esse assunto foram votados cento e quarenta e oito capítulos. O Concílio durou dezoito anos. A primeira sessão teve início em dezembro de 1545 e a última, em dezembro de 1563.

---

[265] Na décima quarta sessão do Concílio de Trento, cap. IV. Veja-se, neste livro, o capítulo que trata da Penitência.

[266] Gibson, *Preservativo*, tom. II, tit. VIII, págs. 37 e 38, edição in folio. Londres, 1768. E tom. X, pág. 235. Edit. 1848; e Melchor Canus de Loc. Theol. Lovan. 1569. Dist. XIII de Poenit. Art. VII. Nums. 5 e 6.

[267] Bispo Skinner, *História Eclesiástica*, Scot. Tom. II, pág. 39. Londres, 1788.

INOVAÇÕES DA IGREJA CATÓLICA ROMANA

Ano de 1564

Para Ser Membro da Igreja Romana

Até essa data, eram considerados membros da Igreja de Cristo todos aqueles que aceitavam pura e simplesmente os artigos do credo niceno, pois que não se exigia de pessoa alguma, como prova de sua ortodoxia, que adotasse um novo credo, ou um novo símbolo de fé.

Em fevereiro de 1546, os doutores do Concílio de Trento ordenaram que o símbolo de fé usado pela santa igreja romana, isto é, o credo niceno, sendo princípio em que devem concordar todos os que professam a fé em Cristo, e o único e firme fundamento contra o qual não prevalecerão as portas do inferno, se exprimisse nas mesmas palavras em que se lia em todas as igrejas. De 9 de dezembro desse ano (1665) em diante, o papa Pio IV, em virtude de sua suposta autoridade apostólica, e segundo um decreto do Concílio de Trento, expediu e publicou uma confissão de fé que devia ser recebida por todos, sob pena de se incorrer nas penas impostas pelo dito Concílio. Essa nova confissão compunha-se do símbolo de fé supracitado, adicionado de doze artigos. Assim que, desde essa época, se impôs ao mundo cristão um novo credo, o qual tinha de ser aceito, sob pena de anátema. Esse credo abarca, em poucas expressões, uma grande parte do anterior, mas os artigos adicionais da nova fé, introduzidos mediante ele, são os seguintes:

1. Não somente devem ser firmemente abraçadas e admitidas todas as tradições apostólicas e eclesiásticas, mas também "todas as demais observâncias e constituições" da igreja romana.
2. Na quarta sessão do Concílio de Trento decretou-se que ninguém, em matérias de fé e de moral, deve interpretar as Escrituras num sentido diverso daquele que sempre foi definido pela Igreja.[268] Os cristãos ficaram desde então obrigados a aceitar a interpretação que a Igreja dava a qualquer ponto das Escrituras. Isso mudava

---

[268] "Contra eum sensum, quem tenuit et tenet sancta Mater Ecclesia." Ses. IV, Decret. De edit et usu sacr. Librorum. "Juxta eum sensum, etc." Bulla super forma juram. Prof. Fidei. Pii IV.

ORDEM CRONOLÓGICA

inteiramente o estado das coisas, pois que até ali os cristãos podiam rejeitar a interpretação da Igreja, tendo agora de se sujeitar a seu modo de ver.

3. Nessa mesma sessão, ficou terminantemente proibido emitir uma interpretação que divergisse do consenso unânime dos padres.[269] O cristão só podia entendê-las ou interpretá-las segundo o unânime consenso dos padres; não era lícita qualquer interpretação com a qual os padres não estivessem unanimemente de acordo.

4. Nessa ocasião tiveram também todos os cristãos de admitir, como artigos de fé, todas as cerimônias recebidas e aprovadas pela Igreja na solene administração dos sete sacramentos e tudo o mais que havia sido publicado e definido pelos sagrados cânones e concílios ecumênicos, formando assim o código total com os decretos dos concílios, e constituindo em artigos de fé o corpo inteiro dos decretos dos concílios, incluindo as cerimônias.

5. Finalmente, durante muitos séculos, o papa de Roma se arrogara o título de "Bispo Supremo", mas desde essa época exigiu-se como artigo de fé que a Igreja de Roma fosse reconhecida como "mãe e senhora de todas as igrejas", e exigiu-se, também, a "promessa de obediência ao papa, como sucessor de São Pedro e vigário de Cristo".[270]

---

[269] "Contra unanimem consensum Patrum." Ses. VI. Ibid. et Sic. Synodus in Trullo. C. XIX, quam putant Constant. VI, c. Exiie, circa fin. de ver. Sig. in 6. – "Nisi justa unanimem, etc." (Bulla Pii IV).

[270] A Igreja mãe foi a de Jerusalém, que existiu muito tempo antes da igreja de Roma. Em Jerusalém foi onde Cristo pregou pessoalmente; foi essa cidade o primeiro lugar onde os apóstolos plantaram o cristianismo (At 1.4; ano 80); e foi de lá que saiu a pregação do evangelho para todas as demais nações (Lc 24.27). Portanto, não era Roma, mas, sim, Jerusalém, que devia reivindicar a presidência e o título de "mãe de todas as igrejas". A Igreja de Samaria foi a que foi fundada imediatamente depois da de Jerusalém (At 8; ano de 34); e depois as igrejas de Chipre, Fenícia e Antioquia, fundadas pelos cristãos dispersos em virtude da perseguição que se suscitou em seguida ao martírio de Estêvão (At 11.19-21). Em conclusão, escritor algum afirmou jamais que Roma fosse a "mãe de todas as igrejas". Pelo contrário, a maioria dos bispos reunidos no segundo Concílio Geral de Constantinopla deu esse título a Jerusalém, como se vê na carta dirigida a Samaso, bispo dessa Igreja (Horne, *Descrição do Papismo*, Londres, 1848, pág. 211 e 212).

INOVAÇÕES DA IGREJA CATÓLICA ROMANA

SÉCULO DÉCIMO NONO
Ano de 1854

Maria Concebida Sem Pecado

Em 8 de dezembro desse ano, Pio IX declarou dogmaticamente que Maria foi concebida sem a mancha do pecado original.

Haviam decorrido 1854 anos sem que ninguém se tivesse atrevido a inserir semelhante opinião na lista dos dogmas. Até mesmo o Concílio de Trento, que a tanto se atrevera, se deteve nesse ponto. Pareceu-lhe, sem dúvida, demasiado declarar como dogma que uma criatura pudesse salvar-se sem Cristo, pois que a isso equivale dizer que foi concebida sem pecado. Se não teve pecado, então não necessitou de redenção, não necessitou de Cristo. Se teve pecado, ainda que por um instante, então não é verdade que tivesse sido concebida sem pecado.

Ano de 1870

Infalibilidade Papal

Estava reservado ao nosso século presenciar a última e suprema prova da soberba papal. Pio IX, mediante uma bula que publicou em julho desse ano, declara-se *infalível*. Daqui em diante não necessitamos de Deus, não necessitamos da Bíblia, não necessitamos da tradição, não necessitamos do Espírito Santo. Temos um Deus na terra, com o poder de inutilizar e declarar errôneos os ensinos do Deus do céu.

O mundo estremeceu ao ouvir esse brado do novo Lúcifer: "Quem há como eu?" Uns receberam-no com sarcástica gargalhada, outros com profunda indignação e muito poucos submissamente. É difícil encontrar um católico romano que, ao chegar a esse ponto, não encolha os ombros e não diga: "Estou pronto a crer em tudo, menos nisso."

E assim se consumou, no ano do Senhor de 1870, essa obra prima da astúcia e poder inventivo de Roma.

Já no tempo dos apóstolos havia começado o mau fermento a dar sinal de sua presença. Paulo, escrevendo aos tessalonicenses, adverte-os que o dia de nosso Senhor Jesus Cristo não viria "sem que antes venha

ORDEM CRONOLÓGICA

a apostasia, e sem que tenha aparecido o homem do pecado, o filho da perdição, aquele que se opõe e se eleva sobre tudo o que se chama Deus ou que é adorado, de sorte que se assentará no templo de Deus, ostentando-se como se fosse Deus"; e o apóstolo acrescenta: "Porque o mistério da iniqüidade já presentemente atua.[271] Noutra epístola, o apóstolo apresenta como sinais da apostasia o fato de que os homens viriam proibindo o casamento e impondo a abstenção de alimentos que Deus criou para que, com ações de graças, participem deles os fiéis.

As páginas que deixamos escritas mostram quão cabalmente se cumpriram essas profecias na Igreja do papa.
"Retirai-vos dela, povo meu, para não serdes cúmplices em seus pecados e para não participardes de seus flagelos" (Ap 18.4).

---

[271] 2Ts 2.3, 4, 7.

TERCEIRA PARTE

O CREDO ANTIGO COMPARADO COM O CREDO MODERNO

CAPÍTULO 16

O CREDO ANTIGO E O NOVO COMPARADOS

"Minam nossas verdades para construir sobre elas seus erros;
sua obra se ergue para a destruição da verdade."
(TERTULIANO. DE PRAESCRIPTIONE HAERETICORUM,
CAP. XLII, P. 56, TOMO II, HALAE. MAGD. 1770).

Após apresentarmos em ordem cronológica as diversas inovações do Romanismo, seu surgimento, progresso e adoção final na Igreja de Roma, convidamos veementemente os católicos romanos a considerarem com seriedade os fatos expostos. Isso lhes permitirá apreciar a sabedoria dos primeiros pais cristãos e dos nossos reformadores, que optaram por adotar a Palavra Escrita como única regra para sua fé, pois ela é firme e certa. Eles também podem aprender, pela experiência, o perigo das regiões obscuras da tradição, que por sua própria natureza é muito incerta.

A obra confiada aos nossos reformadores e mártires não foi de destruição, mas de edificação sob a direção e orientação da Divina Providência; eles desenterraram e trouxeram à luz as verdades ocultas, que por tanto tempo haviam permanecido sepultadas sob os escombros acumulados de uma tradição humana. O princípio que os levou a se separar da Igreja romana não foi o de terem descoberto novas ideias de doutrina bíblica, mas sim o desejo de retornar à confissão primitiva, às ideias defendidas pelos apóstolos e transmitidas a nós em seus escritos. O grande objetivo dos nossos reformadores foi, como observou um bispo anglicano,

INOVAÇÕES DA IGREJA CATÓLICA ROMANA

"aproximar-se o máximo possível da Igreja apostólica e dos antigos bispos e pais católicos",[1] e segundo a observação de outro, os reformadores não tiveram outro objetivo senão "não se afastar da Igreja de Roma mais do que ela se afastou da Igreja primitiva".[2]

Eles foram tão ansiosos e cuidadosos para evitar que os pregadores se aventurassem em seus caprichos individuais e, assim, caíssem no extremo oposto, que a Câmara Alta da Convocação, em 1571, ordenou que "em primeiro lugar, tivessem especial cuidado para não ensinar em seus sermões qualquer coisa para ser mantida e acreditada religiosamente pelo povo, senão aquilo que concorda com a doutrina dos Testamentos, Antigo e Novo, e que foi deduzido deles pelos pais católicos e antigos bispos".[3]

O Protestantismo, ao ser restaurado na Inglaterra com a ascensão ao trono da rainha Isabel, o primeiro decreto de seu reinado (capítulo I, seção 36) foi declarar "que, não tendo qualquer pessoa autoridade sob a coroa para reformar ou corrigir erros, heresias, abusos ou enormidades, em virtude desse decreto, tampouco teria autoridade ou poder para ordenar, determinar ou adjudicar que alguma causa ou matéria fosse heresia, senão apenas aquilo que já havia sido determinado, ordenado ou julgado como tal pela autoridade das Escrituras canônicas, ou pelos quatro primeiros Concílios ecumênicos, ou por algum deles, ou outro Concílio ecumênico".

Em poucas palavras, vamos apresentar o que os quatro primeiros Concílios ecumênicos ensinaram. Parece que antes do ano 326, a Igreja (pelo menos autoritativamente) não havia formulado nenhum credo em uma forma específica de palavras. O que chamamos de "Símbolo dos Apóstolos" é aceito por todos os cristãos, mas é evidente que os apóstolos não criaram ou ordenaram essa forma precisa, embora nela esteja contida a doutrina que ensinaram. Nem Clemente (anos 68-107), nem Inácio (ano 107), nem Policarpo (anos 108-169), nem Justino Mártir (163), nenhum deixou entre seus escritos uma forma especial de credo para confessar a fé.

---

[1] Jewel. Apolog. 124 Londres, 1685.
[2] Neal, Historia de los Puritanos, tom. I, p 38. Londres, 1837.
[3] Collection de Sparrow, p. 238. Londres, 1671.

O CREDO ANTIGO E O NOVO COMPARADOS

Nos escritos de Irineu (anos 178-202), encontramos a primeira forma de um credo, ao qual este escritor chamou de o inalterável cânon ou regra de fé, que, como ele diz no primeiro capítulo de seu primeiro livro Contra as Heresias, todo homem recebeu no batismo. Irineu inicia seu credo com estas palavras: "A Igreja, embora dispersa por todo o mundo, de um extremo a outro, recebeu dos apóstolos e de seus discípulos a fé em um Deus, o Pai Todo-Poderoso, Criador do céu e da terra, do mar e de todas as coisas que neles há; e em um Cristo Jesus, o Filho de Deus, que se encarnou para nossa salvação; e no Espírito Santo, que pregou pelos profetas as dispensações de Deus e a vinda do amado Filho Jesus Cristo, nosso Senhor; seu nascimento de uma Virgem, sua paixão e ressurreição dos mortos e sua ascensão corporal aos céus; sua segunda vinda do céu na glória do Pai para reunir todas as coisas e ressuscitar todo o gênero humano, que, segundo a vontade do Pai invisível, todas as coisas se inclinarão no céu, na terra e debaixo da terra a Jesus Cristo, nosso Senhor e Deus, e que toda língua o confessará; e que Ele pode exercer julgamento justo sobre todos, entregando ao fogo eterno toda a maldade espiritual, tanto os anjos que se rebelaram e se tornaram apóstatas, como todos os homens ímpios, desordenados e blasfemos; e dará vida a todos aqueles que são justos e santos, que guardaram seus mandamentos e perseveraram em seu amor, alguns desde o início de suas vidas e outros após o arrependimento, aos quais Jesus confere imortalidade e os reveste da vida eterna".[4]

Esta é a declaração de fé à qual Irineu especialmente se refere quando menciona a "Tradição dos Apóstolos", que, segundo ele afirma, eles mesmos entregaram verbalmente e depois nos deixaram registrada em seus escritos.

Tertuliano (anos 195-218) também dá uma forma que introduz com as palavras: "Há uma única regra de fé que não admite mudança nem alteração". Eis sua forma:

---

[4] Irineu, Adv. Haeres., cap. X. p. 50. Edit. Bened. París, 1710.

INOVAÇÕES DA IGREJA CATÓLICA ROMANA

"Acreditar em um Deus Todo-Poderoso, Criador do mundo; e em Jesus Cristo, seu Filho, que nasceu da Virgem Maria; crucificado sob Pôncio Pilatos, no terceiro dia ressuscitou dos mortos, foi recebido nos céus e está assentado à direita do Pai e virá para julgar os vivos e os mortos pela ressurreição da carne".[5]

A forma imediatamente posterior à de Irineu é encontrada nas obras de Orígenes (anos 216-253) nos Diálogos contra os marcionistas, onde ele diz: "As coisas que são manifestamente transmitidas pela pregação dos apóstolos são estas: 'Primeiro, há um Deus, Criador de todas as coisas, e um que procede Dele, Deus, o Verbo, que é consubstancial e coeterno com ele; que nos últimos tempos assumiu a natureza humana de Maria e foi crucificado, e ressuscitou dentre os mortos; também creio no Espírito Santo, que existe desde a eternidade'".[6]

Também temos uma forma dada por Gregório, bispo de Neo-Cesareia (anos 255-270), e por Lúcio, presbítero de Antioquia; ambas, em termos de doutrina, concordam com as manifestadas. Mas não devemos deixar de mencionar a forma mantida pela Igreja de Jerusalém, da qual Cirilo foi bispo. Acredita-se que seja um dos credos mais antigos que existem até hoje. A parte introdutória é encontrada numa liturgia, atribuída, embora sem certeza, a Tiago, que também se diz ter sido o primeiro bispo dessa Igreja.

"Creio em um Deus, o Pai Todo-Poderoso, Criador do céu e da terra, e de todas as coisas visíveis e invisíveis; e em um Senhor Jesus Cristo, o Unigênito Filho de Deus, gerado do Pai antes dos séculos, verdadeiro Deus, por quem todas as coisas foram feitas; que foi encarnado, feito homem, crucificado e

---

[5] Regula quidem fidei una omnino est. etc Tert. De Virginibus Velandif, cap. I, tom. III p. II. Edic. Halaec. Magdeb. 1770. Tertuliano dá outra forma com o mesmo teor ou efeito que o anterior. De Praescriptionibus Haereticorum, cap. III. "Tom. II, p. 17 Da mesma edição: Regula est autem fidei, etc." E repete o mesmo sem variação material, em seu livro Adversus Praxen, cap. II, tom. II, p. 191.

[6] Orígenes, Cont. Marc. Dial. I, p. 815. tom. II, Edic. Latín. Basilea, 1571. Westenius, o primeiro a publicar esses diálogos em grego, os atribui a Orígenes, mas Huet, a um tal Máximo do tempo de Constantino.

O CREDO ANTIGO E O NOVO COMPARADOS

sepultado; e que ressuscitou dos mortos ao terceiro dia, subiu ao céu e está sentado à direita do Pai, e virá para julgar os vivos e os mortos; cujo reino não terá fim, e creio no Espírito Santo, o Consolador que falou pelos profetas; creio em um batismo de arrependimento; na remissão dos pecados; em uma Igreja universal; na ressurreição da carne e na vida eterna."[7]

Chegamos então à primeira forma de credo formalmente adotado pela Igreja, conhecido sob o título de "Credo Niceno", mas que mais apropriadamente deveria ser chamado de "Credo Niceno-Constantinopolitano", que é o seguinte:

"Creio em um único Deus, Pai Todo-Poderoso, Criador do céu e da terra e de todas as coisas visíveis e invisíveis. E em um único Senhor Jesus Cristo, Filho Unigênito de Deus, gerado de seu Pai antes de todos os mundos, Deus de Deus, Luz da Luz, Verdadeiro Deus do Verdadeiro Deus, gerado, não criado, consubstancial com o Pai; por quem todas as coisas foram feitas; o qual, por nós e para nossa salvação, desceu do céu e foi encarnado pelo Espírito Santo na Virgem Maria, tornou-se homem, e foi crucificado por nós sob Pôncio Pilatos; padeceu e foi sepultado, e ao terceiro dia ressuscitou segundo as Escrituras, subiu aos céus e está sentado à direita de Deus Pai, e virá novamente com glória para julgar os vivos e os mortos, e cujo reino não terá fim. E creio no Espírito Santo, Senhor e Doador da vida, que procede do Pai (e do Filho); que com o Pai e o Filho é adorado e glorificado, e que falou pelos profetas; e creio em uma Igreja Católica e Apostólica; confesso um batismo para remissão de pecados e espero a ressurreição dos mortos e a vida do mundo vindouro."[8]

Este credo foi o resultado dos trabalhos combinados daqueles dois Concílios realizados respectivamente nos anos 325 e 381. As partes que destacamos em itálico foram adicionadas pelo segundo Concílio.

---

[7] Cirilo, Hier. Arch. Catechesis VI, p. 86, París, 1720.

[8] Mansi, Edit. de Conci. tom. II, p 665. Florentiae. 1769.

INOVAÇÕES DA IGREJA CATÓLICA ROMANA

As palavras entre parênteses "filioque"[9] (e do Filho) foram adicionadas pela Igreja latina com alguma posterioridade e contra a opinião dos gregos, que se opunham a qualquer mudança no credo.

No ano de 431, tentou-se alterar este credo, mas o terceiro Concílio geral, o de Éfeso, opôs-se à proposta e declarou que "não seria legal para ninguém professar, escrever ou compor outra forma de fé que não a definida pelos Santos Padres que se reuniram em Nicéia com o Espírito Santo". Este mesmo Concílio procedeu a declarar que todos aqueles que se atrevessem a compor, propor ou oferecer alguma outra forma de fé àqueles que desejavam converter-se à confissão da verdade, seja do paganismo, do judaísmo ou de alguma outra forma herética, seriam, se fossem bispos ou clérigos, depostos de seus bispados e cargos clericais; mas se fossem leigos, estariam sujeitos ao anátema.[10]

Em outra ocasião, o Concílio geral de Calcedônia (ano 451) confirmou a decisão dos três Concílios gerais anteriores, e está registrado em todos os relatos históricos deste Concílio que, quando o credo foi recitado, os bispos reunidos exclamaram:

"Nenhuma pessoa faça outra exposição de fé. Nem nós tentamos nem ousamos fazê-lo. Os Padres ensinaram, e em seus escritos está preservado isso que nos foi transmitido por eles (a forma desse credo), e não podemos falar outras coisas que estas. Estes princípios que nos foram transmitidos são suficientes, e não é legal fazer nenhuma outra exposição (de fé)".[11]

---

[9] Segundo Baronius, essa adição foi feita primeiramente no Concílio de Toledo, no ano de 447. Veja Landon, Manual de Concílios, página 579. Londres, 1846.

[10] His igitur praelectis, statuit sancta synodus, alteram fidem nemini licere proferre, aut conscribere aut componere, praeter definitam a sanctis patribus, qui in Nicea cum Spiritu Sancto congregati fuerunt. Qui vero ausi fuerint aut componere fidem alteram, aut proferre vel offerre convertis volentibus ad agnitionem veritatis, sive ex Gentilitate, sive ex Judaismo, sive ex qualicumque haeresi: hos quidem, si sunt episcopi aut clerici, alienos esse episcopos ab episcopatu, et clericos a clericatu, decrevit. Si vero laici fuerint, anathemati subiicii (Véase Mansi, la edición de Concilios y citada, tom. IV, col. 1362. Florencia, 1759).

[11] Mansi, edición de Concilios citada, tom. VI, col. 630.

O CREDO ANTIGO E O NOVO COMPARADOS

Também os teólogos reunidos na terceira sessão do Concílio de Trento (não prevendo o que estava por vir), declararam que este mesmo credo era o "Resumo com o qual necessariamente todo aquele que professa a fé de Cristo deveria concordar, sendo o firme e único fundamento contra o qual jamais prevaleceriam as portas do inferno; que deveria ser recitado nas mesmas palavras em que era lido em todas as igrejas".

Não podemos apreciar demasiadamente a sabedoria e moderação dos reformadores quando, na época de Isabel, declararam que nada deveria ser considerado como heresia, senão o que havia sido declarado tal pela autoridade das Escrituras e pelos quatro primeiros Concílios gerais.

A Igreja de Roma, ao confessar este credo Niceno-constantino-politano, em sua totalidade, como parte de sua regra de fé, tem em si as verdades que nos foram transmitidas pelos apóstolos em seus escritos; porém profundamente escondidas sob o entulho acumulado de suas tradições.

1. Admite que a Bíblia é a Palavra de Deus, mas alega que esta palavra é imperfeita, ao declarar que por ela podemos aprender apenas uma parte do que diz respeito à nossa salvação; e por isso adicionou a ela certos livros apócrifos e as tradições.

2. Admite que Deus deve ser adorado com a adoração suprema, pois sobre este ponto a Bíblia é bem explícita; mas compartilha a honra com ele, dando um culto de qualidade inferior (ainda que culto religioso) à Virgem Maria e a supostos santos; para o qual não pode mostrar outra autoridade senão suas tradições.

3. A este respeito, enquanto admite que Deus é juiz dos "vivos e dos mortos", porque assim o ensina a Bíblia, ela arrogou-se a faculdade de antecipar o juízo de Deus, declarando dogmaticamente, antes que chegue o dia da ressurreição e do juízo final, quem são atualmente os espíritos beatificados no céu. Esta pretensão é fundamentada em uma inovação moderna.

4. Admite a Cristo como Mediador entre Deus e os homens, porque não pode ignorar as palavras conclusivas da Escritura, mas por sua

INOVAÇÕES DA IGREJA CATÓLICA ROMANA

própria autoridade ensina que Ele não é o Único Mediador. Coloca seus santos canonizados nesta santa e exclusiva função de nosso Redentor, e para tal propósito, reveste seus santos de certos atributos da Divindade, como a onisciência e a onipresença; de outra forma, como poderiam eles ouvir a oração "verbal e mental" que os vivos lhes oferecem de diversas partes ao mesmo tempo?

5. Admite a expiação de Cristo oferecida na cruz, expiação que, segundo o apóstolo Paulo, foi o único sacrifício oferecido "uma única vez". Essencial era essa doutrina de São Paulo, que este sacrifício não se repetisse, pois de outra forma Cristo sofreria muitas vezes (Hebreus 9:26). No entanto, a Igreja de Roma pretende que seus sacerdotes ofereçam o mesmo Cristo diariamente, e assim transforma o que deveria ser apenas a lembrança do sacrifício consumado no Calvário em um sacrifício propiciatório oferecido diariamente em favor de vivos e mortos. Dessa forma, ela subverte todo o plano do Evangelho da única expiação e redenção.

6. Admite que Deus é Espírito e deve ser adorado em espírito, pois a Bíblia é clara sobre esse ponto; mas também declara que deve ser adorado sob a forma de uma hóstia consagrada, feita pelas mãos dos homens. Invenção dos sacerdotes para aumentar sua dignidade e importância, mas degradante para a Divindade.

7. Admite e confessa que Deus pode perdoar o pecado e que o faz; e ensina que sua misericórdia está reservada para os contritos; mas afirma que é atribuição da Igreja, através de seus sacerdotes e do chamado sacramento da penitência, suprir o que falta no penitente que apresenta um arrependimento imperfeito; dessa forma, pretende salvar aqueles que Deus rejeita. Invenção moderna, que, sem ter o respaldo da tradição, se atribui a antecipar o juízo de Deus, absolvendo o penitente de seu pecado, ainda nesta vida.

8. Admite que Deus é dispensador de graça e misericórdia; porém, pretende possuir uma parte desse poder, pois tem à sua disposição um "Tesouro eclesiástico" de supostos méritos dos santos que

O CREDO ANTIGO E O NOVO COMPARADOS

partiram desta vida; esta é uma invenção moderna destinada a gerar lucro.

9. E a esse respeito, enquanto em Roma admite que os méritos de Cristo são infinitos, também declara, em oposição às Escrituras, que o homem justificado não apenas pode ser salvo por suas próprias boas obras, e que estas aumentam seus direitos à aceitação de Deus, mas que estas mesmas obras podem exceder o necessário para a própria salvação e, nesse caso, o excesso pode ser aplicado em benefício de outros que não tenham preenchido a cota ou medida requerida.

10. Reconhece que Deus pode perdoar a punição merecida pelo pecado cometido, mas também ousa antecipar esse perdão, remetendo a punição devida pelo pecado nesta vida e até mesmo a punição que se supõe ser imposta aos falecidos que não expiaram suficientemente seus pecados nesta vida; e é suposto ser satisfeito por meio de indulgências, um sistema jamais mencionado nas Escrituras.

11. E para este último propósito, enquanto Roma aceita a existência do céu e do inferno, porque a Bíblia claramente aponta ambos os lugares, ela inventou um terceiro lugar, ao qual chama de purgatório (um lugar de tormento temporal após esta vida), fábula inventada para agir sobre os temores e credulidade do povo. Atribui a si mesma o poder de libertar almas do purgatório, aumentando assim o poder de seus sacerdotes e enchendo seus cofres.

12. Declara que o pecado deve ser confessado a Deus, porque assim a Bíblia sanciona, mas também declara que é absolutamente necessário para nossa salvação que os pecados sejam confessados ao sacerdote pelo menos uma vez a cada ano. Exemplo de astúcia sacerdotal, cujo valor é devidamente apreciado e explorado pelos sacerdotes.

13. Admite que Cristo instituiu dois sacramentos, o Batismo e a Ceia do Senhor, e acrescentou a estes dois mais cinco, embora, na prática, nos negue o benefício de todos, declarando que o benefício

INOVAÇÕES DA IGREJA CATÓLICA ROMANA

depende da intenção do sacerdote celebrante; uma invenção moderna cujo propósito é difícil de compreender.

Essas são algumas das verdades fundamentais admitidas por todas as escolas cristãs, em contraste com os erros adicionados pela Igreja de Roma. "Como o ouro puro se tornou escória em suas mãos!" Os reformadores não fizeram outra coisa senão retornar à fé "uma vez entregue aos santos", que por muito tempo havia estado escondida, sepultada sob as inovações das eras subsequentes, invenções de um sacerdócio corrompido. Os reformadores não vieram "para destruir, mas para restaurar a doutrina dos apóstolos que a Igreja de Roma praticamente anulou por suas tradições".

Um pregador popular representou graficamente o trabalho da reforma por meio de um incidente ilustrativo, lembrado nas viagens de Lord Lindsay ao Egito:

"Ele disse (Lord Lindsay) que durante suas excursões entre as pirâmides daquele país patriarcal e interessante, encontrou uma múmia que, de acordo com os hieróglifos, tinha 2000 anos de antiguidade. Ao examinar a múmia depois de tê-la desenrolado, encontrou entre seus apertados punhos uma raiz tuberosa. Ele ficou interessado em saber por quanto tempo a vida vegetal poderia durar; com esse propósito, retirou a raiz da mão endurecida, plantou-a em solo ensolarado; a chuva e o orvalho desceram do céu sobre o que foi semeado, e após algumas semanas, com espanto e alegria, Lord Lindsay pôde ver que a raiz havia brotado, dando origem a uma flor belíssima.

Parece-me (disse o pregador) que neste exemplo temos a resposta para a pergunta: 'Onde estava o protestantismo antes da Reforma?' Estava encerrado na mão de ferro da apostasia romana, e todo o trabalho dos reformadores consistiu em forçar aquela mão terrível e extrair dela a semente da verdade. Em todos os países, surgiram semeadoras que a plantaram na Inglaterra, Escócia e Alemanha, e, pela bênção de Deus, sementes vivas cresceram e se

O CREDO ANTIGO E O NOVO COMPARADOS

espalharam por todos os países, e esse vasto número de igrejas espalhadas pelo mundo é o fruto dessas sementes."

O maior grau que Roma pode reivindicar em favor de suas inovações é o costume, mas com muito pouca antiguidade. Não podemos concluir nossas observações de forma mais apropriada do que recordando a opinião de um venerável bispo da Igreja de Cristo, mártir do terceiro século, Cipriano, bispo de Cartago. Sobre essas duas pretensões, ele escreveu:

"A tradição sem a verdade não passa de um erro antigo; e há um caminho muito curto pelo qual os espíritos religiosos e simples podem descobrir o que é a verdade. Pois se voltarmos ao início e origem da tradição divina, cessa o erro humano. Voltemos ao original de nosso Senhor, ao princípio evangélico, à tradição apostólica, e dali se derive a razão de nossos atos, pois daqui se originaram a ordem e o princípio.

Portanto, se apenas Cristo é a Cabeça, não devemos considerar o que outros antes de nós consideraram conveniente fazer, mas apenas o que Cristo fez, ele que está acima de todos. Pois não devemos seguir os costumes dos homens, mas sim a VERDADE DE DEUS, pois é Deus mesmo quem nos diz pela boca do profeta Isaías: 'Em vão me honram, ensinando como doutrinas os mandamentos dos homens'. Essas mesmas palavras nosso Senhor repete no Evangelho: 'Bem invalidais o mandamento de Deus para guardar a vossa tradição.'"[12]

Para concluir, Tertuliano, que floresceu no segundo século e foi o mais antigo dos Padres latinos, disse:

"Ninguém nem nada tem poder para instituir uma prescrição contra a verdade — nem o tempo, nem o patrocínio de pessoas, nem o privilégio de países. Na verdade, a partir do momento em que a tradição teve seu início por

---

[12] Cipriano, Epist. LXIII. ad Caecelium. Fratrum, p. 155, et LXXIV, ad Pompeium, p. 215. Edic. Oxom, 1682.

ignorância ou simplicidade, ela se fortalece com o passar do tempo e assim argumenta contra a verdade. Mas nosso Senhor Jesus Cristo se chama a si mesmo 'Verdade', não tradição.

As inovações não refutam tanto a heresia como faz a verdade. Tudo o que vai contra a verdade (mesmo que seja a tradição antiga) será uma heresia".[13]

---

[13] Hoc exigere veritatem, cui nemo praescribere potest, non spatium temporum, non patronarum personarum, non privilegium regionum. Ex his enim vere consuetudo, initium ab aliqua ignorantia vel simplicitate sortita, in usum per successionem corroboratur, et ita adversus veritatem vindicatur. Sed Dominus noster Christus, veritatem se, non consuetudinem, cognominavit. Si semper Christus est prior omnibus; aeque veritas sempiterna et antiqua res. Viderint ergo quibus novum est quod sibi vetus est. Haereses non tam novitas quam veritas revincit. Quodcumque adversus veritatem sapit, hoc erit haeresis, etiam sit vetus consuetudo. (Tertullianus de Virginibus Velandis, cap. I, in init., pp. 1, 2, tom. III. Halae Magdeburgicae, 1770).

Esta obra foi composta em Chaparral pro Regular,
impressa na Promove Artes Gráficas
sobre o papel Pólen Soft 70g/m²,
e capa em Cartão Supremo 250gr,
para Editora Fiel e João Calvino Publicações, em Dezembro de 2024.